MW00831488

RELATION

HISTORIQUE

DE L'ETHIOPIE

OCCIDENTALE:

Contenant la Description des Royaumes de
CONGO, ANGOLLE, & MATAMBA, traduite de l'Italien du P. Cavazzi, & augmentée de plusieurs Relations Portugai-
ses des meilleurs Auteurs, avec des Notes, des Cartes Géographiques, & un
grand nombre de Figures en Taille-
douce.

Par le R. P. J. B. LABAT *de l'Ordre des
Freres Prêcheurs.*

TOME V.

A PARIS,

Chez CHARLES-JEAN-BAPTISTE DELESPINE
le Fils, Libraire, ruë S. Jacques, vis-à-vis
la ruë des Noyers, à la Victoire.

M. DCC. XXXII.

AVEC PRIVILEGE ET APPROBATION.

TABLE

DES CHAPITRES

Contenus dans ce V. Volume.

E RRATA.

Page 61. l. 4. chotſes , *liſez* choſes.
p. 105. l. 31. frit , *liſez* fait.
p. 188. l. 9. aroit , *liſez* avoit.
p. 233. l. 10. s'imaginoit , *liſez* , s'imaginoient.
p. 244. l. 12. dd , *li ez* dù.
p. 245. l. 20. on , *liſez* ou.
p. 346. l. 22. il en , *liſez* il y en.

RELATION
HISTORIQUE
DE
L'ETHIOPIE OCCIDENTALE.

CINQUIE'ME PARTIE.

Contenant la suite de la description
générale des Royaumes de CONGO,
d'ANGOLLE, & de MATAMBA.

LIVRE CINQUIE'ME.

CHAPITRE I.

*De la Province de Oacco & de la
Miſſion que les Capucins y établirent.*

N ſe ſouviendra que nous
avons dit ci-devant que le
Pere Jean-Antoine de Mon-
tecucullo étant entré dans
la Province de Oacco pour y prêcher

l'Evangile & y baptiser les enfans, le Gouverneur qui le reçût avec assez de politesse, s'étoit servi d'un stratagême pour l'en chasser, ayant fait donner une fausse allarme, & crier que le Giaga Cassangé étoit entré dans le pays, & qu'il y mettoit tout à feu & à sang. Cette fausse nouvelle intimida tellement ceux qui accompagnoient le zelé Missionnaire qu'il fut obligé de repasser la riviere avec eux, & d'aller porter autre part les lumieres qu'il vouloit leur communiquer.

Dieu permit que ce mensonge se trouva une verité & une réalité l'année suivante 1657. Le Giaga Cassangé qui ne respiroit que le sang & le carnage ayant trouvé moyen de jetter un pont sur la Coanza, il tomba comme un foudre sur la Province de Bamba, y fit des ravages étonnans, & la terreur de son nom le précedant & jettant l'épouvante de tous côtez, les habitans de Quinbondi n'eurent d'autre parti à prendre que de perdre la vie ou de lui faire hommage, ce qui ne l'empêcha pas de massacrer une infinité de gens, au nombre desquels on comptoit dix-huit Gouverneurs de Bourgs & de Jurisdictions.

De Bamba il tomba avec la même

rapidité fur la malheureufe Province
d'Oacco,& alla droit à QuibaïaQuiam-
dongo refidence du Guzambanbé. Seigneur de la Province.

Ce Prince , quoiqu'idolâtre,étoit un
homme d'honneur & fort riche , dont
le Domaine s'étendoit jufqu'au-delà
de la riviere & de la Province de Tamba. Il étoit maître d'un pays aufli peuplé , aufli riche , & n'avoit pas moins
de force que fon ennemi ; mais il fe
trouva furpris. Le fiege de Quibaïa
dura deux jours , chofe fort extraordinaire dans ce pays. Le fils aîné du
Prince qui étoit Gouverneur donna
dans cette occafion de grandes marques de fon courage & de fa fageffe ,
& quoiqu'il eût été furpris dans le
tems qu'il donnoit un grand repos à
un de fes Officiers qui l'étoit venu
voir avec quelques concubines de fon
pere , il ne s'étonna point , & donna
de fi bons ordres , & paya fi bien de
fa perfonne , qu'il repouffa toûjours
les affiegeans, Mais le troifiéme jour
ayant été mis hors de combat par un
coup de moufquet qu'il reçut au travers du corps , il ne fut plus en état
de donner fes ordres ni d'empêcher la
fuite des fiens , de forte que la Place
fut contrainte de fe rendre à Caffangé ,

A iij

qui fans aucun égard fit tailler en pieces tous ceux qui reftoient, coupa la
tête au Prince bleffé, & fit prifonniers
fon frere & toutes les concubines du
pere.

Guzambanbé qui ne s'attendoit pas
à cette irruption, étoit dans ce tems-
là à fe divertir dans la Province de
Tamba. Cette nouvelle penfa le def-
efperer, & comme il lui étoit impoffible de raffembler les troupes neceffaires pour s'oppofer à fon ennemi
victorieux, il prit le parti de fe fauver, & de fe mettre en fûreté dans une
Ifle de la Coanza, & d'y attendre les
funeftes nouvelles de la défolation de
tout fon pays.

Les Gouverneurs de fes Bourgs mal
pourvûs de troupes & de munitions,
ne fongerent qu'à fe fauver avec ce
qu'ils avoient de meilleur, de forte
que Caffangé n'avoit autre chofe à faire qu'à fe préfenter pour que tous les
lieux fe rendiffent à lui. Il pouvoit dire comme cet ancien, je fuis venu,
j'ai vû, j'ai vaincu.

Dieu qui ne vouloit pas la ruine entiere, mais feulement les faire rentrer
en eux-mêmes & les convertir, permit que ce cruel vainqueur ufât avec
affez de moderation de fa victoire de

puis la prife de Quibaïa , & que fat
fait du grand nombre d'efclaves & (
dépoüilles qu'il avoit enlevées , il f
le chemin de fon Chilombo de Pal(
gáno.

Avant de 'partir il avoit fait di(
Guzambanbé que s'il vouloit avoir
fecond fils , il fe hâtât de lui envo
l'équivalant , parce que s'il tardoi
le feroit accommoder le lendem
matin pour fon déjeûner.

Guzambanbé lui envoya auffi-(
vingt efclaves choifis , & on lui re
dit fon fils ; mais marqué fur la poitr
ne & fur les épaules des marques d '
efclaves , & ayant deux dents du m
lieu de la mâchoire arrachées felo
l'ufage des Giagues.

Cet affront fut très-fenfible à Gu
zambanbé , il auroit bien voulu s'e
venger , car il le reffentoit dans tou(
fon étenduë ; mais il n'étoit pas en éta
de le faire , tous les moyens lui manquoient. Après y avoir bien penfé , i
trouva qu'il n'y en avoit point d'autre
que d'implorer le fecours des Portugais en leur offrant de fe rendre tributaire à leur Couronne , ce qui ,
quoique dur à ce Prince qui avoit
toûjours vêcu dans l'indépendance ,
& qui avoit méprifé bien des fois l'al-

A iiij

liançe & l'amitié que les Portugais lui
avoient offerte, l'étoit encore moins
que de devenir vaſſal & tributaire de
Caſſangé qui l'avoit menacé de venir
ruiner la Province de Tamba comme
il avoit ruiné les deux autres.

Guzambanbé tint là-deſſus pluſieurs
conſeils avec ſes Miniſtres, il y fit
entrer les Gouverneurs qui reſtoient,
& les plus conſidérables de ſon Etat.
La choſe fut long-tems débattuë, exa-
minée, balancée, & enfin il fut réſolu
qu'on ſe ſoumettroit à la Couronne de
Portugal, & pour engager le Viceroi
d'Angolle à l'alliance qu'on lni deman-
doit, on embraſſeroit la Religion
Chrétienne.

Suivant cette réſolution Guzambanbé envoya un de ſes principaux Officiers au Viceroi avec les inſtrudtions
& les pouvoirs neceſſaires, & une
lettre très-ſoumiſe, dans laquelle il
marquoit qu'il y avoit très-long-tems
qu'il avoit réſolu d'embraſſer la Religion Chrétienne, qu'il avoit malheu-
reuſement pour lui & pour ſes tpeu-
ples negligé de le faire, qu'il recon-
noiſſoit que ce qui venoit de lui arriver étoit un châtiment du vrai Dieu,
& un avis de s'unir ſans differer avec
les Portugais, & de profeſſer leur Re-

ligion. Qu'il s'y portoit de tout fon
cœur , & qu'il avoit un regret infini
de ne l'avoir pas fait quand il y avoit
été invité par le Miſſionnaire Capucin qui étoit venu l'année précédente
dans ſes Etats ſous la promeſſe qu'il
lui avoit faite de lui laiſſer une liberté entiere de prêcher la Foi, & d'exercer toutes les fonctions de ſon miniſ-
tere , qu'il ſe repentoit de la ſupercherie indigne qu'on lui avoit faite à
la perſuaſion de ſes Miniſtres & contre ſon propre ſentiment. A quoi il
ajoûtoit , j'aime mes ſujets comme
leur pere , je ſerois indigne de la
qualité que je porte , & de les gouverner, ſi je ne prenois pas le parti
que je prens de leur propoſer un parti qui eſt à leur commun avantage.
Tel eſt celui d'embraſſer la Religion
Chrétienne. J'ai lieu d'eſperer que
j'aurai autant de gens qui m'imiteront
que Dieu m'a conſervé de ſujets. J'ai
donc reſolu de rappeller ce bon Religieux que nous avons chaſſé ſi in-
dignement , dans l'eſperance certaine
que Dieu me donne , qu'étant appai-
ſé par notre converſion , il ſera notre
protecteur & notre deffenſeur.

Le Viceroi Dom Martin-Louis le
Souſa reçut avec joye l'Envoyé & la
A v.

lettre de Gusambanbé. Il fit avec lui
le traité d'alliance & de dépendance
de la Couronne de Portugal, pour
l'obfervation duquel, Gusambanbé
promit & donna toutes les fureés
qu'on voulut exiger de lui. L'Envoyé
jura le traité au nom de fon maître,
après quoi il fupplia le Viceroi de
vouloir renvoyer à fon maître le Miffionnaire Capucin qui étoit alors à
Embacca, promettant qu'il feroit ho-
noré, refpecté & écouté de tout le
monde, & que fon maître le regarde-
roit comme fon pere. Il demanda encore que le Viceroi envoyât un de fes
Officiers pour être préfent à la ratifi-
cation des articles accordez, & au ferment que fon maître feroit de les obferver, &) le tenir en fon nom fur les
fonts de Baptême.

Le Viceroi pria le Pere Prefet d'envoyer promptement le Pere Jean-Antoine de Montecucullo à Oacco. Le
Prefet fut ravi de trouver cette con-
jonĉture fi favorable & fi inefperée
d'avancer le Royaume de Dieu dans
cet Etat, & il envoya auffi-tôt au Pere
Jean-Antoine l'ordre de s'y rendre.

Il partit d'Embacca accompagné feulement de deux Nègres. Ils pafferent
la riviere de Coanza, & entrerent

dans la Province d'Oacco. Le Pere esperoit trouver en ces endroits des guides pour le conduire en sureté à la Cour de Gusambanbé & le mettre à couvert des bêtes farouches qui sont en grand nombre dans toutes ces forêts. Il ne trouva personne, de sorte qu'il fut obligé de se mettre en chemin avec ses deux Negres, sans armes pour se deffendre, & sans autres provisions pour vivre qu'un peu de farine de manioc & quelques racines que les Negres arrachoient. Ces racines sont desagréables au goût & nuisibles à l'estomac quand on en fait un long usage.

Il trouva à la sortie de ces forêts quelques gens qui étoient envoyez au-devant de lui qui lui présenterent des fruits & quelques autres rafraîchissemens, & qui lui dirent qu'ils avoient ordre de le conduire à la Cour. Ils marchereut ensemble pendant trois jours dans d'autres forêts affreuses, & arriverent enfin à Nuula Nucolé premier village de la Province, situé entre les quatre bras du fleuve Gamgo.

Ils suivirent leur route le jour suivant en côtoyant le même fleuve, & arriverent enfin à la Cour. Cette ville, bourg ou village étoit environnée d'u-

A vj.

ne forte paliſſade ſoûtenuë par de
groſſes pierres & des épines très-
épaiſſes. Les maiſons ou les caſes qui
y étoient renfermées étoient ſi petites, ſi baſſes, & cachées entre tant de
brouſſailles qu'elles ſembloient plûtôt
des tanieres de bêtes ſauvages que des
habitations d'hommes.

Le Soua Guzambanbé étoit abſent.
Il étoit allé reprimer la ſédition de
quelques-uns de ſes ſujets. Le Pere
ayant fait avertir de ſon arrivée ſa
principale femme, qui dans l'abſence
de ſon mari avoit le commandement,
elle le fit conduire au Tendala ou premier Miniſtre. Cet Officier le reçut
avec aſſez de politeſſe, & lui aſſigna
pour logement une méchante cabanne,
ſi étroite & ſi courte qu'il ne pouvoit
pas s'y étendre de ſon long, encore y
falloit-il entrer en ſe traînant ſur les
coudes & ſur les genoux.

Le peuple qui ſans ordre du Souverain n'oſoit le venir voir, ſe con-
tentoit de venir à la dérobée regarder par les trous qu'ils faiſoient à la
muraille de terre ce qu'il faiſoit; &
quand il ſortoit, & qu'il s'occupoit
à enfiler des grains de verre pour faire
des chapelets, il étoit aſſiégé d'une
multitude d'enfans qui venoient dans.

l'efperance d'avoir quelques bagatel-
les. Il s'en fervit, & les apprivoifa
peu à peu, de forte que fans aucune
oppofition il baptifa un affez bon
nombre des plus petits, & il commença d'inftruire les autres.

Au bout de fept jours le Courier qu'on
avoit dépêché à Guzambanbé pour lui
donner avis de l'arrivée du Pere, revint du camp avec un Officier & bon
nombre de foldats qui avoient ordre
de le conduire au lieu où étoit le Soua.

Ces gens dans l'efperance de tirer quelques prefens de ce pauvre Pere, qui étoit réellement plus
pauvre qu'eux, le preffoient de fe
mettre dans un hamac qu'ils lui a-
voient apporté; mais voyant qu'ils
n'avoient rien à efperer d'un homme
qui n'avoit pour tous biens que quelques livres, des ornemens pour dire
la Meffe, & quelques braffes de rafa-
de pour faire des chapelets, ils l'abandonnerent au milieu d'une forêt, &
s'enfuirent.

Le Pere & fes deux Compagnons
fe trouverent très fort embarraffez,
pas un d'eux ne fçavoit le chemin, ils
marcherent à l'aventure, & ne laiffe-
rent pas d'avancer; car la peur des
bêtes & la faim les talonnoit de près;

mais dès la seconde journée le Pere
fut attaqué d'une colique douloureu-
se avec des contractions de nerfs qui
le mirent en danger de mourir. Ce
mal est assez ordinaire dans le pays,
on l'appelle Chiongo. Les deux Negres qui l'accompagnoient l'aidoient
de leur mieux. Il s'appuyoit sur leurs
épaules, & avec ce secours il arriva
au sommet d'une montagne escarpée
qui a une demie lieuë de hauteur. De
là il envoya un de ses deux Negres au
camp de Guzambanbé qui n'étoit pas
éloigné, pour lui donner avis du lieu
& de l'état où il se trouvoit. Ce Prince envoya aussi-tôt au-devant de lui
une troupe de ses gardes qui ne lui
furent d'aucun secours, d'autant que
pas un d'eux ne daigna lui prêter la
main pour l'aider à marcher. Il en
avoit pourtant un extrême besoin. Il
suivit ces soldats appuyé sur les épaules de ses deux Negres, & arriva au
camp si las, si abbatu, si hors d'haleine que quand il rencontra le Prince,
il ne pouvoit pas articuler une seule
parole. Il le trouva habillé à la Portugaise, accompagné de l'Officier que
le Viceroi lui avoit envoyé.

Le Prince le reçut avec toutes les
marques de bonté qu'il en pouvoit at-

tendre, & lui fit rendre par fon armée
des honneurs infinis, c'eſt-à-dire,
qu'il y eût des décharges de mouſ.jue-
terie, des cris de joye perçans & réï-
terez; & le bruit des inſtrumens auroit étouffé celui du tonnere.

Le Prince le conduiſit à l'Egliſe
qu'il avoit fait conſtruire à la mode du
pays. C'étoit une grande cabanne groſ-
ſierément faite avec un Autel, ſur lequel le Pere poſa ſon crucifix, & s'é-
tant mis à genoux il recita ſeul le *Te*
Deum en action de graces de ſon arrivée. Après cela il donna le baiſer de
paix aux Officiers principaux, & le
Prince s'étant apperçu qu'il ne pouvoit plus ſe ſoûtenir, le conduiſit à la
cabanne qu'il lui avoit fait préparer.
Il y entra avec lui, le fit aſſeoir, s'aſ-
ſit auprès de lui, l'entretint long-tems
en Portugais, & enfin alla rejoindre
ſes gens, & laiſſa au Pere la liberté
de ſe repoſer, & de remercier le Seigneur des bons commencemens qu'il
donnoit à ſa Miſſion.

Quelques momens après on apporta au Pere un grand régal de viandes,
de farine, de fruits, de vin de palme,
& une certaine liqueur compoſée de
lait de bled de Turquie ou mahis avec
l'infuſion de quelques racines & des

aromats qui étoit excellente, corrobo-
rative, d'un goût, d'une odeur, d'u-
ne douceur, & d'une force qui ne le
cedoit qu'au meilleur vin d'Espagne.

Guzambanbé fit publier le même
jour un ordre à tous ses sujets de se
rendre au camp, & de se trouver soir
& matin à l'Eglise où le Pere les en-
tretiendroit d'une affaire qui leur étoit
de la derniere importance. Il se mettoit à la tête de son peuple, vouloit
que tout le monde le suivît. Il n'auroit
pas été sûr qu'on lui eût désobéï : car
ces Princes sont fort absolus ; & la
moindre désobéïssance est un crime de
leze majesté qu'on n'expie que par la
perte de la vie.

Toute la place qui étoit devant l'E-
glise fut remplie de monde deux heures avant le coucher du soleil. Le
Prince pour donner exemple aux autres s'y trouva des premiers, & quand
le Pere fut arrivé il se jetta à genoux
à ses pieds avec la plûpart de ses enfans & toute sa Cour, & le supplia de
leur donner la benediction au nom du
seul & vrai Dieu tout-puissant. Le Pere le fit avec joye, & commença un
discours que le Prince assis sur la terre nuë comme le moindre de ses sujets,
écouta avec une extrême attention ;

car il entendoit parfaitement bien le
Portugais. Il n'eût pas moins d'attention quand l'interprete l'expliqua au
Peuple dans la langue du pays. Le Peuple étoit dans un profond silence, &
marquoit beaucoup de joye d'entendre
parler d'un Dieu & d'une Religion
qu'ils n'avoient point encore connus.

Le discours fini, le Pere commença
à leur, enseigner les rudimens de notre sainte Foi, comme le signe de la
croix & les paroles qu'il faut dire en
le formant.

Le Pere étoit ravi de voir que ce
Prince âgé de plus de soixante & dix
ans s'exerçoit à ces pratiques publiquement, & avec autant de docilité
qu'un petit enfant. Il venoit tous les
jours trouver le Missionnaire, qu'il appelloit son pere, & dont il ne s'approchoit qu'avec respect pour repeter en
sa présence ce qu'il avoit appris, lui
proposer ses doutes, & écouter ses
réponses comme des oracles.

Les Conferences & les Instructions
se faisoient regulierement deux fois
chaque jour. Tout le monde y assistoit
avec une exactitude merveilleuse, &
le Pere en étoit très-content.

Il fit faire une croix de bois de trente palmes, & la fit placer au milieu de

la grande place. Le Prince malgré son
âge & son rang travailla à creuser le
trou, & quand elle eût été benîte
dans l'Eglise, il aida à la porter & à la
placer, ce qui se fit avec grande solemnité & beaucoup de marques de
joye & de dévotion.

Mais le Prince n'étoit pas content
de ce qu'on differoit de lui conferer
le Baptême. Il étoit parfaitement bien
instruit. Sans être Chrétien, il vivoit
en Chrétien. Il pressoit sans relâche
son pere spirituel de lui accorder cette grace. Il s'adressoit à l'Officier Portugais qui devoit être son parain au
nom du Viceroi, & il leur represen-
toit à l'un & à l'autre que les momens
étoient précieux, que la conversion
de ses sujets dépendoit de la sienne,
& que c'étoit risquer le salut de bien
des gens, en differant de les faire enfans de Dieu.

On en regla enfin les préliminaires,
c'est-à-dire, les articles qui devoient
être signez & acceptez du Roi, de
toute sa famille, de ses Conseils, des
Chefs de ses troupes, & des plus notables de ses sujets. Ils furent dressez,
acceptez & signez.

Ils contenoient une promesse en
bonne forme de ruiner absolument, &

fans retour tous les Chimpaffi & toutes les idoles, de renoncer pour jamais à l'idolâtrie & aux fuperftitions qui en font les fuites, à la pluralité des femmes, de donner aux Miffionnaires une liberté entiere, & toute la protection neceffaire pour annoncer la Foi.

Ces articles, & quelques moins importans étant arrêtez ainfi, on marqua le onze du mois d'Aout 1658. pour le Baptême du Roi.

L'Eglife fut tapiffée & ornée le mieux qu'il fut poffible, & toutes les troupes armées mifes en bataille dans la place.

Le Prince vint à l'Eglife en habit de penitent, c'eft-à-dire, qu'il n'avoit qu'une fimple pagne ceinte fur les reins, avec un rofaire à la main. Le Pere Miffionnaire revêtu des ornemens facrez l'attendoit à la porte de l'Eglife. Le Prince fe profterna devant lui, fe jetta plufieurs fois de la pouffiere fur la tête & fur le vifage, & lui demanda pour l'amour de Dieu l'eau du faint Baptême, en proteftant qu'il ne reconnoiffoit au Ciel & en toute la terre qu'un feul Dieu, dont il vouloit profeffer toute fa vie la Religion, en fe foumettant à l'authorité de l'Eglife

Catholique Romaine, & au Vicaire de
Jesus-Christ.

Le Pere répondit à ce noble Cathe-
cumene qu'il devoit se souvenir toute
sa vie des promesses qu'il faisoit à
Dieu, & se donner bien de garde de
soüiller le caractere de Chrétien qu'il
alloit recevoir, d'autant que la recompense qu'il avoit en vûë n'étoit dûë
qu'à ceux qui perseveroient, comme
les parjures ne pouvoient éviter le châtiment.

Il l'excita à une sincere détestation,
& à un vrai repentir de ses fautes pas-
sées. Après quoi l'ayant fait lever, &
lui ayant fait faire sa profession de foi,
il le baptisa, & lui donna le nom de
Dom Louis Antoine, comme le parain
le lui avoit imposé au nom du Viceroi.

Le Pere ayant introduit le Prince
dans l'Eglise commença la Messe. A
l'Offertoire le Prince suivi de tous ses
enfans & Officiers, tous l'épée à la
main, vint présenter son offrande,
après laquelle se tournant vers ses gens,
il leur fit un discours si touchant, si
pathetique, si éloquent, si plein de
grandeur & de sentimens, que le Celebrant en fut étonné, & ne douta
point que le Prince ne perseverât tou-

te fa vie dans la Religion qu'il venoit
d'embraſſer, & qu'il ne la fît embraſ-
fer à ſes ſujets, & ne le protegeât de
toutes ſes forces.

Les ceremonies eccleſiaſtiques étant
achevées, quelques-uns de ſes Courti-
ſans le porterent ſur leurs bras hors
de l'Egliſe, & le mirent à terre devant l'Officier Portugais qui devoit recevoir ſon ſerment de fidelité au Roi
de Portugal. Il ſe mit à genoux ſur un
riche tapis devant ce Repreſentant, &
lui demanda l'honneur d'être reçu au
nombre des Vaſſaux & Tributaires du
Roi ſon maître, & de joüir de ſa protection. Et l'ayant obtenuë, il jura ſur
les ſaints Evangiles qu'il obſerveroit
exactement tous les articles dont on
étoit convenu, dont le Secretaire d'E-
tat fit la lecture à haute voix, en pré-
ſence de tout le monde.

Après cet acte, le Repreſentant ſe
leva, embraſſa le Prince, & le fit
couvrir d'un manteau précieux qui
étoit la marque de l'inveſtiture qu'il
lui donnoit de ſes Etats au nom du Roi
ſon maître.

On apporta enſuite un baſſin d'argent plein de je ne ſçai quelle farine,
ils en prirent tous deux dans la bouche, & après qu'ils l'eurent avalée,

ils s'embrasserent encore en se souhai-
tant reciproquement toutes sortes de
prosperitez. Le Prince fût dépoüillé
du manteau, il s'étendit par terre, &
ses Officiers répandirent sur lui le reste de la farine, après quoi ils l'essuye-
rent bien, en prononçant quelques
paroles par lesquelles ils lui souhai-
roient toute la force, & le courage
pour servir son Souverain, & pour
gouverner ses peuples avec justice &
avec douceur.

Le Prince remercia alors le Representant dans des termes grands & polis, de la grace qu'il venoit de recevoir, & prenant une saguaye il fit
quelques mouvemens militaires avec
beaucoup de force & de grace. Alors
le Representant lui ceignit l'épée que
le Viceroi lui envoyoit, lui mit le
manteau, & lui présenta un étendart
magnifique beni par le Pere Missionnaire, sur lequel on avoit brodé quelques-uns des mysteres de notre sainte
Religion.

Le Prince Guzambanbé fut recon-
duit chez lui en ceremonie. Il fit un
grand festin au Representant, à tous
ses Officiers & à toutes ses troupes, &
ce qui donna beaucoup de satisfaction, c'est que contre l'ordinaire de

ces fortes de repas, tout s'y paffa avec tant d'ordre & de bienféance, que quoique tout le monde fût dans la joye, il n'y eût pas la moindre chofe à laquelle on pût trouver à redire.

Trois heures avant le coucher du foleil on fe raffembla à l'Eglife au fon de la cloche. Les Vêpres furent chantées, le Catechifme fuivit, & enfuite les Litanies de la fainte Vierge. Après quoi le Prince s'étant affis dans un thrône, tous les Feudataires lui furent prefentez les uns après les autres, & reçurent une nouvelle inveftiture de leurs Etats. Le Prince Dom Louis Antoine les avertiffoit tous de l'obligation où ils étoient d'être fideles à la Coutonne de Portugal, & de conferver inviolablement l'amitié & la confederation perpetuelle qu'ils lui avoit jurée, & d'être affurez de toute fa protection.

Les Etats du Prince Dom Louis Antoine Guzambanbé ont été de tout tems très confidérables. On y compte trente-quatre Gouvernemens ; fçavoir vingt-deux dans la Province de Dacco, & douze dans celle de Tamba. Cela marque combien cet Etat eft puiffant & peuplé.

On ne connoît gueres de famille en

Afrique qui ait été auſſi nombreuſe
que celle de ce Prince. Son grand pere
avoit eû plus de cent enfans mâles. A
l'âge de cent ans paſſez il en avoit encore eu. Son fils aîné impatient de re-
gner ſe ſouleva contre lui, lui fit la
guerre, ſe rendit maître de l'Etat, &
l'obligea de ſe retirer dans un petit
canton d'Oacco où il mourut de chagrin & de miſere.

Ce fils dénaturé regna long-tems,
& mourut auſſi dans une extrême vieil-
leſſe, ayant eû auſſi plus de cent enfans
mâles.

Guzambanbé, que depuis ſon baptême on appella Dom Louis Antoine,
étoit ſon aîné, & lui avoit ſuccedé. On
lui avoit donné ce nom, parce qu'il
aimoit extrêmement la chaſſe, & qu'il
étoit le meilleur coureur de tout le
pays. *Guzam* dans le langage du pays
ſignifie force, vigueur, velocité à la
courſe; & *Bambé* eſt le nom d'un animal aſſez ſemblable au cerf, excepté
qu'il n'a point de bois : c'eſt le plus vîte
de tous les animaux, & celui dont la
chaſſe plaiſoit le plus à ce Prince.

Avant qu'il fût Chrétien il étoit de
la Secte des Giagues. Il adoroit comme eux les oſſemens des deffunts, il
ſacrifioit des victimes humaines, il
éloignoit

éloignoit du Chilombo les femmes
prêtes d'accoucher, il confultoit les
Singhiles, en un mot il donnoit dans
toutes les extravagances de cette Secte : mais il n'étoit point cruel, & il ne
contraignoit point les meres à donner
la mort à leurs enfans, & fi pour fe
conformer à fes peuples, il goûtoit
quelquefois du fang & de la chair humaine, c'étoit en fi petite quantité
qu'il étoit aifé de voir qu'il en avoit
horreur, & qu'il ne le faifoit que par
une pure politique.

Il eut un très-grand nombre d'enfans, il leur donna des appanages dans
differens endroits de fes Provinces,
où il vouloit qu'ils vécuffent confor-
mement à leur qualité.

Depuis que Dieu l'eut touché, l'eut
éclairé & qu'il eût reçu le Baptême,
il travailla fans relâche & de toutes
fes forces à convertir fes fujets. Ses
bons exemples & les Edits rigoureux
qu'il fit publier y contribuerent infiniment. Il deffendit fous peine de la vie
d'offrir de l'encens aux idoles, de proteger leurs Miniftres, & de ne pas
obferver ce que le Pere Miffionnaire
leur prefcriroit dans fes fermons, de
forte que les peuples venoient en foule fe faire inftruire, & demander le

Baptême. On ne peut dire le nombre d'enfans que le Pere Miffionnaire baptifa dans cet Etat. Il étoit accompagné dans les voyages qu'il faifoit par les Gouverneurs avec un grand nombre de foldats, de forte qu'il ne trouvoit pas la moindre refiftance à détruire les Chimpaffis & les idoles, & à donner la chaffe à leurs Miniftres. Tous ces méchans hommes voyant qu'il n'y avoit plus rien à faire pour eux, s'enfuyoient autre part avec leurs familles.

Dom Louis Antoine avoit été extrêmement affligé des ravages que Caffangé avoit fait dans fon Etat, il plût à Dieu de le confoler. Un de fes Feudataires s'étant revolté, il fut l'attaquer fur le champ, le défit entierement, le remit dans fon devoir, & l'obligea à recevoir le Baptême.

Peu de jours après cette victoire il apprit qu'il s'étoit élevé un differend confiderable entre quelques-uns de fes Feudataires. Il prit auffi tôt les armes, & avant de partir il dit au Pere qu'il reconnoiffoit en cela la main de Dieu qui vouloit le châ ier de fes crimes paffez, qu'il adoroit fes jugemens; mais que comme fon intention étoit de faire connoitre le vrai Dieu à tous, ſes ſujets, il eſperoit de ſa bonté qu'il lui donneroit la victoire, & que c'étoit dans cette confiance qu'il ſe portoit à cette entrepriſe.

Le Pere Miſſionnaire le voulut accompagner, & pendant que le Prince combattoit des ennemis viſibles, il en eût à combattre d'inviſibles & beaucoup plus méchans.

Une partie des troupes du Prince étoient Chrétiens, les autres étoient idolâtres. On regardoit ces derniers comme des gens maudits ; mais le commerce continuel qu'ils avoient les uns avec les autres faiſoit crainîre que les bons ne ſe gâtaſſent. Le Prince ſe donnoit des peines infinies pour l'empêcher. Il aidoit puiſſamment le Miſſionnaire, il ſembloit qu'il le fût devenu lui-même. Il aſſiſtoit aux inſtructions qui ſe faiſoient tous les jours, dans leſquelles le Pere ſe faiſoit rendre compte du progrès que faiſoient les Neophites, il les interrogeoit, leur faiſoit reciter leurs prieres, & les portoit de tout ſon cœur à ſe conformer à la Foi qu'ils avoient embraſſée.

On faiſoit élever des croix dans tous les villages où l'armée paſſoit, & comme les idolâtres avoient mis les

grands chemins fous la protection des
idoles & leur en avoient donné les
noms, on changea ces noms infames,
& on donna des nóms de faints à tous
ces lieux, & le Pere apprit à ces peuples de quelle maniere il falloit invo-
quer les Saints, & leur demander leur
protection.

L'armée arriva enfin au centre de la
Province de Tamba, pays uni, arrofé
de quantité de ruiffeaux; mais prefque
dépeuplé d'arbres. On découvrit de
fort loin un des douze Fiefs de cette
Province. Le Seigneur l'avoit bien
fortifié, & étoit prêt à fortir avec fes
troupes pour aller décider le differend
qu'il avoit avec fon voifin pour les li-
mites de leurs Fiefs.

Lorfqu'on en fut à cinq cens pas
on y planta une grande croix que les
troupes faluerent par les décharges de
leurs moufquets. Ce bruit épouvanta
d'abord les habitans, ils crurent que
Guzambanbé leur Souverain étoit venu pour les forcer d'embraffer la Religion Chrétienne. Ils fe mirent en
état de foûtenir l'affaut qu'ils croyoient
qu'on alloit donner à leurs retranchemens. Mais Dom Louis Antoine n'é-
toit pas venu pour les perdre. Il ne
vouloit que les maintenir en paix les

uns avec les autres. Il envoya un Officier les sommer de se rendre à de bonnes conditions. Cet Officier ne gagna autre chose que la sûreté d'une Conference.

Le Prince pria le Pere Jean Antoine de se charger de cette commission. Il y alla, les Officiers du Soua le vinrent recevoir hors l'enceinte du Bourg, & l'y introduisirent avec honneur. Il exposa au Soua la commission qu'il avoit de son Souverain, & lui demanda en même-tems la permission de baptiser les enfans. Il la lui refusa en lui disant que tous les enfans étant ses esclaves, il ne devoit pas se priver de ses droits, en permettant qu'ils fussent baptisez, ajoûtant encore que leurs peres & meres n'étant ni baptisez ni instruits, ne pourroient pas les élever dans la Religion à laquelle ils auroient été initiez. Il lui dit encore d'autres choses que le Pere feignit ne pas entendre, & après beaucoup d'autres discours; il lui demanda encore la même permission, il reçût la même réponse, & il fut encore refusé.

Alors pour se débarrasser du Pere, il sonna une petite clochette qu'il portoit attachée à sa ceinture, & dans le moment le Pere fut environné des Gar-

des du Soua la hache à la main, qui
n'attendoient que le figne de leur maître pour lui enlever la tête de deffus
les épaules. Cela n'arriva pas. Le Soua
fe feroit fait une trop mauvaife affaire ; mais il le fit chaffer de fon village à coups de pied & de poing. Le
Pere reçût cet affront avec la patience
d'un Miffionnaire qui annonce un Dieu
patient & crucifié, & l'attribua plûtôt
à l'infolence des foldats qu'à la mauvaife volonté de leur chef.

Le Prince Dom Louis Antoine ayant
appris l'indigne traitement qu'on avoit
fait à fon pere fpirituel fon Plenipo-
tentiaire, entra dans uue furieufe colere, & fes Officiers lui ayant repre-
fenté la confequence qu'il y avoit à ne
pas fouffrir une action fi indigne, le
Pere eût toutes les peines du monde à
calmer l'indignation du Prince, & le
défir violent que fes Officiers & fes foldats avoient conçu de s'en venger. Il en
vint enfin à bout.

Mais il arriva un nouvel accident
qui penfa caufer la ruine totale de
ce Soua, & dans lequel on admira la
vertu & la douceur du Prince nouveau
Chrétien.

Pendant qu'on étoit occupé à faire
le traité de pacification, le Soua en-

voya à fon Souverain un préfent de
plufieurs charges de mahis. On reçût
le préfent d'autant plus volontiers,
que l'armée manquoit de vivres ; mais
l'Officier Portugais dont nous avons
parlé, ayant ce préfent pour fufpect,
en donna à fon cheval, qui n'en eût
pas fi-tôt mangé qu'il creva.

Alors tous les foldats coururent aux
armes pour venger un crime fi horrible. Il n'y eût que le Prince qui, quoiqu'offenfé jufqu'au vif, ufa d'une moderation incroyable. Il commanda à
fes Officiers d'appaifer les foldats,
parce qu'il n'étoit pas expedient de fa-
crifier tous les gens de ce Soua dont
la ruine étoit certaine ; en difant qu'il
n'étoit pas bien affuré que cela vînt du
Soua ou de fes gens, & qu'il ne falloit pas confondre les innocens avec
les coupables, fon deffein étoit de
gagner ces peuples par la douceur, &
de les foumettre au joug de l'Evangile.

On trouva cependant le moyen d'a-
jufter les differends qui étoient entre
ces deux Souas. Le Prince regla les li-
mites de leurs Jurifdictions, & leur fit
faire la paix ; mais il ne pût jamais les
obliger à renoncer à l'idolâtrie.

Le chagrin qu'il en eût fut recom-

penſé par la converſion de tous les autres Souas qui vinrent d'eux-mêmes
demander avec ardeur le Báptême
avec tous leurs peuples.

Le terme de deux mois que le Pere
Prefet avoit fixé au Pere Jean Antoine
pour demeurer auprès de Guzambanbé étant expiré, il pria le Prince de
lui permettre de ſe retirer. Ce Prince
eût beaucoup de peine à y conſentir,
& en effet il eſt difficile de penſer
quelle fut la raiſon du Pere Prefet
de retirer de ce poſte un homme qui
y étoit ſi neceſſaire, qui avoit fait
beaucoup en très-peu de tems; mais
qui n'avoit pourtant encore qu'ébau-
ché la grande affaire de la converſion
de cet Etat. Il eſt vrai que le Prince
étoit baptiſé, que la plûpart de ſes enfans, de ſes Officiers, de ſes peuples
avoient ſuivi ſon exemple; mais il y
en avoit un bien plus grand nombre
qui étoient demeurez dans l'idolâtrie,
& qui ne voyoient qu'avec un extrême
dépit que leur Souverain avoit abandonné la Religion de ſes peres. Je
ſçai que le nombre des Miſſionnaires
étoit fort petit, & les beſoins de ces
vaſtes Etats très-grands; mais y avoit-
il de la prudence à courir ainſi de côté & d'autre, ébaucher une affaire de

cette importance, la laisser imparfaite, en commencer une autre, & sauter, pour ainsi dire, de branche en branche. Je ne pousserai pas plus loin mes reflexions, je suivrai mon Auteur qui est ce même Pere Jean-Antoine Cavazzi de Montecucullo, que ses grandes actions & ses grands travaux ont rendu si cher au S. Siege, qu'après être venu à Rome rendre compte à la Congregation de la Propagande de l'état du Christianisme de ces pays, elle l'obligea d'écrire la Relation dont nous donnons ici la traduction, & l'engagea de retourner dans ce pays avec la qualité de Prefet & de Superieur general de tous ses Confreres au lieu du caractere Episcopal, que sa très-profonde humilité l'empêcha de recevoir.

Dom Louis Antoine Guzambanbé ayant enfin consenti au départ de son pere spirituel, ordonna à un Officier de lui donner cinq bons Negres pour le conduire du camp jusqu'à sa residence d'Oacco. Cela fut executé. Le Pere se mit en chemin avec ces cinq Negres, & les deux qu'il avoit amenez avec lui d'Embacca. Quatre de ces Negres l'abandonnerent le quatriéme jour de leur marche au milieu d'une épaisse

B v

forêt, & emporterent avec eux les vivres qui devoient servir à toute la
troupe, qui de huit réduite à quatre
poursuivit son chemin, & vêcurent
pendant quatre journées qu'ils em-
ployerent à se rendre à Oacco de certains fruits appellez Nubulli qui sont
peu differens des nesfles d'Europe. Il
croyoit trouver en cet endroit le secours qui lui étoit necessaire pour se
remettre de la fatigue du voyage qu'il
venoit de faire, & d'une indisposition
assez considérable qu'il avoit contrac-
tée ; mais par malheur pour lui le Tendala du Prince, ses parens & sa Cour
domestique étoient partis le jour précedent pour se rendre au camp. Il n'eut
d'autre consolation que de voir les enfans qu'il avoit baptisez, d'en baptiser plusieurs autres, & des adultes
qu'il avoit commencé d'instruire.

Au bout de quelques jours il s'a-
dressa au Vice-Gerent, & en vertu
d'un ordre du Prince qu'il lui commu-
niqua, il lui demanda ce qui lui étoit
necessaire pour continuer son voyage.
Cet homme insolent, barbare & des
plus attachez à l'idolâtrie, refusa d'o-
béïr à l'ordre de son Souverain, le
maltraita de paroles en lui reprochant
qu'il étoit cause que son maître avoit

embraffé la Foi des Blancs.

Le Pere ne pouvant rien obtenir de cet obftiné partit avec fes deux Negres, & trouva à deux lieuës de là un village. Il alla faluer le Gouverneur, lui dit ce qui lui étoit arrivé à Oacco, & lui montra les ordres qu'il avoit du Prince. Cet Officier envoya chercher fur le champ le Vicegerent, lui fit une févere reprimande, & le menaça de l'indignation du Prince s'il n'alloit pas conduire en perfonne le Pere jufqu'à la Coanza.

Il fallut obéïr ; mais comme il le faifoit malgré lui, au lieu de le conduire par les chemins battus, il lui en fit prendre de fi mauvais par des forêts prefqu'impenetrables, & fi dangereufes à caufe des bêtes fauvages, que ce fut une efpece de miracle que le Pere ne mourut pas de fatigue.

Etant enfin arrivé au bord de la riviere il pria les habitans de le tranfporter à *Mualla* ou à *Cabunda* qui font des Ifles de la Jurifdiction du Guzambanbé. Ces gens ayant appris qu'il avoit baptifé leur Seigneur, refuferent de le paffer, & lui firent beaucoup d'infultes à caufe decéla.

Après avoir beaucoup attendu, il arriva heureufement un Officier qui

venoit du camp, qui obligea ces habitans de le paſſer à Mualla.

Dès que ces Inſulaires le virent, ils
s'enfuirent & ſe cacherent, craignant,
comme ils diſoient, qu'il ne fût venu
pour les obliger de ſe faire Chrétiens.
Il n'y eut que les enfans qui étoient
demeurez, qui peu à peu, & attirez
par de petits preſens, s'approcherent
de lui, les peres & meres s'approcherent enſuite, & de leur conſentement
il en baptiſa cinquante-neuf.

Il demeura quelques jours dans cette Iſle. On le tranſporta enſuite à l'autre bord de la riviere. Il alla à la Cour
du Roi Angola Aarii, où il trouva une
lettre du Pere Prefet qui lui marquoit
de ſe rendre au plutôt à Maſſangano
où il l'attendoit.

Il partit auſſi-tôt, & arriva au bout
de cinq jours à un village dont le Gouverneur étoit beau-frere du Roi, &
où il avoit baptiſé autrefois beaucoup
d'enfans & d'adultes.

En cherchant la maiſon du Soua il
vit ſur l'entrée d'une cabanne beaucoup de vaſes pleins des abominations
de l'idolâtrie, il les rompit & jetta
tout ce qui étoit dedans. Il n'étoit pas
content & alloit faire quelque choſe
de plus quand il entendit le ſon d'une

clochette , & le bruit de gens qui venoient. *Voilà*, dit-il à fes Negres , *in-
dubitablement le gardien de ce Chim-
paffo. Ne fuyons point , Dieu nous pren-
dra en fa garde.* A peine avoit-il achevé ces paroles que ce gardien parut.
Le Pere le reconnut d'abord pour celui qui avoit été caufe qu'on avoit voulu le lapider à Maopongo.

Ce miferable avoit les épaules couvertes d'une peau de tygre qui pen-
doit jufqu'à terre , une autre peau
femblable , mais plus courte , lui couvroit la poitrine. Les bords étoient
garnis de petites clochettes & de gre-
lots avec des cloux dorez. C'étoient
des ornemens finguliers pour le pays
où ces chofes ne font gueres d'ufage.
Il portoit une petite hache attachée à
fon col , un petit couteau fur l'oreille
gauche , & à fon côté une lame de fer
rouillée en guife de cimeterre. Il avoit
fur le devant de la tête deux grandes
plumes d'un certain oyfeau de proye
qui faifoient comme deux cornes ; &
à la main droite un grand bâton , dont
le bout recourbé faifoit une efpece de
croce ou de bâton paftoral. Tel étoit
l'habillement de ce fourbe.

Dès qu'il apperçut le Miffionnaire
il fe mit à fuir de toutes fes forces ,

& lui étant tombé dans sa fuite quelques-unes des babiolles dont il étoit paré, il n'osa pas s'arrêter pour les ramasser. Le Pere les prit.

C'est ainsi que Dieu permet que ces Ministres du démon soient frappez de crainte à la vûë d'un Prêtre du vrai Dieu, & que le diable dont ils sont possedez n'ose pas se compromettre avec ses serviteurs.

Mais si le courage leur manque, la voix ne leur manque pas. Celui-ci tout fuyant poussa des cris affreux, qui eurent bientôt rassemblé tous les habitans. Le Soua à leur tête & les armes à la main vint droit au Pere, & vouloit l'obliger à rendre au Magicien ce qu'il avoit laissé tomber en fuyant. Le Pere refusa de le faire, & se seroit plûtôt exposé à la mort, de sorte que le Soua & tous ses gens voyant que c'étoit en vain qu'ils le pressoient, & craignant qu'il ne les dénonçât au Viceroi d'Angolle qui n'auroit pas manqué de les faire châtier, ils n'oserent l'outrager, & se retirerent.

Mais la chose ayant été divulguée dans le village, il ne se trouva personne qui voulût le recevoir & le loger. Les deux Negres qui l'accompagnoient apperçurent une case abandonnée dans

un lieu élevé auprès du village , qui
étoit tout couvert d'épines. Ils s'y retirerent pour y paller la nuit comme ils
pourroient.

Le Soua l'y vint vifiter le foir même ,
& lui apporta un coq pour préfent.
C'eft dans l'ufage du pays une priere
tacite de fe retirer au plûtôt. Le Pere
le reprit de fon impoliteffe , le Soua
feignant de ne pas bien entendre ce
que le Pere lui difoit , juroit que c'é-
toit fa pauvreté qui l'empêchoit de faire mieux ; mais qu'il lui avoit apporté
un peu de vin de palme comme une
marque de fon affection. Juftement ,
dit le Pere , tu m'apporte du poifon ,
jufqu'où va ta perfidie ? Le Soua parut indigné de ces paroles , & pour
raffurer le Pere il en but en fa préfence. Mais le traître s'étoit auparavant
muni l'eftomac d'un contrepoifon qui
empêcha l'effet de celui qu'il but. Le
Pere qui devoit fçavoir ces tours de
fourberies fut affez fimple pour en boire un peu ; mais ce peu étoit encore
beaucoup trop. Il fentit dans quelques
momens des douleurs affreufes , le
corps lui enfla , il feroit mort fur le
champ s'il n'eût pris un puiffant
contrepoifon qu'il portoit fur lui , &
que tous les Européens ne manquent

jamais d'avoir fur eux , pour fe garantir de la fureur & de la malice de ces
peuples qui ne fe parent fouvent du
nom de Chrétiens que pour leurs interêts, & afin qu'on fe défie moins de
leurs fupercheries.

Le Soua voyant que fon poifon avoit
eu l'effet qu'il en efperoit, fe retira &
ne parût plus ; & le Pere voyant qu'il
n'y avoit rien à faire pour lui dans ce
village, partit & fe traîna comme il
pût à l'aide de fes deux Negres à un
autre village qui étoit à deux lieuës
de ce premier. Les convulfions caufées
par le poifon augmenterent beaucoup
en ce lieu, de forte que le Soua ayant
peur qu'il ne mourût chez lui, & qu'on
ne lui imputât le crime, fe hâta de le
faire tranfporter à Cambambé Fortereffe des Portugais, qui en eft diftante de neuf lieuës. Le Pere y arriva dans
un très-mauvais état ; mais il eût la
confolation d'y trouver le Pere Prefet
qui le fit porter à Maffangano, & qui
l'y accompagna. On lui donna en cet
endroit de fi bons remedes qu'on lui
conferva la vie , dont la fin n'étoit
pas encore arrivée ; mais on ne put
empêcher que le venin qui s'étoit ré-
pandu par tout fon corps ne fe jettât fur
les jambes. Il y caufa une enflure dou-

loureuſe qu'il a portée juſqu'au tombeau.

Dès qu'il fut ſuffiſamment guéri, le Pere Prefet l'envoya à la Cour de la Reine Zingha où il fit les belles choſes que nous avons décrites dans l'hiſtoire de cette Princeſſe, à laquelle nous renvoyons les Lecteurs.

CHAPITRE II.

De la Province de Lubolo.

NOus avons remarqué dans la deſcription du Royaume d'Angolle, qu'au-delà de la riviere de Coanza il y a un pays très-vaſte nommé Lubolo, qui comprend les neuf Provinces ſuivantes, Chiſſama, Sumbi, Binguella, qui avoit autrefois le titre de Royaume, Sceila, Rimba, la haute Bembé, Tamba, Oacco, & Cabezzo, auſquelles ſi on y joint Lubolo, on aura le nombre de dix Provinces. Ces Provinces étant environnées de montagnes & de rochers eſcarpez, qui les mettent à couvert des inſultes & des pillages des ennemis, ſont regardées comme les plus ſûres & les meilleures de l'Etat.

Chacune de ces Provinces a son
Gouverneur particulier , duquel dé-
pend une quantité de Titulaires & de
Vassaux.

Les Provinces de Lubolo , de *Bin-*
guella , de Tamba , d'Oacco & de
Cabezzo sont depuis très-long-tems
conféderées avec les Portugais , elles
ont embrassées la Foi Chrétienne tant
bien que mal. Les autres sont demeu-
rées dans l'idolâtrie , ou si quelques-
unes ont embrassé la Foi par politique , c'est avec tant de tiedeur , *& un*
mélange si monstrueux des superstitions
Payennes , qu'ils sont p'ûtôt des *ido-*
lâtres que des Chrétiens. Tout le des-
ordre qu'on remarque dans ces gens
vient absolument de leurs chefs qui
sont des gens volages , menteurs ,
fourbes , dissimulez , avares , sans Foi ,
sans raison , & qu'il est rare de voir
une année entiere dans l'obéïssance
qu'ils ont promise à un Prince pour
joüir de sa protection dont ils avoient
besoin quand ils ont traité avec lui.
C'est de là que naissent entre eux tant
de jalousies , de querelles , de meur-
tres , de pillages , de guerres , dont
la fin est toûjours un accommodement
frauduleux qu'ils cherchent à rompre
dans le moment même qu'ils le con-
cluent.

Dom Fernand Viaria né au Brefil étant Viceroi d'Angole en 1658. voulut établir dans ces Provinces une paix plus ftable qu'il n'y en avoit eu jufqu'alors. Il jugea qu'il étoit neceſſaire pour y parvenir d'abaiſſer l'orgueil des Souas idolâtres, qui fembloient ne chercher autre chofe que la ruine de ceux qui étoient Chrétiens. Dans ces occaſions les idolâtres refufoient de fe foumettre à l'arbitrage des Portugais, & negligeoient de rendre à la Couronne le refpect, les tributs & les autres devoirs aufquels ils étoient obligez. Pour cet effet il fit un nouveau traité avec les Souas Chrétiens, & même avec celui de Rimba, quoiqu'idolâtre, parce que ce Gouverneur ayant fous fa Jurifdiction vingt-deux Feudataires, il étoit en état de joindre à l'armée Chrétienne un grand nombre de bons foldats. Il efperoit par ce moyen reduire les autres idolâtres, & travailler même pour l'avantage de ce Soua, comme il arriva en effet.

Il écrivit au Pere Seraphin de Cortonne, & lui demanda un Religieux Prêtre pour être le Chapelain de l'armée, & qui pût en même-tems catechifer les Infideles, & pourfuivre ce qui avoit été commencé l'année pré-

cedente par la converſion de Guzambanbé.

Cette demande embaraſſa beaucoup
le Pere Prefet. Il n'avoit aucun de ſes
Religieux qui ne fût employé , & qui
n'eût du travail au delà de ſes forces.
Il ne pouvoit pourtant refuſer le Viceroi. Après y avoir bien penſé il jetta
les yeux ſur mon Auteur le Pere Antoine de Montecucullo qui ſçavoit en
perfection la langue & les coûtumes
de ces peuples. Il lui en envoya l'ordre, & auſſitôt mon Auteur ſe rendit
à Maſſangano , qui étoit le lieu d'aſ-
ſemblée & la place d'armes de toute
l'armée.

Peu de jours après l'armée ſe mit en
marche , elle n'étoit d'abord compoſée que de deux milles Negres & de
cinq cens Blancs tous gens de valeur
& d'expérience , preſque tous Officiers reformez ſous la conduite d'un
Commandant Portugais , homme pru-
dent , ſage , brave, & d'une grande
experience.

Ce nombre étoit bien mediocre ;
mais chemin-faiſant on devoit ſe joindre aux autres troupes qui devoient
compoſer l'armée.

Le Soua Dom Louis-Antoine Guzambanbé , que mon Auteur avoit ba-

ptifé l'année précedente, attendoit l'armée Portugaife fur les bords de la Coanza, il avoit avec lui les troupes de fes Provinces en grand nombre & bien difciplinées.

Dès qu'il apperçût fon pere fpirituel il courut à lui, l'embraffa tendrement, & lui dit que depuis qu'il l'avoit quitté il n'avoit rien défiré avec plus d'ardeur que le plaifir de le revoir encore. Je n'ai rien oublié, lui difoit ce fervent Chrétien, de tout ce que vous m'avez enfeigné, & pour vous en donner une preuve, voilà une grande croix que j'ai fait faire, je vous prie de la benir, & de la planter fur cette colline, afin que tous ceux qui paffent fur cette riviere la puiffent voir & l'adorer.

Le Pere fit ce que Guzambanbé fouhaitoit, il benit la croix, elle fut portée avec refpect par ce Prince & par fes premiers Officiers au fommet d'une colline, au pied de laquelle la riviere paffoit, on chanta des Hymnes & des Cantiques à l'honneur du vrai Dieu, on la planta, & elle fut faluée de toute l'armée comme le figne de notre Redemption, & une affurance de falut & de toutes fortes de profperitez à ceux qui en revereroient les myfteres.

L'armée entra dans la Province
d'Oacco , & le Pere eût la confolation
d'y trouver fur la route que tenoit l'armée un grand nombre de perfonnes ,
qui inftruites ou par Guzambanbé ou
par des interpretes fous fes ordres ,
venoient demander le Baptême , &
d'autres qui apportoient leurs enfans
pour recevoir la même grace.

De cette Province on entra dans
celle de Cabezzo. On trouva au pied
d'une montagne haute & efcarpée ,
qu'il fembloit que la nature avoit faite à plaifir , une Libatte bien fortifiée
qui appartenoit à un des Rebelles
qu'on alloit attaquer. Les Milices l'in-
veftirent auffitôt autant qu'elle le pouvoit être ; mais elles furent repouffées
avec une perte à peu près égale des
deux côtez , & furent obligées de fe
retirer dans le camp.

Le Pere Jean-Antoine parcourant
le camp pour donner les fecours de
fon miniftere aux bleffez trouva un
foldat d'Angolla-Aarii , qui avoit reçu un coup dans la poitrine fi dangereux qu'on croyoit qu'il n'avoit que
quelques momens à vivre. Il lui demanda s'il étoit baptifé. Le bleffé répondit qu'il ne l'étoit point , quoique
depuis long-tems il eût un grand de-

fir de l'être. Le Pere le confola de fon
mieux, l'exhorta à mettre toute fa
confiance en Dieu, l'affurant que l'effet du Baptême fe répandoit non feulement fur l'ame dont il effaçoit toutes les taches; mais fouvent même fur
le corps, quand l'intention étoit
droite & fincere. Comme il le trouva
bien inftruit, il le baptifa en préfence
de bien des gens, dont quelques-uns
qui étoient infideles fe mocquerent ou-
vertement de ce que le Pere avoit dit
au bleffé. Il arriva cependant que ce
bleffé défefperé de tout le monde fut
guéri au bout de dix jours. Cette guérifon qu'on pouvoit regarder comme
miraculeufe, fit un effet confiderable;
ceux qui avoient défefperé de la guérifon du bleffé, & qui s'étoient moc-
qué des promeffes du Pere les voyant
accomplies, s'approcherent de lui,
écouterent avec docilité fes inftructions, & reçurent le baptême.

Cependant le fiege qu'on avoit formé devant cette mauvaife place n'a-
vançoit point. Les affiegez favorifez
de la fituation du lieu, & des retraites
qu'ils s'étoient ménagées dans la montagne fe defendoient à merveille, faifoient de frequentes forties, & quoiqu'ils fuffent toûjours repouffez avec

perte, les Officiers de l'armée des
Assiegeans resolurent de lever le siege,
peut-être dans la vûë d'attirer l'ennemi en vaste campagne, où ils étoient
bien sûrs de le défaire. On le leva
en effet : mais l'ennemi qui étoit conduit par des Chefs qui sçavoient leur
metier, garda toûjours l'avantage de
la montagne, au pied de laquelle
l'armée étoit obligée de marcher, &
pendant quatre jours entiers il ne cessa
de la harceler par des escarmouches
continuelles. On le repoussoit à la verité vivement, mais la facilité de la
retraite faisoit qu'il ne se rebuttoit
point. Il tomba une nuit sur l'arriere-
garde avec tant de bravoure & de
conduite, que si toute l'armée n'avoit
fait volte-face, elle auroit été entierement défaite.

Dans cette action qui fut fort chaude,
il y eut un soldat des Alliés qui reçut
un coup dans le ventre qui lui mit
dehors les intestins. On apella le Pere
pour lui donner les secours qui dé-
pendoient de lui, il y courut & obligea un Chirurgien Portugais à lui remettre les intestins dans leur place
& à bander sa playe. Avec ce secours
le blessé recouvra la parole. Le Pere lui
demanda s'il étoit baptisé. Il lui repon-
dit

dit qu'il étoit Chrétien, qu'il se nom-
moit Antoine ; mais qu'il n'étoit pas
baptisé, & qu'il le conjuroit de lui
accorder la grace du baptême pour
l'amour du vrai Dieu dont il avoit
toûjours professé la Religion , &
qu'autrement il mourroit dans le désespoir.

Il n'est pas rare de trouver de ces
sortes de Chrétiens. Ils se font honneur de cette qualité, prennent eux-
mêmes des noms de Saints, & ne se
font baptiser que dans la derniere ex-
trémité.

Le blessé étoit de ce nombre. Le
Pere lui fit faire tous les actes qu'il
jugea necessaires, le baptisa & le vit
mourir quelques momens après qu'il
eût reçu le Sacrement.

L'ennemi ayant enfin été repoussé
de maniere qu'il n'eut plus envie de
revenir chagriner l'armée, on trouva
un Soua idolâtre, qui se disoit bien in-
tentionné pour les Portugais, & qui
conseilla au General d'attaquer une
place dont il disoit que le Seigneur
étoit l'ennemi implacable des Portugais & de la Religion Chrétienne. Il
offroit de joindre ses troupes à celles
des Portugais & de leurs Alliés. On
ç crut, & sous sa conduite l'armée

Tome V. C

entra dans les terres de sa Jurisdic-
tion. Il pria alors le General de laisser
le Pere dans son village principal, disant qu'il vouloit que tous ses sujets
reçussent le Baptême, comme il avoit
résolu lui-même de le recevoir. Il lui
dit ensuite qu'il étoit inutile que toute
l'armée allât à l'entreprise qu'il lui
avoit proposée, qu'une partie suffi-
roit avec ses troupes, à la tête desquelles il se mettroit.

Le General Portugais donna dans
ce panneau, & en parla au Pere, l'ex-
hortant de ne pas perdre l'occasion
favorable qui se présentoit de faire un
si grand nombre de Chrétiens; mais
le Pere se doutant qu'il y avoit là-
dessous quelque trahison cachée, s'y
opposa, remontra en plein conseil
qu'il n'étoit pas de la prudence de sé-
parer ainsi l'armée, & que si ce Seigneur avoit veritablement envie de
se faire Chrétien il seroit tems d'y
penser quand l'entreprise qu'il avoit
proposée seroit achevée. On le crut,
l'armée entiere & en corps y marcha,
& on arriva au pied d'une montagne
haute & escarpée, au pied de laquelle
étoit le village qu'on vouloit attaquer,
On n'avoit pas encore achevé de dis-
tribuer les postes, qu'on entendit

très-diſtinctement des voix qui ſor-
toient de la place , qui avertiſſoient
de ſe donner de garde de la trahiſon
que ce méchant Soüa vouloit faire.
Ces avis l'épouvanterent , & ſa conſcience lui reprochant ſon crime , il
prit la fuite avec tous ſes gens pour
éviter la punition. Mais les troupes
Portugaiſes & Alliées outrées de cette ſupercherie le pourſuivirent comme des lions irritez , le joignirent, le
taillerent en pieces avec la plûpart
de ſes gens , & ramenerent quatre
cens priſonniers ou eſclaves au camp.

Cependant le village ſe trouvant
dépourvû de vivres , & de ce qui
étoit neceſſaire pour ſa deffenſe , ſe
rendit en quelques heures à compoſi-
tion, & le Seigneur ayant fait hommage à la Coüronne de Portugal, ſe
fit baptiſer & ſe joignit avec ſes
troupes à l'armée royale, à laquelle il
fut dans la ſuite d'un grand ſecours.
Le deſſein du traître étoit de ſaccager
entierement cette bourgade , après
qu'il l'auroit pris, & d'en faire autant
à l'armée ſi on l'avoit ſéparée en pluſieurs corps comme il le propoſoit.

Il arriva dans ce village une choſe
ſi extraordinaire qu'elle mérite place
dans cette Relation. On vint cher-

C ij

cher avec empreſſement le Pere Jean
Antoine pour confeſſer un malade
que l'on diſoit prêt de mourir. Le Pere y alla ſur le champ, & trouva que
celui qu'on diſoit prêt à mourir n'a-
voit aucune apparence d'être malade,
& qu'il s'entretenoit avec ſes amis qui
étoient autour de lui. Il crut qu'on
s'étoit voulu mocquer de lui, & leur
en fit une reprimande. Mais ces gens
ayant découvert la poitrine & le dos
du malade, firent voir au Pere une
excreſcence entre cuir & chair ronde comme une corde qui environnoit
à deux ou trois tours le corps de cet
homme, qui avoit un mouvement
viſible & ſenſible, & dont les deux
extrêmitez s'approchoient ſenſible-
ment l'une de l'autre, & n'étoient pas
éloignées l'une de l'autre & prêtes à
ſe joindre.

Le Pere après avoir admiré une
choſe ſi extraordinaire demanda aux
aſſiſtans ce que c'étoit. Ils lui dirent
qu'on appelloit cette maladie *le mal
du ſerpent*, & que quand la tête & la
queue du ſerpent ſe joignoient, la
tête ſuçoit la queue, & preſſoit tellement le malade qu'elles l'étouffoient,
comme il alloit arriver bientôt.

Le Pere fit ſortir tout le monde

confeffa le malade, l'exhorta, le conforma à la volonté de Dieu, & le difpofa à la mort, puifqu'il n'y avoit point de remede.

Mais comme il n'y a point de maladie fur la terre à laquelle la bonté de Dieu n'ait pourvû le remede, il entra un foldat dans la cafe qui s'offrit de le guérir. Le Pere voulut être préfent à cette operation, afin d'empêcher qu'il n'y entrât quelque pact ou quelque fuperftition des idolâtres. Le foldat Medecin y confentit, & ayant fait quelques poignées de certains joncs durs & piquans, il fe mit à flageller le malade de toutes fes forces aux endroits où le ferpent paroiffoit.

Le ferpent fe remuoit fenfiblement, & tâchoit de fe dérober aux coups que ce nouvel Efculape faifoit tomber principalement fur la tête, de telle forte que tout le corps de la bête fe mit en un petit peloton, & ne donna aucun figne de mouvement ni de vie. Alors le foldat affura que le ferpent étoit mort.

Cette flagellation dura une bonne demi-heure ; on peut juger de la douleur qu'elle caufa au malade patient. Il ne s'en plaignoit pourtant pas beaucoup ; car outre que les Negres font

durs & patiens, il aimoit mieux souffrir ce tourment que la mort. Le soldat fit brûler tous les joncs dont il s'é-
toit servi, & mêla leur cendre avec
une quantité de miel dont il fit un cataplasme qu'il mit sur l'endroit où le
serpent mort s'étoit retiré, & pendant quatre jours de suite il eut soin
de renouveller le cataplasme, au bout
desquels l'enflûre que causoit le corps
du serpent, & toutes les meurtrissu-
res de la flagellation se trouverent
gueries & dissipées, & le malade parfaitement gueri. C'est dommage que
mon Auteur ne se soit pas informé
plus particulierement de la cause &
du principe d'un mal si extraordinaire.
Il semble qu'il ait quelque connexité
avec les vers de Guinée qui se forment
entre cuir & chair, qui à la verité
peuvent causer la mort de ceux qui en
sont attaquez; mais d'une maniere
bien differente de celle-ci. J'en ai parlé dans mon Histoire de Guinée, inti-
tulée Voyage du Chevalier des Mar-
chais, où le Lecteur pourra avoir recours.

L'armée confederée parcourut presque toutes ces Provinces, rempor-
tant des victoires entieres sur ces Rebelles, & obligeant de reconnoître la

Couronne de Portugal, ceux qui jufqu'alors s'étoient fait gloire de vivre
dans l'indépendance.

Elle affiegea entre autres places un
Bourg qu'un certain Enchanteur s'é-
toit vanté de deffendre avec les feuls
fecrets de fon art. Les habitans qu'il
avoit féduits le voulurent recompenfer par avance de fes peines, & lui
donnerent la valeur de deux cens
vingt-cinq écus.

Dès que l'armée arriva à la vûe de
la place, les habitans fortirent par le
côté oppofé, & vinrent attaquer l'ar-
riere-garde avec des cris extraordinaires & beaucoup de valeur, s'ima-
ginant qu'avec l'aide de leur forcier
ils la mettroient en defordre, & que
le refte de l'armée auroit le même
fort. Mais ils trouverent des troupes
bien difciplinées & accoûtumées à
vaincre, qui firent volte-face, garde-
rent bien leurs rangs, & les attaquerent fi vigoureufement que tout ce
qui étoit forti fut taillé en pieces, &
l'affaut ayant été donné de tous côtez
en même-tems la place fut emportée,
& les hommes qui étoient reftez dedans en affez petit nombre tuez ou
faits efclaves.

La conféquence de cette conquête
C iiij

qui coûta très-peu, fut qu'on trouva
un très-grand nombre d'enfans & de
femmes qui demanderent le Baptême
que le Pere leur administra après les
avoir instruits, autant que le tems &
leur capacité le lui permirent.

Mais la plus remarquable des con-
quêtes de l'armée Confederée fut celle de la grande Libatte appellée *Can-
gunzé*, c'est à-dire, la maîtresse des
forces.

Cette Libatte capitale de la Province de Scella est située au milieu
d'une petite vallée très-agréable &
très-fertile, toute environnée de rochers hauts & escarpez comme des
écüeils, qui assurément la rendroient
imprenable si elle étoit deffenduë par
des gens qui sçussent le mêtier de la
guerre.

On assuroit que quoiqu'elle eût été
attaquée plusieurs fois, elle n'avoit
jamais été prise, parce que quand les
habitans avoient été forcez au point
même que les assiegeans étoient entrez dans son enceinte, ils avoient l'a-
dresse de se retirer dans des vastes cavernes creusées naturellement ou par
art dans ces rochers, d'où ils atta-
quoient sans relache leurs ennemis,
tantôt d'un côté, tantôt d'un autre,

quelquefois de tous côtez en même-
tems, & toûjours à couvert de leurs
retranchemens inaccessibles, qu'ils les
fatiguoient & les forçoient enfin à se
retirer. Le Soûa & ses gens étoient
d'ailleurs de braves gens, qui sûrs de
leur retraite & connoissant bien l'a-
vantage de leurs rochers se croyoient
en état de resister à cette attaque,
comme ils avoient resisté à beaucoup
d'autres ; mais ils furent trompez.
Le General Portugais étant entré dans
le vallon, & ayant reconnu la place,
fit élever de bons épaulemens avec
des banquettes qui mettoient ses troupes à couvert des mousquetades des
ennemis, il fit faire un grand nombre
de fascines que ses gens poussoient
devant eux à mesure qu'ils s'approchoient de la place, & par ce moyen
on vint au pied de l'enceinte sans
perte.

On donna un assaut avec toute la
vigueur imaginable, il fut soûtenu de
même, & on perdit quelques gens.
Mais les Negres en assiegeant s'étant
vû attaquez en flanc de dessus deux
grands rochers qui étoient comme
deux cavaliers, sur lesquels le Soûa
avoit placé sa meilleure mousquete-
rie ; ils perdirent cœur & se seroient

C v

débandez si le General qui ne pouvoit
pas avec ses seuls Européens continuer
l'attaque, n'eût fait ba tre la retraite.
On rentra donc dans les retranchemens, il fit la revûe des troupes, &
faisant remarquer aux troupes auxi-
liaires le peu de perte qu'elles avoient
faites, il les harangua, les picqua
d'honneur, & leur remit le cœur &
le courage que la réputation de cette
place, qu'on disoit à tort imprenable
leur avoit ôté. Ils crurent qu'ils le sui-
vroient par tout.

Le jour suivant on vit dès le lever du
soleil les assiegez, qui du haut d'un rocher se mocquoient de nos Officiers &
de leurs soldats, & leur reprochoient
leur poltronerie. Le General les laissa
dire, & se contenta de tenir ses gens en
bataille, & tous prêts à bien faire. Il
remarqua que les habitans d'une
Bourgade voisine venus au secours des
assiegez tiroient sur le flanc de son ar-
riere-garde. Il détacha ses meilleurs
piétons, qui ayant pris un détour
prirent ces braves par derriere, les
taillerent en pieces, & s'établirent
sur cette hauteur, qui servit beaucoup à deffendre le camp & à resserrer les assiegez. La défaite de ce secours qui étoit composé des plus bra-

ves du pays fut très-sensible aux assiegez. Les Negres qui remporterent
cet avantage , quoique Chrétiens ,
avoient été autrefois Giagues , ils a-
voient faim , & voyant tant de cadavres , ils se mirent à les rôtir & à les
manger. Le General eût beau crier &
menacer les Officiers , il fallut les laiffer faire ; car enfin une poitrine graffe , charnuë & rôtie à propos eſt une
furieuſe tentation pour un Antropo-
phage.

On demeura quelques jours dans
l'inaction en attendant les troupes du
Soua de Rimba , Giague de profef-
ſion ; mais Feudataire & Allié des
Portugais. Ce fecours étoit neceſſaire vû la force & la situation des lieux.

Il arriva , il étoit compoſé d'un
gros corps de bonnes troupes com-
mandées par le frere du Soua , qui
vint , felon la coutume , demander un
étendart au General , & du vin pour
l'idole qu'ils avoient apportés. Les
deux armées s'approchant, fe faluerent
à l'ordinaire. Le General fit délivrer
à l'Officier ce qu'il lui avoit demandé , & on marqua les quartiers que
ces troupes devoient occuper.

Mon Auteur le Pere Jean-Antoine
n'étoit pas au camp quand cela fe

paſſa. Il étoit ſur une petite éminence à deux portées de fuſil du camp
d'où il découvroit tout ce qui ſe paſſoit. Il vit deux Giagues revêtus
comme ont accoûtumé de l'être leurs
Miniſtres qui portoient le coffre ou
l'arche de l'idole, & qui après l'avoir
aſperſée de vin, comme pour lui
donner à boire, en chantant certaines
chanſons à ſon honneur, firent grave-
ment une proceſſion autour du camp,
& promettoient à tous les ſoldats l'aſ-
ſiſtance particuliere de l'idole. Il vit
tous les ſoldats idolâtres ſe proſterner
avec reſpect devant l'idole à meſure
qu'elle paſſoit devant eux, il entendit
les cris de joye, les battemens de
mains, & comme il étoit accoûtumé
à ces ceremonies, il n'eût pas de peine à deviner ce qu'elles ſignifioient,
& quand il auroit eu quelque doute
là-deſſus, il auroit été entierement
levé quand il apperçut l'étendart. Il
en eût le cœur percé de douleur. Il
vola, pour ainſi dire, où étoit le General, & lui fit voir le préjudice qu'il
portoit à la Religion & à ſon propre
honneur d'autoriſer de telles ceremonies, & d'y contribuer. Le General
lui répondit qu'il n'avoit point eu de
mauvaiſe intention en cela, qu'il avoit

cru pouvoir s'accommoder dans cette occasion aux pratiques des Giagues dont il avoit alors besoin, & qu'il avoit cru en leur cedant quelque chose les pouvoir amener par cette condescendance à notre Religion. L'action étoit mauvaise en elle-même ; mais l'intention étant bonne, le Pere s'appaisa, & pria Dieu de pardonner cette imprudence au General.

On partagea l'armée en trois corps afin de resserrer de plus en plus l'ennemi. Le Pere exhorta les Chrétiens à se préparer à l'attaque par la confession de leurs pechez, & ils le firent.

On partagea tellement les troupes qu'on mêla les Compagnies d'Européens avec celles des Negres Gentils, afin qu'ils les empêchassent de se débander ou de s'abandonner à leur fureur. On s'approcha ainsi des retranchemens qui faisoient l'enceinte de la Libatte, & on les attaqua avec une vigueur très-grande. On avoit placé les meilleurs Mousquetaires d'une maniere qu'ils pouvoient empêcher les assiegez de se présenter pour deffendre leur enceinte. Le Seigneur de la Libatte fut blessé avec un grand nombre de ses gens. Cet accident mit le désordre dans ses troupes, ils en

furent confternez ; mais la place étoit
fi forte que cela ne fuffifoit pas à l'armée confederée pour l'emporter. La
prudence des Officiers y suppléa. Ils
firent élever avec une diligence extraordinaire un épaulement de fafci-
nes qui mettoit leurs gens à couvert,
& découvroit les ennemis , qui fe
voyant tirez comme au blanc , fans
pouvoir faire la même chofe, fe deffendoient en défefperez ; mais ils ne
purent empêcher que l'armée confederée ne s'emparât du principal rocher , qui étoit comme un baftion qui
couvroit l'entrée de la Libatte.

La même nuit les affiegez ouvri-
rent un chemin foûterain qu'ils a-
voient pratiqué, & étant fortis par
ce paffage , ils maltraiterent le flanc
de l'armée ; mais ils en porterent la
peine bientôt après , car s'étant in-
confiderément poftez entre ce rocher & l'enceinte de la Libatte croïant
que les troupes confederées feroient contraintes de l'abandonner;ils
y furent attaquez & environnez de
telle forte , les uns combattant en défefperez , & les autres aiguillonnez
par la gloire & par les pertes qu'ils
avoient faites , que le combat fut
long , rude & fanglant , les ennemis

y furent tellement défaits, qu'il n'en resta pas un seul pour en aller porter les nouvelles.

Ceux des affiegez qui étoient sur l'autre rocher voyant cette boucherie, mirent le feu aux cafes de la Libatte, & se retirerent dans leurs cavernes.

Les Portugais voyant la Libatte abandonnée, douterent pendant quelque-tems s'ils y devoient entrer, craignant de donner dans quelque embuscade. Les Giagues de Rimba offrirent d'y entrer les premiers, & de se rendre maîtres d'un autre rocher élevé qui étoit au milieu, & qui étoit comme une nouvelle forterelle ou une citadelle, où les affiegez se pouvoient deffendre & incommoder ceux qui feroient entrez dans l'enceinte. On leur accorda ce qu'ils demandoient. On partagea l'armée en deux corps, afin qu'on pût combattre en même-tems contre ceux qui feroient dans cette Forterelle, & contre ceux qui étoient dehors.

Cette précaution fut très-sage ; car dès que le feu eût dévoré les cafes, on s'apperçut que les affiegez étoient rentrez en partie dans leur enceinte pour la deffendre, étant soutenus de ceux qui étoient dans les cavernes.

Les Rimbis gens robuftes , vigoureux & braves étoient à la tête. Les
Portugais les foutenoient. On donna
l'affaut , les Rimbis furent repouffez
avec perte ; les Portugais fe prefen-
terent, & donnerent le tems aux Rimbis de fe remettre en ordre. Les affiegez furent vaillamment foûtenus par
ceux qui étoient poftez fur les bouches des cavernes. Les Rimbis ayant
repris leur pofte , & la tête de l'attaque firent des prodiges de valeur , ils
couperent les paliffades , renverferent
les groffes pierres qui les foûtenoient ,
écarterent & couperent les hayes de
groffes épines , & entrerent dans la
place qui fumoit encore. La moitié
de l'armée les fuivit , & on inveftit le
rocher du milieu. Les affiegez s'y def-
fendirent en braves gens , étant foûtenus par un corps qui étoit encore
maître d'un côté de la place. Le combat fut fanglant. Les Rimbis y perdirent plus de cent hommes , dont les
affiegez tâchoient d'enlever les corps
pour les dévorer. Mais les Rimbis
ayant gagné le derriere des ennemis
qui étoient attaquez de front par les
Portugais , il fe fit une boucherie
épouventable de ces gens. Ceux qui

deffendoient le rocher l'abandonnerent , & fe retirerent avec précipita-
tion dans les cavernes hors de l'enceinte , de forte que l'armée fe mit en
poffeffion de la place , & y fit les retranchemens convenables ; car la victoire n'étoit ni complette ni affurée
pendant que les ennemis étoient maîtres de leurs cavernes , d'où ils pouvoient beaucoup incommoder ceux
qui étoient dans la ville , & encore
plus ceux qui étoient demeurez dans
le camp.

Les ennemis qui avoient brûlé toutes les munitions de bouche qui étoient
dans la ville , en avoient en abondance dans leurs cavernes , & fçavoient
que l'armée confederée en manquoit.
Ils tendirent un piege à ces troupes
affamées où bien des foldats perdirent
la vie. Ils expoferent quantité de vivres aux bouches de leurs antres , les
Rimbis , comme les plus hardis , ne
manquerent pas d'y aller en foule
pour les enlever , & les ennemis les
tuoient fans avoir rien à craindre de
leur part , de forte qu'excepté la prife de la ville , l'avan▮▮▮toit affez
égal des deux côtez po▮▮ le nombre
des morts.

Le General Portugais ayant affem-

blé tous les chefs, fit refoudre de ter-
miner l'affaire par le feu. On deffendit à tous les foldats de s'approcher
des cavernes ; & on envoya couper
quantité de bois dans les forêts dont
on fit des groffes piles aux entrées de
ces grottes, & à la fayeur d'un bon
vent qui vint tout-à-propos, on y mit
le feu , pendant que les meilleurs
moufquetaires difpofez en certains
lieux élevez tiroient à coup fûr fur
ceux qui fe préfentoient pour fortir.

Le vent chaffant la fumée & la flamme dans ces lieux fouterrains , les
miferables qui s'y trouvoient renfer-
mez hurloient comme des défefperez , jufqu'à ce que la fumée les eût
étouffez , ou que la flamme les gagnât.
Les plus intrepides voulurent fe fauver au travers , la plûpart y demeurerent , d'autres furent tuez à coups
de fufils , les plus heureux en furent
quittes pour leur liberté.

Le Seigneur de Cagunzé étoit retiré avec fes enfans & fes principaux
Officiers dans une caverne , d'où l'on
n'avoit ▓▓▓procher. Voyant que
tout étoit ▓▓efperé , fa hardieffe &
fa temerité l'abandonnerent , il étoit
bleffé ; mais la vie lui plaifoit enco-

re. Il trouva moyen de faire paſſer des Députez juſqu'au General Portugais. Il offrit de ſe rendre vaſſal & tributaire de la Couronne, de donner des ôtages de ſa parole, de recevoir le Baptême avec ſes enfans, & ce qui lui reſtoit de gens, & de joindre ſes troupes à celles des Portugais toutes les fois qu'il en ſeroit requis. Ces conditions furent acceptées ; le traité fait & ſigné, les ôtages donnez ; on publia la paix, on en fit les réjoüiſſances, il vint au camp, reçut en la forme ordinaire l'inveſtiture de ſes Etats, & dès ce moment il ſe fit inſtruire des myſteres de notre ſainte Religion.

On ſe mit auſſi-tôt à rétablir les caſes en moins de rien. Il y en eut mille en état d'être habitées, & on fit une grande & haute cabanne pour ſervir d'Egliſe. Elle n'étoit que de bois, couverte de feüilles d'Inſanda, avec des murs de paille & de terre, ſelon la coûtume du pays. On y dreſſa un Autel, le Pere Jean-Antoine y celebra les divins myſteres avec une affluence extraordinaire de gens, qui quoiqu'idolâtres y étoient attirez par la nouveauté & par la majeſté du ſervice qui s'y faiſoit.

Il y faifoit deux fois chaque jour
des Inftructions & le Catechifme, &
fe donna tant de peines qu'en moins
de huit jours tous ces peuples fçu-
rent parfaitement l'Oraifon Domini-
cale, la Salutation Angelique, le Sym-
bole des Apôtres, & les préceptes du
Décalogue en leur langue. Il ne fe
trouva pas un feul obftiné dans toute
cette Jurifdiction. Tous demandoient
à être inftruits & baptifez, & le demandoient avec tant d'empreffement
& de marques d'une parfaite conver-
fion, que le Pere, les Catechiftes &
tous les anciens Chrétiens en étoient
dans l'étonnement.

Celui qui étoit le plus ardent de
tous étoit le frere du Soua, il fit tant
auprès du Pere & du General Portugais qu'on fut obligé de le lui donner
avant les autres.

Enfin le jour du Baptême étant arrivé, le Soua à la tête de fes enfans,
de fa petite Cour & des fujets qui lui
reftoient, le reçut avec toute la fo-
lemnité poffible. Il fut nommé Pierre,
& le Pere lui dit que portant le nom
du Prince des Apôtres il devoit être
comme lui l'Apôtre de fes fujets, les
confirmer dans la Foi par fes paroles
& fes exemples. Il le promit, & on

n'a pas eu sujet de se plaindre de lui.
Après lui douze de ses enfans, &
tous les autres furent baptisez, & un
grand nombre d'enfans.

L'armée confederée demeura cin-
quante-deux jours dans cet endroit,
tant pour se rafraîchir que pour donner le tems aux blessez de se guérir.
Le Pere Antoine employa ce tems à
l'instruction de ces nouveaux Chrétiens.

L'armée confederée bien contente
d'avoir si bien réussi dans une entreprise si difficile, & des bonnes manieres du Soua, partit pour aller mettre
à la raison d'autres rebelles. Elle prit
sa route vers la haute Bamba, & arriva à un gros village, dont la peur
avoit chassé tous les habitans. Le pays
étoit sterile, on ne trouva point de
vivres, de sorte qu'on fut contraint
de se jetter sur le nouveau grain,
qu'on écrasoit & dont on faisoit des
gâteaux qu'on faisoit cuire sur des
pierres échauffées. On y joignoit quelques feüilles d'oseille sauvage & de
pourceaulane qui les faisoient trouver excellens.

On trouva dans cet endroit quantité de petites idoles de terre cuite, fort
bien travaillées, & beaucoup de Chim-

paffis. Tout fut brifé & reduit en cendres.

En cet endroit le General reçût un Exprès du Viceroi, avec ordre de laiffer imparfaites les operations projettées, & d'aller en diligence châtier un Soua qui s'étoit revolté, dont la Jurifdiction s'étend jufqu'au-delà du fleuve Ganga.

On tint confeil fur la route qu'on devoit prendre pour retourner à Embacca, qui étoit marqué pour le lieu d'affemblée. Les Officiers furent d'avis que pour éviter le paffage de quantité de rivieres qui fe rencontroient fur le droit chemin, il falloit retourner fur fes pas par la Province de Tamba, afin de trouver un gué moins large & moins profond pour paffer la Coanza.

Le General ayant reçu un petit corps de Cavalerie, conduifit l'armée par la route projettée, & le Pere Jean-Antoine avec quelques Officiers & quelques troupes Negres, prit la route de Cabaffo, parce qu'il y avoit ordre de contraindre le Soua d'une certaine Jurifdiction de rendre hommage à la Couronne de Portugal.

Mais comme il avoit envie de revoir fes nouveaux Chrétiens de Oacco, il fe fépara de ces Officiers, & de leurs troupes pour les aller visiter. Il n'avoit avec lui que quelques Negres qui portoient son petit bagage.

Il passa à Cabazzo dont le Sous Gouverneur ou Seigneur, car ces termes sont sinonimes, s'appelloit Malamba-Aoogii. Cet Officier se trouvant dans l'armée de Cassangé en 1657. avoit été baptisé par le Pere Antoine de Serravezza.

Lorsqu'ils approcherent d'une Libatte ils trouverent une assez grosse troupe de gens armez qui les vinrent reconnoître, & qui craignant qu'ils ne fussent les avantcoureurs de l'armée Portugaise, ne voulurent point les recevoir, ni les loger; mais les accompagnerent jusqu'à un autre village.

Les habitans de ce dernier lieu ne furent pas plus polis. Ils les chasserent de chez eux, quoiqu'il fût presque nuit, & les obligerent de se retirer dans la forêt, & de s'y barricader comme ils purent avec des épines pour n'être pas assaillis par les bêtes. Il est vrai qu'ils avoient peu à craindre; car ils étoient environnez de gardes sans le sçavoir.

Ils étoient prêts à se remettre en route, le lendemain à deux heures

de foleil, lorfqu'ils fe virent abordez
par une troupe de Negres d'un afpect
terrible, qui les armes à la main les
interrogerent fur le deffein qu'ils
avoient en paffant ainfi par leur pays.
Le Pere répondit modeftement qu'ils
n'en avoient point d'autre que d'aller
à Embacca, & que l'armée Portugaife avoit prife un autre chemin. Cette
réponfe les appaifa. Ils leur firent un
préfent de légumes & de fruits, & les
conduifirent à leur Soua, dont le village étoit à quinze milles de là.

Ce Gouverneur qui étoit Chrétien
& fort civil reçut le Pere & fa compagnie avec beaucoup de bonté, &
les obligea de fe repofer chez lui pendant fept jours.

Le Pere employa ce tems à inftruire
ces peuples, & à confirmer dans la
Foi ceux qui étoient Chrétiens, il
baptifa quelques adultes & quantité
d'enfans, & en auroit baptifé un bien
plus grand nombre, fi les femmes
craignant l'arrivée de l'armée Portugaife n'euffent pris la fuite, & ne fe
fuffent retirées felon leur coûtume
fur les cimes des montagnes & dans
des cavernes, d'où il ne fut pas poffible de les faire revenir.

Un Officier Portugais qui étoit
venu

venu jufque là avec le Pere, y demeura parce qu'il avoit ordre d'enrôler des foldats.

Le Pere partit avec quelques Negres que le Soua lui donna pour l'accompagner jufque chez un de fes vaffaux à quiil écrivit, & le lui recommanda d'une maniere très-preffante. Mais ces miferables au lieu d'obéïr à leur maître, le conduifirent dans une épaiffe forêt, & le matin fuivant le firent grimper par des chemins prefque impraticables fur le fommet d'une montage où ils l'abandonnerent dans une caverne, de forte que le Pere Jean-Antoine fe trouva feul avec fon interprete & fes trois Negres.

Il y avoit trois jours qu'ils étoient dans cette fâcheufe demeure fans fçavoir où aller, lorfque deux Officiers Negres avec cinquante foldats de leur couleur les y vinrent vifiter, & pour premier compliment leur tirerent plufieurs fléches. Dieu les préferva d'en être bleffez. Un de ces Officiers aborda le Pere, & lui dit qu'il meritoit la mort pour avoir baptifé Guzambanbé, l'ennemi capital de fa nation, & pour avoir porté un autre

Soua à fe rendre tributaire de la Couronne de Portugal, & fans autre difcours il fit figne à un de fes gens de le
percer à coups de fleches. Ce foldat
en tira plufieurs & pas une ne toucha
le Pere par une protection particuliere de Dieu ; car ces gens font fort
adroits, & ne manquent jamais leur
coup.

Dans le même-tems il arriva une
autre troupe de Negres, un defquels
leva à deux mains la hache pour fen-
dre la tête du Pere. Celui-ci fe mit à
genoux, fit un acte de contrition, &
offrit genereufement fa vie à Dieu. Il
vit avec joye que fon interprete en
faifoit autant. Mais ces barbares s'é-
tant arrêtez, & parlant enfemble, le
Seigneur du lieu arriva accompagné
de fes gardes. Il crut d'abord que ce
qu'il voyoit étoit une querelle entre
deux particuliers, & fe mit en dévoir
de les mettre d'accord. Mais ayant
appris ce dont il s'agiffoit, il les blâ-
ma fort de leur entreprife, & les menaça que fi le Viceroi en étoit informé, il mettroit tout leur pays à feu
& à fang, & les envoyeroit en efcla-
vage perpetuel au-delà de la mer.

Il n'en fallut pas davantage. Ces

gens fans repliquer , s'enfuirent comme des cerfs. Il n'en refta que deux à
qui ce Seigneur commanda d'accompagner le Pere & fes Compagnons
jufqu'aux confins de fa Jurifdiction.

Ils marcherent le refte du jour fous
la conduite de ces nouveaux guides ,
qui les ayant conduit jufqu'à l'entrée
de la nuit , les abandonnerent au bord
d'un lac.

Pas un de ces cinq infortunez
voyageurs ne fçachant le chemin , ils
fe trouverent dans un grand embarras. Les Negres contre leur coûtume , fe mirent à pleurer amerement ,
craignant avec raifon d'être la proye
des bêtes , qui ne manquent pas de
venir à l'eau pendant la nuit. Le Pere
& fon interprete tâcherent de les
confoler , en leur reprefentant que
Dieu les ayant confervé des périls
qu'ils avoient courus ce même jour ,
ils devoient efperer qu'il les confer-
veroit de ceux qu'ils apprehendoient.
Ils marcherent donc au clair de la
Lune , & arriverent au bord d'une
riviere où ils trouverent un vieux
tronc d'arbre creufé qui avoit fervi
de canot pour paffer cette riviere. Ils
le renverferent , fe mirent deffous &

pafferent ainfi la nuit ; non fans crainte d'être dévorez des bêtes.

Dès que le foleil fut levé ils pafferent la riviere , & entrerent dans un
pays marécageux où l'herbe , c'eft-à-
dire les joncs , étoient plus hauts
qu'un homme , ils avoient une peine
extrême à s'y ouvrir le paffage. Enfin
au bout de trois jours ils fortirent de
ce mauvais pays tellement épuifez de
laffitude , de faim & de foif , qu'à peine fe pouvoient-ils foûtenir. Ils découvrirent alors Maopongo ou la Fortereffe des Pierres , dont ils étoient
encore bien éloignez. Dieu permit
qu'ils trouverent dans les fentes d'un
rocher une eau trouble , qui dans cette extrêmité leur parut la meilleure liqueur du monde. Ils en burent co-
pieufement , & comme d'ordinaire
un bonheur ne vient pas feul , ils en-
tendirent fur la cime d'une colline la
voix d'un petit oyfeau appellé Songo,
dont nous avons parlé dans un autre
endroit.

Cet oyfeau a un inftinct merveilleux pour découvrir les lieux où les
Abeilles font leur miel. Comme c'eft
fa nourriture il ne s'en éloigne guere,
Ils fuivirent la voix de l'oyfeau , trou-

verent le miel, en mangerent à dif-
cretion, & s'en pourvûrent pour le
reste du voyage.

Ils arriverent enfin à la riviere
Coanza, où selon que le Pere étoit
convenu avec le General, ils se devoient trouver le vingt-cinquiéme
jour après leur séparation, ils y furent arrêtez un jour entier par les
maîtres des canots dont on se sert
pour traverser cette riviere. Ces gens
grossiers prétendoient une récompen-
se que le pauvre Pere n'étoit pas en
état de leur donner. A la fin après
beaucoup de disputes, il leur donna
bien malgré lui des chapelets, & quelques autres choses de dévotion dont
ils se contenterent.

Une pauvre femme le vint trouver
en cet endroit avec trois petits enfans, pour lesquels elle lui demanda sa
benediction. Elle lui fit présent de
trois épis de mahis qui servirent pour
le dîner de la troupe qui demeura
trois jours sur le bord de la riviere
en attendant l'armée. N'en recevant
point de nouvelles, ils allerent à la
Cour du Roi Angolla-Aarii, & de là
à Embacca où le Pere Jean-Antoine
reçût une lettre du Pere Prefet qui lui

marquoit de se rendre à Massangano
où il l'attendoit. Il fut reçu par tout
comme un homme ressuscité; car on
croyoit que les barbares l'avoient
massacré. Cette campagne avoit duré
huit mois, & avoit été très-fati-
guante.

Le Viceroi ayant appris le retour
du Pere Antoine, & jugeant qu'il
avoit besoin de repos, dépêcha un
Religieux du Tiers Ordre de saint
François pour suivre l'armée en sa
place.

Le General Portugais ayant fait
passer le Ganga à son armée, attaqua
& défit les troupes du Soua qui s'é-
toit revolté, & le força de se sauver
dans une Isle de la riviere Lutato.
Mais ce Rebelle ayant assemblé en peu
de jours un bon nombre de nouvelles
troupes eût la temerité de vouloir encore présenter la bataille à l'armée
confederée. Il fut défait encore une
fois, il perdit cinq cens hommes tuez
sur la place, beaucoup de prisonniers,
& il fut contraint de se sauver avec le
reste dans des cavernes, asile ordinaire de ces peuples, où il fut investi,
& au bout de quelques jours n'ayant
ni eau, ni vivres, il fut obligé de se
rendre à discretion.

Il fut conduit à Loanda où le Vice-roi le traita avec tant d'humanité, qu'il demanda le Baptême, reçût une nouvelle investiture de son Etat, fit un nouveau serment de fidelité, & s'engagea à faire recevoir la Foi Chrétienne. Il executoit ses promesses en galant homme, lorsqu'ayant eu un differend avec un de ses voisins, il fut massacré dans une rencontre.

Le Pere Philippe de *Sienne* demeuroit dans ce tems-là dans le Comté de Sogno avec le Frere Leonard de Nardo. Il pria le Pere Prefet d'envoyer quelqu'un à sa place.

Le sort tomba sur mon Auteur le Pere Jean-Antoine. Il fit le voyage par mer, & étant arrivé auprès du Comte, il en fut reçu avec toutes sortes d'honneurs.

Le Pere fut ravi de trouver tant de ferveur dans cet Etat. On y frequentoit les Sacremens, on y pratiquoit les vertus & tous les exercices de pieté. On y avoit un grand respect pour les Ministres de l'Evangile. Aussi le Comte & la Comtesse étoient des modeles parfaits de toutes les vertus.

Il plut à Dieu pour augmenter leurs merites, que certains forciers entreprirent de faire périr cette Princeffe. Par le moyen d'un fort ils la firent tomber dans des maladies fi étranges & fi extraordinaires, que les plus habiles Medecins qu'on fit venir pour la voir, n'y connoiffoient rien.

C'étoit principalement lorfqu'elle fe difpofoit à aller à l'Eglife qu'elle fouffroit de plus grandes douleurs, avec des défaillances fi grandes qu'on croyoit quelquefois qu'elle alloit rendre l'efprit. Elle étoit tourmentée par des fantômes affreux, ce qui donnoit lieu de croire que fa maladie ne venoit que de quelque poifon. Le Père Jean-Antoine Cavazzi étoit fur le point d'y employer les exorcifmes & autres remedes que l'Eglife met en ufage dans ces occafions, lorfqu'on prit & qu'on mit en prifon deux Miniftres des idoles, qui étoient accufez d'avoir mis le feu à des Eglifes Chrétiennes.

Depuis quelque tems ces malheureux en avoient brulé plufieurs dans les Provinces de Bamba, Pemba, Batta, Congo, Bengo, Sogno & autres endroits, de forte que les Souve-

rains avoient été obligez d'établir des
corps-de-garde auprès des Eglises
pour empêcher ces incendiers d'executer leurs pernicieuses entreprises.

De ces deux prisonniers, l'un avoît
plus de quatre-vingts ans, l'autre n'en
avoit que vingt-deux. Ils furent mis à
la torture, ils la soûtinrent au commencement avec beaucoup de courage, & nierent absolument les faits
dont ils étoient accusez. Mais le Juge
faisant augmenter les tourmens, ils
confesserent avoir mis le feu à plusieurs Eglises, bien qu'ils ne fussent
accusez d'en avoir brûlé qu'une seule
dans le Comté de Sogno.

Sur leur confession ils furent condamnez à la mort. Alors le plus jeune
reprocha au vieillard d'être cause du
malheur qui lui arrivoit, & de l'avoir
porté à commettre des crimes, aus-
quels il n'auroit jamais pensé, & entre les autres, d'avoir attenté à la vie
de la Comtesse par des maléfices. Il
marqua précisement le lieu où ces maléfices avoient été posez. Le Comte
accompagné du Pere, de la Justice &
des condamnez, s'y transporta. Le
Pere ayant invoqué le nom de Dieu
tout-puissant fit foüiller sous le seüil

D v

de la principale porte du palais , &
on y trouva un pot de terre rempli
de quantité de choses superstitieu-
ses. On les présenta à ces deux méchans hommes , qui les reconnurent
& les avoüerent. La Comtesse fut
dans ce moment surprise d'accidens
étranges. Le Pere l'exorcisa & la
benit ; elle fut délivrée entierement
& parfaitement guérie , & les deux
miserables n'ayant jamais voulu se reconnoître & se convertir , furent
noyez dans le Zaire.

Les complices qu'ils avoient dé-
clarez prirent la fuite ; mais le Comte mit tant de gens après eux , qu'ils
furent tous pris , examinez , con-
vaincus , & punis du dernier sup-
plice.

Un seul de toute cette troupe
vint de lui-même pendant la nuit
trouver le Pere , lui avoüa ses crimes avec beaucoup de circonstances
affreuses. Il demanda le Baptême ,
on l'instruisit , & après une assez longue épreuve pour s'assurer de sa conversion , il fut baptisé , & le Comte
lui fit grace.

On eût encore une autre raison
de faire garder les Eglises , la voici.

Entre les Chrétiens du Comté de Sogno , il y en avoit qui n'avoient pas encore renoncé si entierement à leurs anciennes superstitions , qu'ils n'en conservassent encore quelques-unes. Telle étoit celle de venir la nuit dans les cimetieres , ou quand ils pouvoient dans les Eglises , déterrer les cadavres & les transporter dans les forêts où leurs ancêtres avoient été enterrez où ils croyoient que ces corps leur seroient un grand régal. Le Pere prêcha vivement contre cette superstition , & aidé du Comte il la deracina de maniere qu'on n'en entendit plus parler.

Le Pere Philippe de Sienne étant revenu prendre son poste à la Cour de Sogno , mon Auteur le Pere Jean-Antoine Cavazzi de Montecuculló prit le chemin de Loanda par le bord de la mer.

Il s'arrêta quelques jours dans la Province de Chioua , faisant partie du Comté de Sogno. Dom Amadoré frere du Comte en étoit Gouverneur. C'étoit un excellent Chrétien & fort zelé. Il fut ravi de voir le Pere qu'il connoissoit depuis long-tems , il lui fit toutes les caresses ima-

D vj

ginables ; il fit chez lui & dans
tous les villages de son Gouverne-
ment toutes les fonctions de son miniftere , & comme il vit le befoin
preffant que cet Etat avoit d'un Miffionnaire , il écrivit par un exprès
au Pere Prefet , & lui en demanda
un. Le Pere Prefet lui fit réponfe
les larmes aux yeux que deux cens
Miffionnaires ne fuffiroient pas pour
les befoins de cette vafte Miffion ,
& qu'il étoit obligé de courir aux
plus preffez, & aux plus abandonnez.

La joye qu'avoit eu mon Auteur
de trouver de bons Chrétiens dans
le Duché de Bamba ne le fuivit pas au-delà de la riviere d'Am-
brife, [c'eft en cet endroit que commencent les grandes falines.] Il y
trouva des peuples qui n'avoient que
la figure humaine fans en avoir les
moindres fentimens , & qui par confequent paroiffoient tout-à-fait inca-
pables de recevoir les lumieres de
l'Evangile. Il ne laiffa pas de s'y arrêter , de les prêcher , de les pref-
fer ; mais il y fit très-peu de fruit ,
ou pour parler plus jufte , il n'y fit
rien.

Il trouva dans ce mauvais pays

le Pere Antoine de Serravezza qui
y étoit venu faire une courfe. Il y
avoit fix ans que ces deux Miffionnaires ne s'étoient vûs. Ils fe ra-
conterent l'un à l'autre ce qui leur
étoit arrivé, & après s'être exhor-
tez reciproquement à continuer avec
ferveur ce qu'ils avoient commencez
pour la gloire de Dieu, ils fe fépare-
rent. Le Pere Antoine retourna à
fa Miffion, & le Pere Jean-Antoine
prit la route de Loanda.

Comme il paffoit un torrent rapide & dangereux, il vit une femme qui le paffoit à la nage portant
un petit enfant fur une épaule. Elle le fuivit pendant trois lieuës,
fans lui dire pourquoi elle le fui-
voit, ni ce qu'elle défiroit de lui,
jufqu'à ce qu'étant arrivez au milieu d'une forêt où un grand nombre de gens s'étoient affemblez, &
attendoient le Pere pour fe faire
baptifer avec leurs enfans, cette
femme fe préfenta avec les autres,
& le pria de baptifer fon enfant. Le
Pere lui ayant demandé pourquoi
elle ne lui avoit pas dit dans le chemin, elle lui répondit, *Pere il ne
m'a pas paru qu'il fût décent de vous*

arrêter dans le chemin , parce que
vous êtes Ministre du vrai Dieu. Je
cherchois de faire donner à mon en-
fant le secours spirituel dont son ame
a besoin ; mais je ne voulois pas vous
incommoder. J'étois d'ailleurs informée
que bien des gens vous attendoient pour
le même sujet dans cette forêt. C'est
pour cela que je vous ai suivie.

Il y avoit de ces gens qui étoient
venus de fort loin. Il avoient fait de
petites cabannes , & les avoient environnées d'épines. Cet amas faisoit
un petit village. Le Pere y demeura
six jours , il les instruisit , ou acheva de les instruire. Il baptisa les
adultes & les enfans , & fut fort
content de ces bonnes gens , dont il
ne se separa qu'avec peine après leur
avoir recommandé la crainte & l'a-
mour de Dieu , l'éloignement des
idolâtres , & sur toutes choses de
se souvenir de ce qu'ils venoient de
promettre à Dieu.

Ils l'accompagnerent presque jusqu'à Loanda où il demeura jusqu'en
1666. que les infirmitez qu'il avoit
contractées dans ses penibles voyages & dans ses Missions , jointes au
besoin pressant que ses Confreres

avoient d'un prompt fecours de Miffionnaires obligerent de le faire re-
paffer en Europe.

C'eft ici où finit la Relation du
premier voyage de mon Auteur.
Nous en pourrons donner la fuite,
quand nous aurons reçu d'Italie les
Memoires que nous y avons de-
mandez. En attendant je donne une
nouvelle Edition d'une Relation de
deux autres Miffionnaires du même
Ordre en 1667. qui pourra contenter les Curieux.

RELATION
CURIEUSE
ET
NOUVELLE
D'UN VOYAGE
DE CONGO.

VOYAGE

DE CONGO

Du Pere Michel-Ange, & du
Pere Denys de Carlis, Ca-
pucins Miſſionnaires Apoſtoli-
ques audit Royaume de Congo.

POUR ſatisfaire la curioſité
de pluſieurs perſonnes qui
me demandent avec des
empreſſemens obligeans,
auſquels il m'eſt difficile de reſiſter,
une Relation exacte de ce que j'ai vû
& appris dans ce long & fâcheux
voyage, dont je ſuis à preſent de retour, j'en donnerai une du Royaume
de Congo & de l'Afrique, où l'importance de ma Miſſion m'obligea à
voir, & à éprouver pluſieurs coûtu-

mes étranges & plusieurs incommœa-
ditez très-fâcheuses : laissant à part
pour cette fois le Bresil , & quelques
autres pays de l'Amerique , où nous
avions auparavant été portez , & dont
je ne dirai que peu de choses.

L'an 1666 sous le Pontificat d'Ale-
xandre VII. nous fûmes expediez par
les Cardinaux de la Propagation de
la Foi , quinze Missionnaires Capucins , dont j'étois du nombre , en ayant
reçu les patentes à Bologne , où je re-
sidois cette année-là , par les mains du
Pere Etienne de Cesene , de l'illustre
famille de Clermont , dont la vertu a
été présentement recompensée de la
Charge de General du même Ordre.
Nos Patentes portoient les privileges
suivans. De pouvoir dispenser de
toute irrégularité , excepté de la biga-
mie , & l'homicide volontaire. De dispenser & faire échange des simples
vœux , & même de celui de chasteté ;
mais non pas de celui de Religion.
De donner des dispenses de mariage
au second & troisiéme dégré , & aux
Payens convertis de garder une de
leurs femmes : d'absoudre des cas re-
servez au S. Siege : de benir les paremens d'Autel, les Eglises, & les Calices:

de donner difpenfe pour manger de
la viande & laitages : de pouvoir ce-
lebrer deux Meſſes par jour, en cas
de beſoin : de conceder des Indulgen-
ces Plenieres : de délivrer une ame
du Purgatoire, felon l'intention du
Celebrant, dans une Meſſe des morts
du Lundi & du Mardi : de s'habiller
en Seculier en cas de neceſſité : de dire le Roſaire en cas qu'on ne pût pas
porter avec foi un Breviaire, ou pour
quelqu'autre obſtacle : de lire des livres deffendus, excepté ceux de Ma-
chiavel.

Je n'eûs pas plûtôt reçu leſdites lettres, que je m'acheminai vers Plai-
fance ma Patrie, où j'arrivai au commencement de l'Avent, & où je reçus
ordre d'y attendre le Pere Michel-
Ange de Rhegio, qui devoit être le
Compagnon de mon voyage. Etant
arrivé nous nous rendîmes enfemble
à Genes où l'embarquement de tous
les Miſſionnaires fe devoit faire. De
là nous mîmes à la voile pour Liſbonne ; & y ayant féjournez quelques
mois, nous prîmes l'occaſion d'un
vaiſſeau Portugais, qui devoit aller
au Breſil charger des marchandiſes,
& venir en Afrique fur la côte de
Congo.

Ceci eſt tiré des lettres du Pere Michel-Ange juſqu'au départ de Loanda.

* Nous fîmes ce trajet de Liſbonne au Breſil en moins de trois mois, favoriſez des bons vents qui regnent ordinairement ſur ces mers. Nous y eûmes ſouvent le plaiſir des poiſſons volans autour de notre vaiſſeau. C'eſt une ſorte de poiſſon très-blanc, d'un pied de long, avec deux aîles ou nageoires proportionnées à ſa grandeur. Il eſt aſſez approchant du harang, ſi ce n'eſt que ſon dos eſt couleur d'azur, & que ſes nageoires ſont plus larges, & plus propres à lui ſervir d'aîles. Ce poiſſon fuyant la Dorade qui le pourſuit pour le dévorer, s'élance hors de l'eau, & vole auſſi loin que dure l'humidité de ſes nageoires, leſquelles étant eſſuyées par l'air, il retombe dans la mer, & eſt dévoré par ſon ennemi qui ne le perd pas de vûe, ou bien eſt pris & mangé par les Mariniers, s'il vient à tomber dans le vaiſſeau, ou même il eſt ſouvent pris en l'air par quelque oyſeau de rapine; de ſorte que ce pauvre miſerable comme exilé de la nature a peine de trouver aucun lieu dans la mer, dans l'air ou ſur la terre, où il ſoit en ſûreté, la délicateſſe de ſa chair étant l'unique cauſe de ſa diſgrace. Il

y a dans ces mers un autre poiſſon
nommé Tuberon, qui eſt fort friand
de chair humaine. On le prend en
jettant dans la mer une groſſe corde
avec une chaîne au bout, à l'extrêmité de laquelle on attache un gros &
fort hameçon, qui ſoûtient une piece de chair. Le Tuberon l'apperce-
vant y accourt, & engloutit avide-
ment la chair, l'hameçon, & preſque
toute la chaîne, & alors les Mariniers
ſoulevant la tête dehors de l'eau, l'aſ-
ſommant de trois ou quatre coups de
maſſe, & le liant enſuite par la queuë
où il a ſa principale force, de peur
qu'il ne remuë encore, ils le tirent
ſur le vaiſſeau, & le mettent en pieces avec leurs couteaux.

Approchans des côtes de Guinée,
nous commençames à ſentir de grandes chaleurs cauſées par la vehemence
des rayons du ſoleil, qui eſt là dans
ſon zenith, & paſſans plus outre,
ſon ardeur augmenta à tel point,
qu'en peu de jours il nous abbattit
tellement les forces, que nous ne pouvions ni dormir ni manger, le dé-
goût étant augmenté par les vers qui
infectoient les viandes & les breuva-
ges. Durant quinze jours que nous na-

vigeâmes fous la Ligne , nous fûmes
dans ces extrêmitez , de forte que c'eft
une efpece de miracle que nous puf-
fions vivre avec toutes ces incommo-
ditez , quoiqu'à la verité nous fuffions
dans le mois d'Août, qui eft la faifon la
plus fraîche de toute l'année dans ces
quartiers-là.

Les Portugais ont accoûtumé de
faire certaines rejoüiffances ou fêtes
pour demander à Dieu l'heureux fuccès d'un voyage fi dangereux. Ils ne
manquent pas auffi d'obferver cette
ancienne coûtume : ceux qui n'ont jamais été fous la Ligne font obligez de
payer à ceux de vaiffeau quelque argent , quelque chofe à manger , ou
quelqu'autre marchandife , fans qu'aucun en foit exempté , quoique ce
foient mêmes des Capucins , defquels
ils prennent des chapelets , Agnus
Dei , ou chofes femblables , qui étant
mifes à l'encan , du provenu on en
fait dire des Meffes pour les ames du
Purgatoire. S'il s'en trouve quelqu'un
d'avaricieux qui leur difpute ce tribut , les Mariniers vêtus en Sergens
le conduifent garotté devant un Tribunal , où eft affis un Marinier en rob-
be , qui faifant l'office de Juge l'inter-
roge

roge , l'écoute , & prononce fenten-
ce contre lui , d'être plongé trois fois
dans la mer en cette maniere. Il y a
une poulie de fer attachée au traver-
fier de l'arbre : on paffe une corde
dont le criminel eft lié, & laquelle
étant lachée on le laiffe aller trois
fois fous l'eau : & il ne manque gueres d'y avoir toûjours quelqu'un pour
fervir ainfi de paffe-tems aux autres.
On pratique encore le même au paffage du détroit de Gibraltar , & du
cap de Bonne Efperance.

Ayant enfuite quitté la Ligne nous
eûmes toûjours vent en poupe : mais
fi violent, que fi par la grace de Dieu ,
nous n'euffions rencontré un courant
d'eau fi rapide, qui étant oppofé ba-
lançoit le cours précipité que le vent
nous donnoit , je ne fçai comment
nous en aurions pû échapper. Quelque-tems après ayant affez avancé ,
le vent nous manqua , & par confequent le rafraîchiffement qui nous
étoit neceffaire pour les extrêmes ardeurs qui n'étoient pas encore ceffées :
ce calme venant auffi très-mal à propos pour nos vivres , dont nous apprehendions de nous trouver bientôt
en difette. Ce qui nous en donnoit
plus de crainte étoit l'idée que nous

Tome V.   E

avions encore du désastre arrivé depuis peu au vaisseau appellé Catarinette, dont le Lecteur ne sera pas fâché d'être informé.

Ce vaisseau chargé de marchandises précieuses, partit tout glorieux d'une si riche charge des environs de Goa, & aidé d'un vent doux & favorable fut heureusement porté au Bresil, d'où faisant voile avec le meilleur vent que l'on pût souhaiter, il prit sa route pour Lisbonne : mais au passage de la Ligne, surpris des terribles ardeurs du climat, le Pilote y mourut, & quelque-tems après tous les plus experts Mariniers : de sorte que le vaisseau demeurant comme un cheval sans bride à la merci des vagues, erra miserablement durant sept mois sur ces mers. Ce qui obligea ceux qui restoient, après avoir consumé tous leurs vivres, de manger les chats, les chiens, & les souris du vaisseau, & faire des ragoûts de leurs souliers & autres cuirs, qu'ils tâcherent d'attendrir le plus qu'il leur fut possible. Enfin manquant de tout, de quatre cens qu'ils étoient au commencement, il n'y resta que cinq personnes. Un des cinq étoit le Capitaine du vaisseau, lequel agité des pensées horri-

bles qu'une mort cruelle & prochaine peuvent infpirer, fe mit en tête
que la perte de la vie ne feroit pas fon
plus grand malheur, mais qu'en la
perdant il perdoit encore fa réputation; & que la renommée accoûtumée à debiter des menfonges, pu-
blieroit qu'il s'en étoit enfui dans
quelque pays éloigné, pour joüir des
trefors qu'il portoit avec lui, & recüeillir fans empêchement les fruits
de fon larcin. De forte que fouhaitant
paffionnement qu'il en reftât au moins
quelqu'un d'eux pour porter dans le
pays des nouvelles de leur difgrace,
il propofa à fes compagnons de jetter
au fort à qui d'eux cinq devroit mourir pour fervir de nourriture aux quatre fuivans. Pas un d'eux ne s'oppofa
à une fi terrible propofition ; mais
feulement voulurent-ils exempter
leur Capitaine de fubir une loi fi inhu-
maine. Ils firent ce qu'ils purent pour
l'y faire confentir ; mais après plufieurs conteftations, il leur protefta
par ferment qu'il ne vouloit point
s'exempter d'être la victime fur laquelle le fort tomberoit, puifqu'elle étoit
d'autant plus jufte & raifonnable,
qu'elle étoit neceffaire & inévitable.
Enfin le dez étant jetté, il tomba fur

le malheureux Capitaine , qui re-
commandoit déja son ame à Dieu;
mais les autres déplorans son infortune , commencerent à penser qu'il
vaudroit mieux mourir tous en bons
Catholiques, que d'ensanglanter leurs
mains comme des Barbares du sang
de leur Compagnon. Et Dieu ajoûtant une inspiration à ce bon mouvement , fit qu'un d'eux monta sur la
hune du grand mât , d'où jettant les
yeux de côté & d'autre , il apperçut
de fort loin quelque chose d'obscur,
dont il donna avis au Capitaine , qui
étant aussi monté sur l'arbre découvrit
avec une lunette de longue vûë , que
c'étoit les côtes de la terre-ferme. Ils
tournerent donc le mieux qu'ils purent la prouë de ce côté-là , & y étant
arrivez ils reconnurent que c'étoit
une ville alliée des Portugais. Etant
débarquez avec l'aide de Dieu, ils allerent incontinent trouver le Gouverneur , auquel ils firent recit de leur
infortune. Ce Gouverneur les reçut
honnètement , & les fournit civile-
ment de tout ce qui leur étoit necessaire. Pendant le séjour qu'ils y firent,
ils furent conseillez par les Medecins
d'user de médicamens & restauratifs
necessaires pour pouvoir reprendre

leur fanté , & fe remettre en mer :
mais deux des p'us extenuez rendirent leur ame à Dieu : les autres
trois, aidez des bons & précieux remedes qu'on leur donna, fe rétabli-
rent. Après quoi ils remercierent Dieu
de fa bonté , & le Gouverneur de fa
courtóifie ; ils radouberent le vaiffeau , & fe mirent à la voile, pour
fe rendre à Lifbonne. Ils n'y furent
pas plûtôt arrivez , qu'un de ces trois,
qui avoit eu une rechute en chemin,
rendit l'ame. Enfin le Capitaine & le
Marinier échappez débarquerent , &
eurent incontinent audience du Roi
de Portugal , auquel ils firent ce trifte recit de leurs avantures. Ce qui ne
fut pas inutile : car le Roi touché de
leur malheur , les confola , & leur
fit des préfens confidérables ; décla-
rant le Capitaine Amiral de toute la
flotte , & le Marinier , Capitaine du
premier vaiffeau. Je reviens à notre
voyage.

Ayant paffé la Ligne de dix dégrez nous apperçumes fur le foir à
une très-grande diftance le cap S. Au-
guftin, & le matin par la grace de
Dieu nous vîmes quantité d'oyfeaux
de terre voler près de nous , & découvrîmes des Baleines , qui pouffant

E iij

en l'air quantité d'eau , nous paroiffoient dans l'éloignement comme autant de belles & artificieufes fontai-
nes , qui rejaillifloient de la mer. La
quantité en eft fi grande dans cette
mer , que fi j'affure qu'un Marchand
en paye au Roi de Portugal cinquante
mille écus d'or de ferme pour y faire
de l'huile , on aura peine à me croire ,
quoiqu'il n'y ait rien de fi veritable.
Paffant enfuite devant la Notre-Dame de Nazareth , nous la faluâmes
tous avec trois *Ave Maria* , & autant de décharges de canon. C'eft une
Eglife éloignée feulement de cinq
milles de la ville de Fernambouc ,
proche duquel lieu le Signor François Brith Grand de Portugal prenant
fon chemin , avant que l'Eglife fut
bâtie , ce bon Seigneur dévôt à la
très-fainte Vierge fit rencontre d'une
pauvre femme vêtuë de blanc , portant un enfant entre fes bras , laquelle
lui demanda humblement l'aumône.
Celui-ci mettant la main à la bourfe
lui donna un ducat : & dans cet in-
tervalle qu'il donna & qu'elle reçût ,
il lui fembla que le vifage de cette
femme fut tout changé. Brith pour-
fuivant fon chemin à peu d'éloignement de là , comme tout ravi en foi-

même de cette rencontre, se retournoit de tems en tems pour voir cette
personne qui lui avoit gagné le cœur;
mais quoique ce fût en pleine campagne, où il n'y avoit aucun lieu pour
se mettre à couvert, ni aucun obsta-
cle à la vûë, il ne pût plus voir cette
belle mandiante. De quoi étant devenu tout pensif & tout inquiet, il retourna à l'endroit même où il avoit
laissé son aumône & sa pensée, & n'y
trouva que la marque de deux pieds
gravez en terre. D'où il conclud que
cette pauvre étoit la Bienheureuse
Vierge, qui avec ses yeux divins avoit
embrasé son cœur, & avec sa beauté
celeste lui avoit ravie l'ame; ce qui
l'obligea d'élever en ce lieu-là même
à la gloire de la très-sainte Vierge une
Eglise magnifique, rentée, mainte-
nuë, & officiée d'une maniere pro-
portionnée à la splendeur & genero-
sité de cet illustre Cavalier.

Arrivez que nous fûmes au pied
de la Tour, qui sert de Forteresse au
Port de Fernambouc, les vaisseaux
ne pouvant pas arrêter ni séjourner
dans le Port à cause de sa petitesse,
nous jettâmes l'ancre, & saluâmes la
ville avec les décharges accoûtumées.

Le Capitaine se mit dans l'esquif,

pour nous obtenir la permiſſion de débarquer. Pendant ce tems-là nous obſervâmes que de ladite Tour s'étendoit un mur qu'ils appellent dans le pays Oriciſſo , & que les bonnes gens diſent être naturel , de la longueur de trois milles , d'un bras duquel le Port eſt fermé & rendu ſûr. Cette muraille ſépare auſſi cette mer d'une *riviere*, qui paſſe dans le milieu de la ville : & la mer devenant orageuſe éleve quelquefois ſes flots, au-deſſus de la muraille , & mêle le ſel avec la douceur des eaux de cette riviere ; ce qui fait que les habitans pêchent & dans la mer & dans le fleuve des poiſſons de mer & d'eau douce , comme ſi par quelque eſpece de metamorphoſe la mer fut devenuë une riviere , ou la riviere une mer.

Nous ne fûmes pas plûtôt débarquez dans le Port de Fernambouc, que nous vîmes autour de nous une grande foule de gens , tant Noirs que Blancs , qui s'empreſſerent de nous voir ; & parmi eux une Moreſque qui s'agenoüilloit , frappoit ſa poitrine , & battoit des mains contre terre. Je m'informai que vouloit dire cette bonne femme avec tous ſes battemens de mains , & un Portugais me répondit : c'eſt, mon Pere, que cette More native de Congo, a été baptiſée par un Capucin; & ayant appris que vous y allez pour baptiſer, elle s'en rejoüit, & en témoigne ſa joye par ces ſignes exterieurs.

Nous paſſâmes en allant à notre Hoſpice par le milieu de la ville, & remarquâmes qu'elle étoit d'une grandeur médiocre; mais extrêmement peuplée, & principalement de Mores eſclaves qu'on amene d'Argola, Congo, Dongo, & Matamba toutes les années, juſqu'au nombre de dix mille, pour les employer à travailler au tabac, & au ſucre, & à recüeillir le cotton, qui croît là en grande abondance ſur des arbriſſeaux de la hauteur d'un homme, de même auſſi que pour couper le bois, pour teindre la ſoye, & autres étoffes de prix, & pour travailler le cocos & l'ivoire.

Pour ce qui eſt des originaires du Breſil ou Amerique Meridionale, les Portugais n'ont pas pû juſqu'à preſent les ſubjuguer, étant une nation trop barbare & trop farouche. On les appelle Tapuyes, ou Cuboclos; & la couleur de léur cuir eſt un tanné obſcur. Ils vont tout-à-frit nuds, &

E v

portent un arç long d'une aulne & demi, avec la fleche faite partie de canne, & partie de bois très-dur, aiguifé vers la pointe en maniere de fcie; afin qu'en bleffant elle faffe une playe plus grande & plus fâcheufe, & qu'elle foit plus difficile à retirer, & il eft certain que lorfqu'ils tirent exprès & de leur mieux, ils percent un ais d'outre en outre à une portée de fufil. Ces Tapuyes mangent quand ils peuvent de la chair humaine, & n'en ayant pas de celle des ennemis de leur quartier, ils fe feftinent de celle des Etrangers qu'ils peuvent attraper dans leur pays.

Ils portent enchaffez dans le vifage de petites pieces de bois & de pierres de differentes couleurs : je ne fçais fi c'eft pour paroître plus beaux ou plus terribles. Ils ont aux oreilles, non pas des pendans de plomb comme nos chiens; mais des pieces maffives de bois fufdites. Ils vivent de la chaffe des bêtes & des hommes : car quand un des leur s'allite, on lui affigne un tems fixe pour avoir le loifir de guérir : mais fi dans ce tems-là ils ne guériffent pas, pour le tirer charitablement de fes tourmens, ils le tuent fans pitié, & le mangent. Ils

font la même grace ou la même barbarie à leurs parens & à leurs vieillards devenus inutiles à la chasse, que
les propres enfans tuent & mangent
avec leurs plus proches parens, qu'ils
invitent à ce cruel festin, donnant
ainsi la mort à ceux de qui ils tiennent la vie, & enseveliffant dans leurs
entrailles ceux des entrailles de qui ils
font fortis. Enfin ce font des miserables Payens abîmez dans leur idolâtrie. Les autres habitans du nouveau
monde foit bons, foit méchans, font
Chrétiens, ou du moins ils en portent le nom.

Nous trouvâmes dans notre Hospice deux de nos Compagnons malades de fievre continuë, & nous-mê-
mes y eûmes quelque indisposition,
pour laquelle il nous fallut faire des
remedes, étant une chose ordinaire
& comme inévitable à tous ceux
qui viennent dans ce pays-là, d'y
tomber malades, foit pour la diversité
des alimens, ou pour celle de l'air.

Nous entendîmes un matin un concert merveilleux de trompettes,
qu'on fonnoit de toute la flotte qui
étoit dedans ou dehors du Port, &
qui fe montoit à quatre-vingt bâtimens, entre lesquels étoit le nôtre

E vj

qu'on chargeoit de fucre, dont il ne
portoit pas moins que mille caiffons.
Rien n'étoit plus agréable à la vûë
que cette perfpective, qui nous re-
prefentoit comme une ville, dont les
maifons étoient agitées au gré des vagues, ou comme une forêt flottante
çà & là, felon les caprices du vent.
Nous eûmes là des nouvelles de la
mort du Pere Jean Marie Mandelli
de Pavie, Prefet des deux Miffions
d'Angola & de Congo, decedé parmi
ces Peuples en odeur de fainteté,
après mille fatigues effuyées pour leur
falut, pendant vingt-cinq ans qu'il y
avoit demeuré.

Nous choisîmes notre tems pour
aller un jour voir la ville d'Ollinde,
diftante de Fernambouc feulement de
trois milles. C'étoit autrefois une
grande ville; mais elle eft à prefent
prefque toute détruite, depuis une
defcente qu'y firent les Hollandois.
On nous fit remarquer dans une campagne marécageufe certains arbres,
qui ont à la verité les racines dans la
terre comme les autres, mais qui en
ont auffi au-deffus, les feüilles en
étant toutes couvertes. Nous y vîmes
une infinité de Perroquets verds, diverfes efpeces de Macacos ouGuenons,

entre lefquels les plus petits appellez Sagorini , font les plus eftimez. Nous fimes ce voyage dans un canot , qui eft un grand tronc d'arbre creufé : & nos Bateliers étoient deux Mores, nuds comme les autres Brafiliens , avec une feule petite piece de toile, au devant par maniere de bienféance.

La temperature de ce climat , quoique fort chaude , n'eft pas pourtant fort mauvaife , ni la grande humidité de la Lune dangereufe ; & l'on peut voyager affez commodement auffibien de nuit que de jour. La monnoye d'or & d'argent eft employée dans cette ville comme dans le refte du Brefil. On donne deux teftons pour une Meffe , & trente ou quarante pour un Sermon. Il ne croît ni bled ni vin dans le pays ; mais on ne laiffe pas d'y en trouver qu'on apporte d'Europe, & qui coute affez cher. Le pays étant tout fabloneux les habitans & les voyageurs y font attaquez de certains vers , que quelques-uns nomment poux de Pharaon , prétendant que c'eft une des dix playes dont Dieu affligea autrefois l'Egypte. Ils font plus petits que des puces, & s'infinuent fans qu'on y prenne garde entre cuir & chair , & croiffent en

un jour de la groſſeur d'une faveole ,
ou d'une petite féve. Pour en guérir ,
on ſe met entre les mains de quelque
More experimenté à les tirer : car ſi
on les laiſſoit ſans en tenir compte ,
ils pourriroient tout le pied en fort
peu de tems. Ayant remarqué deux
jours après mon arrivée qu'il y avoit
quelque choſe qui m'empêchoit de
marcher , je me fis viſiter par un More , qui me tira quatre de ces petits
animaux , qui étoient devenus aſſez
gros : & il ne ſe paſſoit pas un jour
qu'ils ne nous en vinſſent tirer , à qui
huit , & à qui dix ou douze. Ce n'eſt
pas une petite diſgrace , s'il y en a
quelqu'un qui échappe à leurs ongles
& à leur vûë ; puiſque les pieds ne
manquent pas d'en être rongez. Les
Portugais quoique chauffez n'en ſont
guéres moins exempts que les autres.

Pendant le tems de notre ſéjour à
Fernambouc on fit une fête ſolemnel-
le du Roſaire dans la grande Egliſe ,
qu'on nomme le Corps Saint. L'appa-
reil en fut des plus magnifiques. L'E-
gliſe étoit tendüë de dix mille aulnes
de drap de ſoye couleur de feu , &
autres étoffes précieuſes ; le Tabernacle fort élevé , tout couvert de drap
de ſoye , brodé de flammes d'or , &

d'un paſſement d'argent, qui ébloüiſ-
foit la vûë. Le tout accompagné d'une
muſique d'harpes, de violons & de
cornets qui entonnoient les Hymnes
ſacrez. Les Religieux n'en font pas la
grande dépenſe : mais ils choiſiſſent
le Marchand le plus riche de la ville, qui ſe pique d'honneur pour ouvrir liberalement ſa bourſe en telle
rencontre : & celui qui en fit les honneurs cette année-là, nous proteſta le
lendemain qu'il avoit dépenſé le ſoir
précedent en feux quatre mille ducats.
Mais voici de quelle maniere il l'entendoit. Comme nous étions dans
l'impatience de paſſer au plûtôt en
Afrique, pour nous acquitter de notre Miſſion, nous étions allé trouver
ce Marchand qui nous affectionne
beaucoup, pour le prier que quand un
de ſes vaiſſeaux, qui devoit faire
voile en Afrique, ſeroit chargé & ſe
mettroit à la voile, il nous fit la charité de nous donner la chambre de
poupe pour nous y embarquer, à
quoi il conſentit de bon cœur : mais
ce vaiſſeau s'étant trouvé incapable
de cette navigation, il fallut le décharger, & en tirer les fers & tout
ſ'attirail, les planches en ayant été
toutes miſes dans ce feu, qu'il diſoit

couter quatre mille ducats , parce que
ce bâtiment lui en coûtoit autant.

Nous allâmes un jour pour nous
divertir voir travailler au fucre ; qui
eft une chofe fort curieufe. La machine dont on fe fert pour cela eft une
grande rouë tournée avec force par
plufieurs Mores. Elle fait aller une
preffe de fer maffif , fous laquelle les
cannes de fucre coupées en pieces fe
brifent , le fucre qui en fort diftillant
dans une grande chaudiere mife fur
du feu. C'eft une merveille de voir
travailler avec tant de peine les Mores , qui font d'un naturel pareffeux
& lâche , & qui fçavent fi adroitement
mettre leurs cannes fous cette maffe
de fer , fans y laiffer quelquefois une
partie de leurs bras ou de leurs mains.

Les fruits de ces quartiers , qui
d'ordinaire durent fur l'arbre toute
l'année , font affez délicats : entr'autres les Niceffes , qui font comme
nos citrons. Ils naiffent fur une tige
comme la canne d'Inde , & de deux
de fes feüilles il y en auroit affez pour
habiller un homme , fi grand qu'il fut.
De cette tige il ne naît quelquefois
qu'une fimple grappe , qui aura une
cinquantaine de ces Niceffes. Pour les
mûrir ; il les faut tailler tout verds

de la plante, & les pendre à l'air, où ils deviennent jaunes en peu de tems. Lorfqu'on les coupe par le milieu, on y voit des deux côtez naturellement imprimée la figure d'un crucifix. La grappe étant coupée, la tige fe féche, & il en renaît promptement une autre produite de la même racine. Le Bananas eft quafi femblable, fi ce n'eft que le Nicefle eft haut de trois pieds, & le Bananas le double.

L'Ananas eft fait en maniere d'une noix de Pin de la longueur d'un empan, la plante n'en produifant qu'un. Leur écorce étant levée ils paroiffent tout jaunes, & préfentent un fuc comme celui du raifin mufcat; mais il en faut manger avec difcrétion, étant d'une fubftance chaude au troifiéme dégré. Il y a encore d'autres fruits, comme les fruits du Comte, qui viennent fur une plante de la hauteur d'un Oranger, d'une faveur très-douce. Les Manaques qui reffemblent aux petits melons de nos quartiers, & croiffent fur de fort grands arbres. Les Maracoupias de la forme d'une groffe pomme ronde & jaune par dehors, dont j'ai envoyé les deffeins, comme de plufieurs autres fruits curieux, au Sieur Jacques Zanoni Apotiquaire de Bologne, qui en fera part au public dans les livres de Plantes qu'il a fous la preffe. •

Pour ce qui eft des fruits de notre Europe, comme raifins, grenades, melons, figues, courges, concombres, citrons, oranges, & cedres, ils y croiffent à merveille; & ces derniers comme nos courges d'Italie, pour la bonté de l'humide radical que leur fournit le terroir. De même les orangers de Portugal y multiplient non feulement en quantité, mais en qualité, & leur arbriffeau y devient un arbre très-haut. On ne mange guéres autre viande que du bœuf & de la vache, & quelques poules. Le vin eft plus cher que le faffran : car on l'apporte des Ifles Maderes, fçavoir plus de fix cens cinquante lieuës, & il paye plus de huit piftoles de doüane par pipe. Auffi tous les Blancs qui font dans ce pays font Portugais ou defcendus de Portugais, qui boivent peu de vin. Le vulgaire boit de l'eau qui n'eft pas des meilleures. Au lieu de pain on mange des gâteaux faits de farine de la racine d'un arbre qu'on nomme Manioque. Il n'y a proprement que deux faifons en ce pays-là ;

le printems aſſez temperé ; mais pluvieux, pendant lequel les arbres ne
quittent point leurs feüilles , & l'été,
fort chaud & fort ſec, de ſorte que ſi
la roſée n'y ſuppléoit point, le pays
en ſeroit tout enflammé & deſſeché !
La ville de S. Paul & les environs au
plus reculé du Breſil eſt ce qu'on peut
appeller le veritable pays de Coca-
gne. Quelque étranger qui y aborde,
pour miſerable qu'il ſoit , y eſt bien
venu , & trouve incontinent une
femme à ſon gré , pourvû qu'il s'aſſu-
jettiſſe à ces conditions , de ne penſer qu'à manger & à boire & à ſe pro-
mener ; mais ſur-tout ne point careſ-
ſer d'autre femme que la ſienne. Que
s'il donne le moindre indice de ſe
ſauver , elle ne manque point de l'em-
poiſonner ; comme au contraire s'il
s'entretient bien avec elle , ils en ſont
cheris & bien traitez à l'envie les unes
des autres.

La ſource de leurs richeſſes eſt un
fleuve qui arroſe ce pays, & qui eſt ſi
riche , qu'il peut tirer de la neceſſité
le plus miſerable de ceux qui implo-
rent ſon aide : car en ce cas-là ils
n'ont qu'à prendre les ſables de cette
riviere , & en tirer l'or qu'elle porte ;
ce qui eſt capable de payer leur peine

avec ufure , ne devant pour cela de
tribut à leur Roi que la cinquiéme partie. On raconte mille autres chofes
curieufes & furprenantes de ce pays-
là ; mais comme je n'y fuis pas allé
étant au quartier le plus enfoncé du
Brefil, & voifin de celui de la Platte ,
je n'oferois pas vous les donner pour
certaines ; quoiqu'à la verité rien ne
doive paroître incroyable à ceux qui
font informez des manieres contre le
bon fens , & des coûtumes extrava-
gantes qu'on voit être en ufage dans
ces pays barbares.

Nous nous mîmes enfin à la voile
le 2. Novembre 1667. pour paffer au
Royaume de Congo, & nous fûmes
obligez pour éviter les vents contraires , d'avancer jufqu'au vingt neuvié-
me dégré à la hauteur du cap de Bon-
ne-Efperance , qui feroit mieux nommé le cap de la mort , pour les continuelles frayeurs de la mort où cette
mer jette ceux qui s'en approchent.
Nous y fûmes ballotez pendant huit
jours d'une étrange façon , étant
tantôt élevez jufqu'aux nuës , & tantôt enfoncez jufqu'aux abîmes ; mais
également dans la crainte de périr.
A la fin le vent fe calma, les vagues
s'appaiferent , & nous vîmes flotter

fur la mer quelques os de Seche, dont
les Orfevres fe fervent pour mouler,
figne ordinaire de beau tems, & marque indubitable qu'on n'eft pas éloigné de terre ferme de plus d'une foi-
xantaine de lieuës ; puifque c'eft un
poiffon qui ne s'écarte pas des côtes.

En effet le jour fuivant nous découvrîmes la terre, & conçûmes par-
là une bonne efperance du fuccês de
notre navigation ; puifqu'il ne fait
jamais de tempête le long de cette côte, & qu'on la peut côtoyer hardiment à la portée du moufquet, fans
crainte d'aucun banc de fable. Et comme pendant quelques jours nous allions fondans avec l'efquif pour découvrir la hauteur de la mer, & reconnoître les rochers fous eau qu'il y
a dans cette rade, nous pêchions
auffi à l'hameçon, & ne revenions
point dans le vaiffeau fans apporter
quantité de poiffons. Parmi ceux-là
nous en prîmes un de quinze à feize
livres, dont le Capitaine dit qu'il
nous vouloit regaler. Il étoit d'une
couleur vermeille, & avoit une groffe tête ronde, les yeux brillans comme du feu, les nafeaux raplatis contre le front, bleffant de la pointe de
fes nageoires, bruyant du choc de fes

écailles, s'agitant & soufflant à faire
peur. Le Capitaine le connoissant
pour un poisson des plus délicieux de
ces mers, voulut nous l'apprêter lui-
même ; l'assaisonnant avec une espece
de blanc-manger ou ragoût de sucre,
d'épices aromatiques, & de jus d'o-
ranges & de limons ; de sorte qu'étant
devenu comme un lait caillé, nous le
mangeâmes avec la cuiller, sans pouvoir discerner si la sausse avoit rendu
le poisson meilleur, ou si le poisson
avoit donné du prix à la sausse.

Il me prit une forte envie de descendre à terre ; mais le Pilote s'y opposa, en m'assurant qu'il habitoit dans
ces côtes des Negres qui mangeoient
les hommes. Nous en découvrîmes
deux, qui ne nous eurent pas plûtôt
apperçus, qu'ils s'enfuirent bien loin ;
ce qui obligea le Pilote de s'éloigner
de terre, de peur que ces Mores ne
fussent allez chercher quelque Magicien pour faire périr notre barque,
& se saisir de nous. Quelques jours
après ce Pilote se mit de l'esquif à terre pour satisfaire à une necessité pres-
sante, & il ne fut pas plûtôt derriere
un petit rocher, qu'il s'en revint tout
courant & hors d'haleine vers le rivage, criant que nous lui vinssions au

secours, ce que nous fîmes promptement. La cause de cette terreur pani-
que est qu'il avoit vû derriere ce roc
un feu allumé, proche duquel il y
avoit une chaîne de poissons enfilez
qui y sechoient ; marque certaine
qu'il habitoit là proche des Negres :
ce qui lui donna une si belle peur,
qu'oubliant ses necessitez, l'envie ne
lui en revint pas de trois jours.

Après avoir passé cette côte, qu'u-
ne grande suite de hautes montagnes
tout-à-fait steriles rend affreuse, nous
découvrîmes à la hauteur du quator-
ziéme dégré quelques arbres accompagnez de verdure, & une autre côte plus riante, avec de bons ports
faits par la nature, capables de con-
tenir deux & trois mille vaisseaux. La
veille de Noël nous touchâmes à Benguela capitale du Royaume de même
nom, où il y a un Capitaine & une
Garnison Portugaise. Nous y trouvâmes environ deux cens habitans
Blancs, & grande quantité de Noirs.
Leurs maisons sont bâties de terre &
de paille mêlées, l'Eglise même & la
Forteresse n'étant pas de materiaux
plus superbes.

Nous vîmes venir à notre bord
quantité de petits barquots, portans

chacun deux pêcheurs Mores , qui vinrent troquer avec nos Mariniers leur poiſſon contre du tabac du Breſil en corde.

Le Pere Superieur & moi nous fûmes à terre, où je préchai pour la premiere fois en Portugais. La temperature de ce climat eſt ſi mauvaiſe , qu'elle donne une ſi méchante qualité aux alimens qui naiſſent dans ce terroir , que celui qui en mange en arrivant eſt aſſuré ou d'en mourir , ou d'en contraćter quelque maladie dangereuſe , ce qui fait que les paſſagers ſe gardent de deſcendre à terre , & de boire de leurs eaux, qui ſemblent de l'eau de leſſive. Auſſi n'acceptâmesnous qu'avec regret le dîner auquel le Gouverneur nous convioit , quoiqu'il nous aſſurât que les viandes du terroir en ſeroient du tout bannies , & que nous ne boirions que du vin apporté par les vaiſſeaux. Ce qui fut vrai : car il nous donna un repas apprêté entierement à la maniere d'Europe ; après quoi il nous regala encore , en nous envoyant à bord de trèsbons fruits d'Europe , avec une vache écorchée entiere ; mais petite & ſans cornes , de très-bon goût , comme ſont toutes les autres du pays , où il y

en

en a en abondance , & à très-vil prix.

A voir les Blancs qui habitent dans
ce pays-là , on peut affez connoître
combien cet air leur eft contraire : ils
ont une couleur de morts déterrez ,
ne parlent qu'à demi-voix , & retien-
nent pour ainfi dire leur souffle entre
leurs dents , ce qui me fit refufer avec
civilité la priere du Gouverneur , qui
manquant de Prêtres vouloit me retenir pour quelque tems chez lui ,
pour y adminiftrer les faints myfteres. Le Tribunal de Lifbonne voulant
punir un criminel de quelque action
noire , le relegue fouvent à Angola
& à Benguela , comme eftimant ces
pays les plus infortunez & les plus in-
fects de tous ceux que poffedent les
Portugais. Auffi les Blancs qu'on y
trouve font les plus fourbes & les plus
fcelerats de tous les hommes!

Ayant pris congé du Gouverneur ,
nous retournâmes à notre bord , &
remîmes à la voile pour achever notre
voyage ; ce que nous fîmes heureufement & à pleines voiles , étant arrivez
le jour des Rois au Port de Loanda ,
qui eft le plus beau & le plus vafte que
j'aye vû jufqu'à prefent. Nous mîmes
pied à terre mon Compagnon &
moi , & fûmes reçus par une infinité

de Blancs & de Noirs , qui nous venoient à l'envie témoigner la joye de
notre arrivée , en baifant nos habits ,
& en nous embraffant. Nous fûmes
accompagnez de cette foule de monde jufqu'à notre hofpice , dans l'E-
glife duquel nous trouvâmes plus de
trois cens perfonnes avec les principaux de la ville , qui fortirent pour
nous venir à la rencontre. Ayant adoré
le faint Sacrement , & rendu graces à
Dieu de notre heureux voyage , nous
entrâmes dans le Couvent, où nous
trouvâmes trois Peres , un vieux Laï-
que de foixante & dix ans , un fous-
Gardien de Congo convalefcent , &
un d'Angola febricitant. Nous apprîmes avec un déplaifir extrême que
deux Peres de nos Compagnons partis un peu avant nous de Genes , n'é-
toient pas plûtôt arrivez , que l'un
étoit mort à Loanda , & l'autre à
Maffangano proche de là. Ces Peres
qui étoient d'une conftitution vigou-
reufe , joüiffent de la récompenfe de
leur pieufe intention , laquelle pre-
venus par la mort ils n'eurent pas le
pouvoir d'executer. Peu de tems après
le fous-Gardien de Congo fit deffein
d'en partir , & de nous conduire mon
camarade & moi à la Comté de So-

gno, & de là dans le Duché de Bamba, pour y trouver un vaste champ
à toutes les fatigues ausquelles nous
nous étions préparez : ce pays de
Bamba n'ayant pas moins d'étenduë
que les Royaume de Naples & de Sicile ensemble.

Loanda est une Isle avec la ville de
même nom capitale de tous les pays
que les Portugais possedent dans toutes ces vastes Contrées des Noirs. Les
Hollandois s'en étoient autrefois
rendus maîtres ; mais les Portugais
l'ont vaillamment reprise sur eux. Il
y a là assez bon nombre de Jesuites, à
qui le Roi de Portugal donne une
pension de deux mille croisats par an,
& qui tiennent école, prêchent, &
font les autres fonctions pour la conduite des ames. Pour la recompense
de leurs travaux les peuples de ce
pays-là leur ont donné la proprieté de
plusieurs maisons, & de douze mille
esclaves de differens métiers, comme
Forgerons, Menuisiers, Tourneurs
& Tailleurs de pierre, lesquels n'ayant
pas de l'emploi chez eux servent le
public, & rapportent leur gain d'un
croisat par jour à leurs patrons. Nous
y trouvâmes aussi des Carmes, & du
Tiers-Ordre de S. François, tous Re-

ligieux d'une vie très-exemplaire.

La ville de Loanda est assez belle &
assez grande. Les maisons des Blancs
sont bâties de pierre & de chaux, &
couvertes de thuile. Celles des Negres sont de terre ou de paille. Une
partie de la ville s'étend jusques sur le
rivage de la mer, & une partie s'éleve
jusqu'au dessus de la colline. Il y a environ trois mille Blancs, & une prodigieuse quantité de Noirs, dont on
ne sçait pas le nombre. Ils servent
d'esclaves aux Blancs, dont quelques-
uns en ont cinquante, cent, deux &
trois cens, & même jusqu'à trois mille. Celui qui en a le plus, est le plus
riche : car comme ils sçavent tous
quelque profession, quand les maîtres n'ont pas besoin d'eux, ils vont
travailler chez ceux qui les demandent ; & outre la dépense qu'ils épargnent à leurs maîtres, ils leur rapportent leur profit.

Les Blancs allant par la ville se font
suivre par deux Negres qui portent
une espece de brancard de filets, qui
est la maniere dont on use dans ce
pays-là pour se faire porter, & même
pour faire des voyages. C'est ce qu'on
appelle au Bresil un amacas. Un autre
Negre marche à leur côté, & leur

porte un parasol fort large pour les garantir du soleil qui est fort ardent. Quand deux personnes qui ont des affaires ensemble se rencontrent, ils joignent les parasols, & se promenent ainsi à l'ombre à côté l'un de l'autre. Les femmes blanches lorsqu'elles sortent de la maison, ce qui arrive rarement, se font porter dans un filet couvert, comme au Brefil, avec des efclaves qui les accompagnent. Les efclaves hommes ou femmes parlant à leurs maîtres, se mettent à genoux.

On mange à Loanda grande quantité de poisson, de la chair de vache, qui est la meilleure de toutes, de chévre & de mouton. On peut dire que chacun de ceux-ci a cinq quartiers, la queuë étant le plus gros de ces quartiers ; mais à cause de la trop grande quantité de graisse elle est mal saine, comme est la chair de tout l'animal dans ces pays-là. On se sert au lieu de pain de la racine de Manioc comme au Brefil, & du bled de Turquie, pour faire des loranges, & autres viandes de paste en forme de pain, qui pourtant ne valent point le pain. L'eau qu'on y boit est très-mauvaise. On la va prendre dans une Ifle voisine, où l'on creuse dans un fossé

à niveau de la mer , l'eau s'adoucif-
fant en paffant par le fable ; mais non
pas parfaitement , ou bien ils en vont
querir dans une rivière à douze ou
quatorze milles de Loanda , & en
chargent leurs canots , qui font des
barquots faits d'une feule piece de
bois. Ces canots ont un trou au fond ,
qu'ils ouvrent quand ils font fur la riviere , & le referment quand le canot
eft affez plein d'eau. Quand ils font
arrivez chez eux ils la paffent pour
en feparer les immondices , & la laiffent repofer pendant quekques jours
pour l'éclaircir. Le vin apporté d'Europe par les vaiffeaux fe vend foixante mille rais la pipe , qui font fept
mefures de Lombardie , & cent-cin-
quante écus de notte monnoye ; &
quand il y a cherté , il fe vend jufqu'à cent mille rais , & quelquefois
même il ne s'y en trouve point du
tout.

On ne manie gueres dans ce pays
de l'argent monnoyé ; mais en fa place on vend & on achete avec des Maccutes , des Birames , des pieces d'Inde
ou Muleches. Les Maccutes font quatre empans de toile faite de paille ,
dont la dixaine vaut cent rais. Les
Birames font des pieces de groffe toile

de cotton faite aux Indes de cinq aulnes piece, qui coutent deux cens raïs la piece. Les pieces d'Inde ou Muleches font de jeunes Negres d'environ vingt ans, qui valent vingt mille raïs chacun. S'ils font plus jeunes le prix en eft fixé par des Experts nommez pour cela. Le prix des filles eft le même que celui des garçons. On a outre cela des coquilles appellées zimbi, qui viennent de Congo, avec lefquelles on peut acheter de tout, comme fi c'étoit de la monnoye. Deux mille valent une Macute. Ceux du Congo en font eftime, quoiqu'elles leur foient inutiles, fi ce n'eft pour negocier avec des autres peuples d'Afrique, qui adorent la mer, & appellent ces coquilles qu'ils n'ont pas dans leur pays, des enfans de Dieu. Ce qui fait qu'ils les eftiment comme des trefors, & les prennent en troque contre toutes fortes de leurs marchandifes, & parmi eux le plus riche & le plus heureux eft celui qui en poffede un plus grand nombre.

Ceux de Loanda nous preffèrent fort de demeurer au moins un an parmi eux, pour nous accoûtumer à l'air & aux mauvais alimens, avant de nous enfoncer plus avant dans ces

deferts & pays mal-fains de Bamba,
où nous rifquerions notre vie. A quoi
nous repondîmes que l'échange nous
feroit avantageux de rencontrer la
mort pour acquerir la veritable vie,
& de perdre le corps pour retrouver
tant d'ames, au falut defquelles la
Providence de Dieu nous avoit deftinez.

Toute la
fuite jufqu'à
la fin eft du
Pere Denys.

Nous partîmes donc tous deux
pour notre Miffion de Bamba, où fait
fa refidence un Grand Duc fujet du
Roi de Congo : car on compte cinq
Provinces dans ce Royaume. La premiere de Saint Sauveur, où refide le
Roi de Congo, nommé Dom Alvarez. Elle prend fon nom de la ville
capitale appellée faint Sauveur, qui
eft la mieux fituée, & dans le meilleur air du Royaume. Elle eft bâtie
fur une colline. L'on n'y voit prefque
point de mouches ni de moucherons,
de puces ni de punaifes, comme dans
le refte du pays ; mais on n'y eft point
exempt de fourmis, qui font très-incommodes. Le palais du Roi a près
d'une lieuë de tour. C'étoit par ci-
devant la feule maifon qui eût un
plancher ; mais les Portugais qui ont
fçû s'accommoder, ont donné l'envie
aux principaux d'enrichir & de meu-

bler leurs maifons.' L'Eglife Cathedrale eft bâtie de pierres, de même
que celles de Notre-Dame, de faint
Pierre, & de faint Antoine de Padouë, où font les tombeaux des Rois
de Congo. Celle des Jefuites dediée
à faint Ignace n'eft pas la moins belle.
Notre Dame de la Victoire eft de terre ; mais blanchie par dedans & par
dehors. Elle fut donnée aux Capuçins
par le Roi Alphonfe III. il y a environ
trente ans. La fecondeProvince eft celle de Bamba où commande le Grand
Duc appellé Dom Theodofe. La troifiéme, celle de Sundi, où il y a auffi
un Duc. La quatriéme, celle de Pemba, où fe tient un Marquis. Et la cinquiéme celle de Sogno, où eft un
Comte, qui ne reconnoît pourtant
pas le Roi de Congo depuis nombre
d'années. Il refide dans la ville de Sogno, qui eft à une lieuë de la riviere
de Zaire.

Ayant préparé tout ce qui étoit neceffaire pour notre chemin, nous
nous embarquâmes, le Pere Michel-
Ange & moi, & côtoyant la terre-
ferme nous arrivâmes en deux jours à
Dante, où les Portugais ont une Fortereffe aux Frontieres du Royaume
d'Angola. Nous allâmes faluer le Gou-

verneur, & lui fîmes voir les lettres
des Seigneurs de la Chambre de Juftice de Loanda, qui gouvernoient
alors le Royaume, le Viceroi qu'on y
attendoit n'étant pas encore arrivé.
C'étoient des lettres de recommand-
dation pour nous aider à nous pourvoir de Mores, pour nous porter
avec nos hardes. Pendant deux journées que nous féjournâmes là, le Gouverneur fit pêcher & faler du poiffon
pour nous ; entre autres des foles &
des fardines, qui font plus longues
d'un pan. La provifion étant faite, &
trente Mores deftinez à nous porter
avec toutes nos charges, on prépara
nos brancards de filets, ou Amacas,
les Meffieurs de cette ville nous faifant entendre qu'il étoit impoffible
qu'étant vêtus & équippez de la maniere que nous étions, nous allaffions
à pied ; de forte que n'y ayant autre
remede nous nous conformâmes à l'u-
fage du pays.

Nous commençâmes donc à marcher ; & parce que dans ces vaftes
pays il n'y a pas de grands chemins ;
mais feulement des fentiers, nous
étions obligez d'aller à la file. Quelques Mores avec leurs charges nous
précedoient, puis le P. Michel-Ange

dans son amacas , suivi de quelques
Mores.

Je venois après porté dans mon filet, qui me paroissoit une voiture fort
commode , & après suivoit le reste
des Mores , pour soulager tour à tour
les deux porteurs lorsqu'ils sont las.
C'est une merveille de voir comment
ils marchent vîte , quoiqu'ils soient
chargez. Ils étoient armez de leurs
arcs & de leurs fleches , & ils nous
portoient jusqu'à un de leurs bourgs
ou villes , qu'ils nomment en leur langue *Libattes* , comme nous les appel-
lerons toûjours dans cette Relation ,
& là il nous falloit pourvoir d'autres
porteurs.

Le Seigneur ou Commandant de la
Libatte , qu'ils appellent en leur langue le *Macolonte* , nous venoit incontinent rendre visite , & nous assignoit
deux des meilleures cabannes qu'il y
eut là ; car dans tout le Royaume il n'y
a point de maisons de pierre ; mais
seulement de paille , ou de tige de
bled-sarasin , & les plus belles sont
de terre , couvertes de paille , sans
autre ouverture que la porte , qui leur
sert de fenêtre. Il en faut pourtant excepter saint Sauveur , comme nous
avons dit ci-dessus.

F vj

Ce Macolonte étoit vêtu de cette maniere : il portoit seulement un mouchoir tissu de feüilles de palmier par bienséance, pour tenir couvert ce que l'honnêteté oblige à couvrir, avec un manteau de drap d'Europe allant jusqu'à terre, de couleur bleuë, qui est beaucoup estimée parmi eux : le reste du corps étoit nud. Les Mores que le Macolonte avoit avec lui, & qui étoient ses Officiers, n'avoient simplement qu'un de ces mouchoirs, qu'ils envoyent teindre en noir à Loanda. Le reste du peuple n'en avoit que de feüilles d'arbre & de peau de singe ; & même ceux qui demeurent à la campagne, & dorment sur les arbres, hommes ou femmes, ne portent absolument rien ; mais vont tout-à-fait nuds, sans aucun sentiment de honte.

Cette premiere Libatte étoit assez grande, d'une centaine de cabannes, séparées l'une de l'autre, & sans ordre. On peut dire même qu'ils n'y habitent pas le jour : car les hommes s'en vont à la promenade se divertir & causer ensemble, dansant & jouant de certains instrumens assez chetifs & ridicules jusqu'à la nuit, sans sçavoir ce que c'est que de mélancolie. Les femmes au contraire sortent dès le matin pour travailler les champs, portent une hotte derriere elles, dans laquelle elles mettent un pot de terre noire, qu'elles appellent *Quionfou*, & un de leurs enfans, tenant le plus petit entre leurs bras, qui prend la mammelle de lui-même, fans que la mere la lui préfente. Elles en condui-fent un par la main, & en portent fou-vent en même-tems un autre dans le ventre ; car cette nation eft feconde & lubrique. Le refte des enfans, s'il y en a, fuivent la mere. Mais quand ils font un peu grands, ils les laiffent al-ler où ils veulent, fans s'en mettre non plus en peine, que s'ils n'étoient point leurs enfans.

Nous regalâmes ces Macolontes d'un rofaire ou chapelet de verre de Venife, appellé en leur langue *Miffan-ga*, qu'ils mettent à leur col, n'ayant ni poche, ni autre endroit pour les mettre. Le Macolonte ayant fait & reçu les complimens, envoya un Mo-re par toute la Libatte, pour donner ordre aux habitans d'amener leurs en-fans pour être baptifez, les adultes étant déja prefque tous baptifez, y ayant déja trente ans que nous avons cette Miffion. Ils leur font fçavoir comme il eft arrivé un Capucin, qu'ils

appellent en leur langue *Gramga* ,
ajoûtant par honneur le mot de *Fo-
met* , comme s'ils disoient , Pere , Seigneur , ou Monsieur. Ils n'ont pas
plûtôt appris notre venuë , qu'ils ac-
courent tous , portant leurs enfans ,
& pour aumône deux de leurs mouchoirs de feüilles de palme , ou bien
trois mille cinq cens coquilles , qui
sont comme nous avons dit les deniers
du pays , appellez en leur langue
Zimbi , ou bien une poule : car on y
en avoit autrefois porté nombre ;
mais les guerres les ont presque dé-
truites. Ils apportent aussi sur une
feüille un peu de sel pour benir l'eau ,
& donnent un de ces présens que nous
avons dit pour baptiser leurs enfans ,
& n'ayant rien à donner , on les ba-
ptise pour l'amour de Dieu. Dans ce
premier lieu nous en baptisâmes trente , sçavoir quinze chacun , avec beaucoup de satisfaction , étant les premiers que nous avions baptisez. Je dis
au Macolonte qu'il fît préparer pour
dire la sainte Messe le jour suivant ,
& incontinent il expedia plusieurs
Mores pour couper du bois , & des
feüilles de palme , dont ils firent une
petite Chapelle de verdure , de même
que l'Autel , dont je lui avois donné

la hauteur & la grandeur , & que nous ornâmes enfuite , tous les Miffionnaires portant avec eux un coffre , avec tout ce qui eft neceffaire pour le faint Sacrifice. Pendant que mon Compagnon dit la Meffe , le Macolonte envoya donner avis à d'autres Mores peu éloignez de là , lefquels vinrent à tems pour oüir la feconde Meffe, à la fin de laquelle nous baptifâmes dix enfans de cette Libatte voifine. Le nombre des affiftans fut très-grand, la Chapelle ayant été faite en un lieu éminent , afin qu'ils puffent au moins voir la Meffe , s'ils ne la pouvoient pas entendre. Nous fîmes enfuite un petit Catechifme, en partageant nos Auditeurs en deux , & leur faifant expliquer ce que nous leur difions par un interprete.

Cela étant fait , ils fe mirent à joüer de plufieurs inftrumens , à danfer & à crier fi haut, qu'on les entendoit de demi-lieuë loin. Je décrirai feulement un de leurs inftrumens, qui eft le plus ingenieux & le plus agréable de tous, & pour ainfi dire le principal de ceux qui font en ufage chez eux. Ils prennent une partie d'une perche, qu'ils lient & bandent en maniere d'arc, & y attachent quinze citroüilles longue, tes, feches & vuides, de differente grandeur pour les differens tons, trouées par deffus, avec un autre trou plus petit à quatre doigts au-deffous, & le bouchent à demi, couvrant auffi celui de deffus d'un petit ais fubtil un peu élevé fur le trou. Après ils prennent une corde faite d'écorce d'arbre, & lient l'inftrument par les deux bouts, & fe le pendent au col. Pour en joüer ils ont deux bâtons, dont l'extrêmité eft couverte d'un peu d'étoffe, avec quoi ils frappent fur ces petits ais, & font prendre vent aux citroüilles, qui imitent en quelque façon le fon d'une orgue, & font un concert affez agréable, particulierement quand ils joüent trois ou quatre enfemble.

Ils touchent leurs tambours avec la main ouverte, & ils font faits de cette maniere. Ils taillent un tronc d'arbre de la longueur de trois quarts d'aulne, & même plus; car quand ils les pendent au col, ils touchent quafi à terre. Ils les vuident par dedans, & les couvrent deffus & deffous de peau de tygre ou autre animal; ce qui fait un certain fon à donner de l'épouvante, lorfqu'ils les battent à leur maniere. Les Cavaliers ou fils de Cavaliers portent à la main des fonnetes de fer, comme celles que portent les vaches de notre pays, & avec une piece de bois, ils en frappent tantôt l'une, tantôt l'autre ; ce qui fe voit rarement parmi eux, cet inftrument n'étant porté que par les enfans des Seigneurs, qui ne font pas en grand nombre.

Nous difpofant à partir, notre Macolonte fit figne qu'on s'arrêtât & qu'on fe tût ; ce qui fut fait en un moment : auffi en avoient-ils affez de befoin, étant déja tout moüillez de fueur. Leur ayant donné la benediction nous partîmes ; & ils recommencerent à joüer, danfer & crier fur nouveaux frais, enforte que nous les entendions de deux mille, non fans admiration & plaifir que nous avions, d'entendre un concert de tant d'inftrumens curieux & nouveaux pour nous.

Nous vîmes dans cette route plufieurs fortes d'animaux, particulierement de petits finges, & grande quantité de guenons de diverfe couleur, qui s'enfuyoient tous fur les arbres les plus hauts. Nous apperçûmes deux *Pacaffes*, qui font des animaux affez femblables aux Buffles, & qui

rugiffent comme des lions. Le mâle
& la femelle vont toûjours de compagnie. Ils font blancs avec des taches
rouffes & noires,& ont des oreilles de
demie aulne de long , & les cornes
toutes droites. Quand ils voyent quelqu'un ils ne fuyent pas , ni ne font aucun mal ; mais regardent les paffans.
Nous vîmes un autre animal de poil
jaune & noir , qui étoit fur une montagne. L'interprete nous dit que c'é-
toit un Leopard ; mais il étoit affez
éloigné de nous. Il y a auffi dans ces
quartiers un animal , qui eft de la taille & de la force d'un mulet ; mais il a
le poil varié de bandes blanches , noires & jaunes, qui embraffent le corps,
depuis l'épine jufques fous le ventre ,
ce qui eft très-beau à voir , & femble
artificiel. On l'appelle *Zebra.*

   Comme nous pourfuivions chemin , nous vinfmes à l'improvifte fur
un animal qui étoit endormi , & qui
fut éveillé des cris que font ces Mores
en cheminant. Il fe leva , fit un grand
faut , & s'enfuit. Le corps étoit comme celui d'un loup , dont il y en a
grand nombre ; mais il avoit la tête
comme un bœuf ; ce qui étoit mal
proportionné & affreux à voir. Je demandai quel animal c'étoit ; & l'on

m'affura que ce devoit être un monf-
tre. Il y avoit plufieurs animaux femblables à nos chevres , qui s'enfuyoient , & puis s'attendoient les
uns les autres , & quantité de poules
fauvages , plus grandes que les do-
meftiques , qui ont le goût du liévre.

Il ne nous arriva rien de particulier dans la feconde Libatte ; & nous y
fîmes comme à la premiere. Etant entrez un foir dans une de ces Libattes ,
on ferma la porte faite d'épines feches , toute l'enceinte , comme nous
dirions les murailles de nos bourgs ,
étant d'épine plantée & verte de la
hauteur d'une pique. On nous affi-
gna des cabannes pour y paffer la nuit ;
mais la chaleur étant exceffive , j'ai-
mai mieux dormir à l'air dans mon
Amacas , en faifant attacher une de
fes extrèmités au toît de la cabanne ,
& l'autre à deux pieux élevez & mis
en croix. Le Pere Michel-Ange en fit
de même. Sur la minuit vinrent trois
lions , qui faifoient trembler la terre
de leur mugiffement ; ce qui me re-
veilla bien , & n'eût été la muraille
d'épines , frere Denys n'auroit jamais
revû l'Italie. Je levai la tête pour voir
fi à la faveur des rayons de la Lune ,

je pourrois en découvrir un ; mais les
épines étoient si touffuës & si entre-
laffées de leurs feüilles , que je ne pûs
rien appercevoir ; quoique j'entendis-
fe bien qu'ils n'étoient pas loin de la
haye. J'étois quasi resolu de rentrer
dans la cabanne ; neanmoins comme
il me parut impossible qu'ils pussent
fauter par dessus de si hautes hayes ,
je me tins coi jusqu'au jour , non sans
avoir de tems en tems quelque palpi-
tation de cœur. Le jour venu j'allai demander au Pere Michel-Ange , qui
étoit à une cabanne assez proche , s'il
avoit entendu les lions la nuit passée ;
à quoi il me répondit qu'il n'avoit jamais mieux dormi à cause de la fraîcheur de la nuit , & qu'il n'avoit rien
oüi. Vous êtes heureux , lui dis-je ,
car s'ils fussent entrez , vous seriez allé en Paradis sans sçavoir comment.
A quoi il me répliqua que la Providence de Dieu veille toûjours pour
les siens , & que sa volonté n'avoit
pas été telle , qu'ils fussent abandonnez à la cruauté de ces animaux impi-
toyables.

Après avoir baptisé plusieurs enfans , nous nous mîmes en chemin , &
ayant marché jusqu'à midi , les Mores
nous dirent qu'il falloit s'arrêter pour

fe repofer , y ayant là proche une petite riviere de très-bonne eau. Ainfi
étant defcendus nous nous mîmes à
l'ombre fous des arbres , pour nous
préparer à y dîner. Quelques-uns des
nôtres allerent chercher du b'ed-fara-
fin , d'autres cüeillir du bois pour
faire du feu. Le Pere Michel-Ange
voulut fe fervir de fon fufil pour en
allumer. Mais un More qui faifoit la
cuifine, lui dit, Pere, nous n'avons
pas befoin de cela ; & prenant
un éclat d'ais de l'épaiffeur de deux
doigts avec plufieurs trous , qui ne
paffoient pourtant pas d outre en outre , & en prenant une petite piece de
bois gros comme le doigt, qu'il mit
dans un de ces trous , il fit promptement tourner & frotter avec les deux
mains les deux bois l'un contre l'autre , & le petit s'alluma. C'eft de cette
maniere qu'ils ont accoutumé de faire
dufeu. Les autres qui revinrent chargez
de bled-farafin l'égrenerent , & en mirent dans quatre pots pour en faire de
la boulie , & firent auffi cuire des *Ba-
tates* , qui font des racines affez bonnes.

Pendant que chacun étoit attentif à
fa cuifine , on vit fubitement paroître
un Eléphant, qui n'étoit guéres moins

gros qu'un chariot de Lombardie
chargé de foin, & portoit la tête un
peu pendante, lui étant déja tombé
une dent. Tous les Mores se leverent
promptement, & mettant la main à
leur arc, commencerent avec leurs
cris ordinaires à lui tirer des fleches.
Mais un d'eux plus avisé prit un tison
allumé, & courut mettre le feu à une
Cabanne de paille voisine. L'Elefant
voiant cette grande flâme s'enfuit d'a-
bord avec trois fleches dans le corps.
Le feu de la Cabanne porté par le vent
se prit aux herbes voisines, qui étant
quasi seches par les ardeurs du Soleil
& fort hautes, s'allumerent de telle
maniere, qu'il s'étendit plus d'une
lieuë aux environs, consumant les
herbes, les arbres, & tout ce qu'il
trouvoit. Ainsi tous les animaux qui
se trouvoient là en étant épouven-
tés, nous eûmes le moyen de continuer nôtre voyage en toute sureté
jusqu'à la libatte du soir, quoique je
me representasse de tems à autre cette
horrible bête qui nous avoit donnée
l'épouvante.

Un autre jour, comme nous étions
en marche, nous vîmes s'approcher
de nous un grand serpent, qui sans
exageration avoit près de vingt-cinq

pieds de long : ce que j'oſerois moins
aſſurer, ſi je n'avois vû & meſuré une
peau d'un ſemblable ſerpent qui n'étoit
pas moindre, dont on fit preſent au
Pere Michel-Ange, & qu'il envoya
avec d'autres curioſitez à ſon Pere.
Cette bête avoit la tête auſſi grande
que celle d'un veau ; & ce qui nous
épouvanta le plus, fut qu'elle venoit
par le même ſentier que nous allions.
Les Mores ſelon leur coûtume jetterent de grands cris, & nous faiſant
prendre une traverſe nous firent monter ſur une éminence, pour lui donner tems ou de ſe retirer, ou de paſſer outre. Je pris garde qu'elle faiſoit
en avançant remuer autant d'herbes,
que ſi ç'avoit été vingt perſonnes.
Nous attendîmes plus d'une heure
qu'elle fut paſſée : après quoi nous
deſcendîmes & pourſuivîmes nôtre
chemin. le Pere Michel-Ange me dit
en italien, pour n'être pas entendu,
je croiois que nous étions en ſureté
étant tant de monde ; mais je vois que
ces Mores ont plus de peur que nous.
A quoi je repondis que nous ne devions gueres en attendre d'autre ſecours, que celui que leurs jambes nous
pouvoient donner, en nous portant
le mieux qu'ils pouvoient, & en

fuyant les ennemis plûtôt qu'en les attaquant, & à la verité nous souhaitâmes plusieurs fois d'avoir apporté avec nous un fusil, qui ne nous auroit pas été inutile, nous étant souvent trouvés si embarassés & en si grand danger, que sans l'aide de Dieu nous n'en serions jamais sortis, étant obligés dans toute la route ou de fuir ou de mettre le feu aux herbes, pour nous garantir des bêtes farouches.

Un jour que nous approchions d'une riviere, où l'on nous dit qu'il n'y avoit aucune Libatte; mais seulement deux maisons de paille, pour recevoir & loger les Mores, qui vont de Loanda à Saint Sauveur capitale du Royaume, comme nous fûmes à la vûë de la riviere, nous découvrîmes quantité de cabannes, & entendîmes un grand bruit de gens qui joüoient du tambour, de trompettes, de fifres, de cornets, & d'autres instrumens. Les Mores s'arrêtant un peu dirent que ce pouvoit être le Grand Duc Seigneur de la Province; mais étant arrivés nous vîmes que c'étoient des cabannes neuves environnées d'une forte haye d'épines, pour se garantir des bêtes qui viennent boire aux rivieres. Nous demandâmes à un More
qui

qui eft-ce qu'il y avoit dans ce lieu ; &
il nous fit réponfe que c'étoit le Frere
du Capitaine-Major de Dante , dont
nous avons parlé ci-deffus. Ce Seigneur apprenant notre arrivée nous
envoya à la rencontre quatre Mulatres avec leurs moufquets. Les Mulatres font ceux qui font nez d'un Blanc
& d'une More. A leur fuite étoient
plufieurs Mores avec des trompettes ,
& des fifres. Nous allâmes faluer ce
Seigneur qui nous reçut fort civile-
ment , & nous dit que tous les foirs
où la nuit le prenoit , il faifoit bâtir
une femblable ville fermée d'épines.

Ce brave Seigneur nous fit mille
courtoifies , & nous régala de poules
& fruits du pays. Nous voulions refter là jufqu'à ce qu'il fût parti , particulierement n'y ayant pas de Libatte
de l'autre côté de la riviere ; mais il
nous dit qu'il valoit mieux que nous la
traverfaffions pendant qu'il étoit préfent , & qu'il avoit plufieurs Mores
expérimentez , qui prendroient garde qu'il ne nous arrivât aucun accident. Ainfi il nous accompagna jufqu'à
la riviere avec tous les inftrumens ; &
il avoit tant de monde avec lui qu'on
eût dit que c'étoit le Roi d'Ethiopie ,
ayant plus de dix-huit cens hommes ,

fans compter les femmes & les enfans,
ce qui avoit été la cause qu'il nous fallut rester deux jours à Dante, où nous
ne trouvions pas du monde pour nous
accompagner. Il eut la patience de
nous voir passer & hors de danger, &
l'ayant salué il s'en retourna à sa cabanne, où il fit préparer ses gens à
partir ; ce que nous eûmes le plaisir de
voir. Il avoit entr'autres vingt-quatre
Mulatres, qui font des hommes terribles, braves & intrepides dans tous
les dangers, armez de mousquets &
de cimeteres, le reste des Mores avec
leurs arcs, leurs fleches, & leurs de-
mi-piques. Les instrumens & les cris
commencerent à redoubler à leur départ : ce qui nous surprenoit de voir
avec quel cortege, & quelle majesté
les Grands font leurs voyages dans ces
quartiers-là.

Nous laissâmes la riviere, & le soleil
étant fort bas, à peine eûmes-nous fait
demi-mille, que nous nous arrêtâmes
aux deux cabannes ; mais nous vîmes
que nous n'y serions pas en grande sûreté des bêtes farouches, parce qu'il
n'y avoit point de hayes d'épines ;
mais seulement quatre arbres, sur lesquels on pouvoit faire garde, y ayant
dessus de petites cabannes, où l'on

pouvoit reposer la nuit. Les Mores
nous dirent que nous pouvions prendre une des cabannes, & qu'une partie d'eux feroient sentinelle sur les
arbres pendant la nuit, & les autres
resteroient dans l'autre chaumiere. Le
Pere Michel-Ange dit que nous serions plus en sûreté de monter sur les
arbres ; mais les Mores nous assure-
rent que nous n'y pourrions pas dormir, & que nous ne nous missions pas
en peine, qu'ils feroient tour à tour
la garde. Nous entrâmes donc dans la
meilleure cabanne, & y fîmes apporter un peu de paille pour nous y coucher ; ce que nous fîmes après avoir
mangé de ce que ce Seigneur More
nous avoit donné charitablement ; &
rendû graces à Dieu de nous avoir
amenez jusques-là sains & saufs, après
quelques signes de croix nous nous
abandonnâmes au sommeil.

Nous en fûmes interrompus sur la
minuit par un lion & une tigresse,
qui venoient ensemble en se jouant
vers nos huttes, & sentant que leur
mugissement s'approchoit de plus en
plus de nous, je demandai à mon
Compagnon s'il avoit entendu le lion.
Que trop, me répondit-il, & nous ne
ferions pas mal à tout événement de

nous confeffer l'un l'autre ; ce qu'-
ayant fait, nous regardâmes par les
fentes de la cabanne, fi nous les dé-
couvririons à la clarté de la Lune,
Nous n'eûmes pas de peine à les voir,
n'étant pas éloignez d'un jet de pierre ; & l'on peut bien fe perfuader que
ce ne fut pas fans quelques battemens
de cœur, que nous attendions en fi-
lence ce qu'il plairoit à Dieu de difpo-
fer de nous. Nous entendîmes que les
Mores perchez fur les arbres, auffi-
bien que ceux de la cabanne, parloient enfemble : & d'abord ils allumerent du feu, qui fit fuir les bêtes
vers la riviere. De cette forte nous fûmes encore délivrez de ce danger par
la grace de Dieu, à qui nous nous
étions de bon cœur recommandez.

   Le jour fuivant ayant déja fait la
moitié de notre journée pour arriver
à la premiere Libatte, nous entendîmes un grand bruit de perfonnes,
dont nous étant approchez, nous
trouvâmes que c'étoient des Negres,
qui portoient un Portugais qui alloit
pour être Chanoine à S. Sauveur, où
eft la Cathédrale de tout le pays. Nous
étant reconnus, & fouvenus de nous
être vûs à Loanda, où il venoit tous
les jours dire la Meffe en notre Egli-

se, nous nous témoignâmes mutuelle-
ment la joye que nous avions de nous
être si heureusement rencontrez ; &
nous marchâmes ensemble le reste du
jour. Nous lui demandâmes comment
il s'étoit pû resoudre de quitter une si
belle & si bonne ville que Lisbonne,
qui étoit sa patrie, pour venir dans
ce pays si mauvais & si désert. A quoi
il nous répondit qu'on lui avoit accordé une bonne pension de cinquante mille rais par an, qui font environ
cent de nos ducats. Mais pour cent
millions d'or, lui dis-je, je ne m'ex-
poserois pas à entreprendre une sem-
blable corvée. Que venez-vous donc
faire ici, me repliqua-t'il ? C'est, lui
dîmes-nous, pour l'amour de Dieu &
du prochain que nous sommes sortis
de l'Italie, & nous estimerons d'avoir
bien employé tous nos soins, si par
notre moyen une seule ame fait acqui-
sition du Paradis. Avec semblables
discours nous arrivâmes à la Libatte,
où nous trouvâmes peu de monde, ce
qui nous mit en peine pour n'y avoir
pas assez de Mores pour nous voiturer les uns & les autres : ce qui nous
obligea de prier le Chanoine de prendre l'avance, & que nous resterions
jusqu'au retour de ses porteurs ; mais

il ne nous fut pas poffible de le perfuader ; ce qui pourtant auroit été le
meilleur pour lui ; car il mourut peu
de jours après à Bombi , où nous
avions paffé avant lui , & où nous
aurions pû le foulager , & lui rendre
les derniers devoirs , s'il fut paffé le
premier.

　Bombi eft une fort grande Libatte ,
où demeure un Marquis fujet du
Grand Duc de Bamba , qui eft fujet
lui-même du Roi de Congo. Nous y
rencontrâmes un fils de ce Marquis
qui parloit Portugais , & qui s'offrit
de nous venir fervir d'interprete , non
feulement dans le voyage ; mais encore pendant notre féjour à Bamba :
ce que nous acceptâmes avec le confentement du Marquis fon pere. Le
foleil étant levé nous partîmes avec
plus de plaifir qu'auparavant , d'avoir
en notre compagnie ce jeune homme
de vingt-cinq ans , qui s'expliquoit fi
bien en Portugais. Nous n'en fouffrîmes pourtant pas moins pour cela.
Car lorfque nous y penfions le moins ,
nous apperçûmes de loin un grand
feu , que les Mores avoient allumé
dans les herbes , & qui pouffé par le
vent , chaffoit de notre côté toutes les
bêtes farouches. Les Negres nous di-

rent , Peres , il faut éviter la furie de
ces bêtes ; parce que peut-être y a-t'il
parmi elles des lions & des tigres. Le
plus sûr est de monter sur ces arbres.
Ce qu'ayant entendu & compris qu'il
n'y avoit pas d'autre remede ; nous
ouvrîmes un de nos coffres, & en tirâmes une échelle de corde faite au
Bresil ; nous fîmes premierement monter un Negre sur un arbre , pour l'accommoder ; puis mon Compagnon ,
& moi, & le fils du Marquis y montâ-
mes , & tirâmes l'échelle après nous ;
les autres s'étant aussi perchez sur des
arbres. Et à la verité , nous fîmes bien
de ne pas perdre de tems ; car cette
troupe de bêtes farouches fut incontinent là , en si grande quantité , que
nous ne leur aurions servi , tous tant
que nous étions , que pour un seul
repas. Il y avoit des tigres , des lions ,
des loups, des pacasses, & des rhino-
céros , qui ont une corne sur les nari-
nes , & diverses autres especes d'animaux , qui passant près de nous , le-
voient la tête , & nous regardoient.
Nos Mores qui avoient des fléches
envenimées , la plûpart de sucs d'herbes, en blesserent quelques-unes ; mais
cela les fit moins enfuir , que le feu
qu'elles sentoient s'approcher. Ce pé-

ril étant paſſé , nous deſcendîmes de
nos arbres & pourſuivîmes notre chemin , remerciant Dieu de nous avoir
délivrez d'une mort ſi prochaine.

Le jour qui ſuivit , nous arrivâmes
à une Libatte , où nous trouvâmes
très-peu de monde. L'on nous dit
qu'ils étoient allez à la guerre avec le
Duc de Bamba , contre le Comte de
Sogno , qui depuis long-tems s'eſt revolté contre Sa Majeſté de Congo :
qu'après qu'une partie des uns & des
autres s'étoient détruits , le reſte faiſoit tréve ; & quelque-tems après
prenoit de nouveau les armes.

Ainſi y ayant peu de monde dans
ce lieu , nous reſolûmes de nous ſé-
parer , afin d'attendre les porteurs de
celui qui paſſeroit le premier. Le Pere Michel-Ange s'offrit d'aller avant,
notre réſidence de Bamba n'étant pas
fort loin ; & de m'envoyer de là vingt
hommes , pour moi & pour nos charges , qui demeureroient. Je reſtai
donc là ſix jours , avec le fils du Marquis , vivant l'un & l'autre de favéoles fraîches , qu'ils nomment en leur
langue *Cazacaza*, que ce jeune homme alloit cüeillir. Mais voyant que ce
régal de favéoles ne me donnoit pas
un bon aliment , & qu'à peine me

pouvois-je, de foiblesse, soûtenir sur
mes pieds ; je commençai à enfiler des
chapelets, assis sur un peu de paille à
la porte de ma cabanne. Ce qui étant
remarqué par les Mores, qui étoient
la plûpart de bons vieillards, ils ac-
coururent auprès de moi, admirant
ces chape'ets, avec leur floeon de
foye, auquel la médaille étoit attachée, & me priérent instamment de
leur en donner un pour le Macolonte.
Je leur répondis, que s'ils me donnoient une poule, dont j'avois vû
quantité dans la Libatte, je le leur
donnerois volontiers ; ce qu'ils firent.
A quoi je fus obligé par la necessité,
n'y ayant là principalement aucun enfant à baptiser, & l'aumône pour l'a-
mour de Dieu étant peu connuë parmi eux. Enfin graces aux rosaires &
aux chapelets, je m'entretins le mieux
qu'il me fut possible.

Finalement, les Mores que mon
Compagnon m'envoyoit arriverent,
& nous étant mis en campagne, nous
n'étions pas loin de la Libatte où nous
devions passer la nuit, que nous fûmes surpris par la rencontre d'un lion
blessé, qui avoit assez de peine à marcher, & ensanglantoit les endroits
par où il passoit. Les Mores tous allat-

G v

mez, mirent leurs charges & moi si
promptement à bas, qu'à peine me
pus-je développer de mon filet. Ils
prirent leurs arcs ; & l'un d'eux ayant
pris les deux pieces de bois, comme
j'ai dit ci-deſſus, fit du feu & le mit
aux herbes, qui s'allumerent incontinent : l'herbe étant quaſi ſeche, fort
haute & épaiſſe ; parce que c'étoit
alors le mois de Mars ; ce qui eſt le
contraire de nos Provinces d'Europe.
Les flammes ſe levant bien haut, &
les Mores ne ceſſant de crier, le lion
qui venoit à nous comme un enragé,
fit volte-face, & prit un autre ſentier.
Une heure avant la nuit nous arrivâmes à la Libatte, qui n'avoit point de
murailles d'épines comme les autres ;
& allâmes juſqu'à la place, où nous
trouvâmes tout le Peuple aſſemblé autour d'une perſonne bleſſée. Je deſcendis de mon Amacas, & demandai
qui c'étoit. Ils me répondirent que
c'étoit le Maſolonte qui venoit de ſe
battre contre un lion. On me fit place ; & m'approchant de lui, je le ſa-
luai, & lui remontrai qu'il avoit tort
de n'avoir pas fait faire une haye d'é-
pines autour de la Libatte, comme on
faiſoit aux autres. Mon Pere, me répondit-il, tandis que je ſerai vivant,

il ne fera pas neceffaire de faire des
hayes d'épines ; quand je ferai mort,
ils feront ce qu'il leur plaira. Sa playe
n'étoit pas confidérable, je le priai de
me raconter de quelle maniere il s'é-
toit efcrimé avec le lion : Pere, me
dit-il, comme j'étois ici débout à dif-
courir avec mes gens, un lion affamé
& attiré par l'odeur de la chair humaine, eft furvenu tellement à l'improvifte, fans rugir à fon ordinaire,
qu'à poine mes gens, qui fe trouvoient tous defarmez, ont eû le loifir
de prendre la fuite. Pour moi, qui ne
fuis pas accoûtumé à fuïr, je me fuis
mis avec un genoüil & une main en
terre ; & de l'autre ayant levé mon
couteau, je le lui ai donné, de toute
ma force, dans le ventre. Lui, fe fentant bleffé, a fait un cri, & eft venu
fur moi avec telle rage, que de lui-
même il s'eft encore bleffé dans la gueule. Mais en même-tems il m'a emporté de l'ongle, un morceau de la peau
du côté. Cependant mes gens reve-
nans armez, le lion déja bleffé en deux
endroits, s'en eft vîtement fui, en
perdant beaucoup de fang. C'étoit
celui que nous avions rencontré, qui
affurement n'étoit pas fort à fon aife,
étant bleffé d'un coup de couteau fait

en maniere de bayonnette Genoiſe, & de la main d'un homme auſſi brave, qui étoit ce Macolonte.

J'appris pareillement de lui, que le Grand Duc de Bamba, qui avoit eu une rencontre avec le Comte de Sogno, avoit été fait Ceneraliſſime de Sa Majeſté. Dans ces entrefaites, on m'amena une jeure Negre bien faite, toute nuë, afin que la baptiſaſſe. Comme je la devois catechiſer, je la fis couvrir de quelques feüilles, & la repris de ce qu'elle avoit demeuré ſi longtems à recevoir le Baptème, puiſqu'il y avoit bien des années que le Royaume avoit reçû la Foi de Jeſus-Chriſt. Elle répondit qu'elle demeuroit à la campagne comme pluſieurs autres qui dorment ſur les arbres, & qu'alors ſeulement, elle avoit appris l'arrivée des Capucins. Lui ayant enſeigné les principes de la Foi, comme il ſe rencontroit que c'étoit le jour de ſaint Joachim, je la nommai Anne. Les ceremonies du Baptème étant finies, tous les Mores de la Libatte, hommes, femmes, & jeunes garçons, qu'ils appellent *Muleches*, la prirent, & la mirent au milieu d'un cercle qu'ils formerent, en danſant, jouant des inſtrumens, & criant : *Vive Anne*,

Vive Anne, avec tant de bruit & de fracas, que j'en reftai tout étonné, & tout étourdi. Le Pere Michel-Ange ayant paffé avant moi, il n'y avoit plus là d'enfans à baptifer. J'en baptifai feulement quelques-uns de la campagne, qui ne veulent pas fe retirer dans les Libattes, pour être en plus grande liberté ; quoique ce ne foit pas fans danger.

La matinée fuivante, je continuai mon voyage vers Bamba ; & étant obligé dans un grand valon de mettre pied à terre, à caufe des mauvais chemins, je defcendis du filet, & cheminai un demi mille dans un chemin tout de pierre : chofe extraordinaire dans ce pays, où, jufqu'alors, je n'avois pas vû une pierre. Les Mores, qui étoient pieds nuds, en furent maltraitez ; mais je ne fus pas exempt de l'incommodité, la chaleur étant extrême, & le fentier étroit. De plus, l'herbe qui étoit haute & épaiffe, me battoit contre les jambes, dont elles demeurerent écorchées & bleffées deux mois durant. Ce qui étoit auffi arrivé à mon Compagnon, que je trouvai les jambes empaquetées.

Au milieu du valon couloit une riviere, peu large à la vérité ; mais

fort profonde. Les Mores fonderent
le gué, & résolurent de la traver-
fer à l'endroit où il y avoit le moins
d'eau, qui étoit d'environ quatre
pieds de haut. Nous demeurâmes dans
nos Amacas ; & deux de nos plus
grands porteurs, prirent les bâtons
au-deſſus de la tête, non ſans danger
de tomber enſemble dans l'eau, quoiqu'ils ne s'en fiſſent que rire, & qu'ils
s'arrêtaſſent pour s'y baigner. Nous
obſervâmes quantité de beaux oyſeaux de diverſe couleur, verds, rouges, jaunes ; & quelques-uns qui me
paroiſſoient les plus beaux, avec un
plumage blanc, & des lignes noires,
placées en écailles de poiſſon, la
queuë, l'œil, le bec & les pieds, de
couleur de feu. Ce ſont des perroquets
d'Ethiopie, qui parlent de même que
ceux de l'Amerique, & qu'on apporte
te très-rarement en Europe, & preſque jamais en Italie.

Etant fort proches de Bamba, j'entendis une cloche, qu'on me dit être
celle de notre Couvent, poſté ſur une
colline, le Pere Michel-Ange l'avoit
fait ſonner pour la Meſſe ; & l'ayant
dite, il nous vint à la rencontre avec
pluſieurs Mores, joüant à leur accoûtumée, de differens inſtrumens. Etant

defcendu pour faire ma dévotion dans
l'Eglife à mon heureufe arrivée; j'entrai
enfuite dans le Couvent, où je trouvai
quatre chambres faites de terre graffe,
couvertes de paille; une allée, avec
un portique, une facriftie, & l'Eglife, bâties de mêmes materiaux. Pendant
que nous nous rendions compte l'un à
l'autre de nos avantures; furvint un
More de la part de la Grande-Du-
cheffe, me faire la bien-venue, témoignant qu'elle fouhaitoit de me
voir; mais comme je me fentois extrêmement fatigué des continuelles
fueurs, je le priai de lui faire mes ex-
cufes, & de l'affurer qu'étant un peu
remis, je ne manquerois pas de lui aller rendre mes devoirs. J'avois beaucoup de befoin de repos; mais la cu-
riofité d'être dans un pays où tout
m'étoit fi nouveau, me fit fortir pour
voir notre jardin, où je ne pûs affez
admirer tant de fruits, non feulement
de l'Afrique; mais auffi de l'Amerique
& de l'Europe, y remarquant tous
ceux que j'avois vû au Brefil. Ceux
de l'Europe étoient des raifins, du fé-
noüil, des cardons, de toute forte de
falades, des courges, concombres, &
plufieurs autres; mais nôn pas des
poires, des pommes, des noix ou

femblables fruits , qui demandent
des pays froids. Le foir , la grande
Ducheffe m'envoya une bouteille de
vin de palme , blanc comme lait. J'en
goûtai un peu ; mais ne revenant pas
à mon goût , ni à celui du Pere Michel-Ange , nous le donnâmes à nos
Mores, qui en firent grand regal ; re-
petant fouvent le mot de *Malaf*, qui
fignifie parmi eux du vin.

Il faut remarquer que dans le
Royaume de Congo, il y a chaque
année deux récoltes. Ils commencent à
femer au mois de Janvier , & ils moif-
fonnent au mois d'Avril. Après cela
ils ont l'hiver , quand nous avons l'é-
té ; mais cet hiver eft un doux printems ou automne d'Italie : les chaleurs
recommençant en Septembre , auquel
mois ils fement de nouveau , & font
une autre récolte en Decembre. Leur
hiver n'eft pas pluvieux ; mais il tombe une rofée tous les matins , qui fer-
tilife la terre.

Le Pere Michel-Ange avoit déja
pris plufieurs Mores à notre fervice ,
& établi un bon ordre dans le domef-
tique. La maifon même & l'Eglife
étant vieilles , & menaçant ruine , il
avoit eu deffein d'en faire bâtir d'autres. Il avoit deftiné deux de nos Mo-

res pour Jardiniers , un pour Cuisi-
nier , un pour Sacristain , deux pour
aller querir l'eau pour boire & apprêter , un autre pour la débite des coquilles qui servent de deniers en ce
pays , & pour en acheter du miel ,
de la cire , des fruits , de la farine de
bled-sarasin ; & enfin notre interprete , qui étoit toûjours avec nous.
Nous trouvâmes quantité de Mores
qui entendoient la langue Portugaise ,
Bamba étant un lieu de passage pour
aller à S. Sauveur , ces Negres ayant
souvent occasion de parler à ceux qui
portent les marchandises que les Marchands Portugais residans à Loanda
font transporter à S. Sauveur. Bamba est une grande ville à soixante-dix
lieuës de la mer , capitale de la Province de ce nom , & assez peuplée à
cause de la résidence du Grand Duc.

J'allai rendre visite à la Grande-
Duchesse ; & nous convînmes ensemble d'envoyer un More au Grand
Duc , pour le solliciter de faire tréve
avec l'ennemi , & de s'en revenir en
son Etat. Cependant , ayant entendu
dire que le Roi de Congo étoit venu
à Pemba , distant de dix journées de
Bemba ; le Pere Michel-Ange me dit
que nous devions prendre cette occa-

sion de lui aller tous deux faire la reverence ; & d'autant plus que ce ne seroient pas des journées perduës , parce qu'en quelqu'endroit que nous passassions , nous aurions plusieurs enfans & plusieurs adultes à baptiser & à enseigner , & pourrions aussi prêcher notre sainte Foi. Nous partîmes donc le jour suivant avec plusieurs Mores que nous donna la Grande-Duchesse , plûtôt pour notre garde que pour autre chose ; ne portant avec nous que ce qui nous étoit necessaire pour dire la Messe , & pour vivre , laissant le reste au logis. Comme nous devions passer certaines montagnes assez desertes ; nous eûmes avis qu'il en étoit sorti plusieurs lions , & qu'il étoit necessaire de les laisser passer & s'enfoncer plus avant dans le bois : ce qui nous obligea pour les y contraindre plûtôt , & ne pas perdre inutilement notre tems , de mettre le feu à la campagne , comme nous avions déja fait en venant à Bamba ; ce qui nous réussit , & le vent portant les flammes çà & là , elles obligerent en peu de tems les lions de se retirer.

Nous eûmes quantité d'enfans à baptiser en chemin , comme nous l'avions prévû ; & étant arrivez à Pem-

ba, nous nous rendîmes à notre hospice, où demeuroit le Pere Antoine de
Saravezze , Capucin de la Province
de Toscane ; qui nous reçût fort cour-
toisement , & fut étonné de nous voir
si jeunes , puisqu'entre nous deux ,
nous ne faisions pas soixante ans. Comme nous lui donnions à entendre notre dessein ; qui étoit de faire la réve-
rence à Sa Majesté , & nous en retourner incontinent à notre Mission de
Bamba ; nous entendîmes dans le même-tems un grand bruit de trompettes , fifres , tambours & cornets , qui
s'approchoient de nous , & le Pere
Antoine nous dit , qu'assurément c'é-
toit Sa Majesté , & que nous n'avions
qu'à sortir , & d'aller saluer. A peine
étions-nous sortis de la Porte du Couvent , que nous rencontrâmes le Roi,
qui étoit un jeune homme More d'environ vingt ans , tout vétu , avec son
manteau d'écarlatte à boutons d'or :
sa chaussure ordinaire est une bottine
blanche sur un bas de soye incarnat ,
ou de quelqu'autre couleur ; mais on
dit qu'il change tous les jours d'habit : ce que j'avois peine à croire ,
dans un pays où les belles étoffes &
les bons tailleurs font rares. Avant lui
marchoient vingt-quatre jeunes gar-

çons Mores , tous fils de Ducs ou
Marquis , qui avoient devant la ceinture , un mouchoir de palme , teint en
noir , & un manteau de drap d'Europe bleu , traînant jufqu'à terre : mais
tous pieds nuds , & têtes nuës. Tous
fes Officiers , au nombre de cent ,
étoient à peu près de même. Après
eux , étoit une foule d'autres Noirs ,
feulement avec un de ces mouchoirs ,
fans couleur.

Proche de Sa Majefté fe tenoit un
Negre , qui portoit fon parafol de
foye couleur de feu , garnie de paffe-
mens d'or ; & un autre qui portoit une
chaife de velours incarnat à cloux
d'or , & le bois tout doré. Deux autres vêtus de cafaques rouges étoient
chargez de fon filet rouge ; mais je ne
fçai s'il étoit de foye ou de cotton
teint ; le bâton étoit couvert de velours rouge. Nous nous inclinâmes &
faluâmes Sa Majefté , qui s'appelloit
Dom Alvarez II. Roi de Congo. Il
nous dit que nous lui avions fait plaifir de venir dans fon Royaume pour
le bien de fes Sujets ; mais qu'il lui feroit encore plus agréable fi nous voulions venir avec lui à Saint Sauveur.
Nous l'en remerciâmes humblement ,
& lui répondîmes que nous étions ne-

cessaires à Bamba , n'y ayant autres
Prêtres dans toute la Province , au
lieu qu'il y en avoit plusieurs à Saint
Sauveur. Nous nous entretînmes ensuite avec lui de plusieurs choses d'Italie & de Portugal ; après quoi il commanda à son Secretaire , qui étoit un
Mulâtre , de nous donner des lettres
de recommandation pour le Grand
Duc ; afin que dans toutes occasions
qui se présenteroient , il ne manquât
pas de nous donner toute sorte d'assistance , soit pour notre Mission , soit
en particulier pour nos personnes.

Sa Majesté nous ayant ainsi expediez , elle nous regala de plusieurs
présens ; comme nous fîmes de notre
côté, de plusieurs bijoux de dévotion
qui ne lui furent pas desagréables ,
étant un Seigneur fort dévot & fort
affable. Nous prîmes congé du Pere
Antoine, & le remerciâmes ; nous en
retournant fort satisfaits d'avoir salué le Roi , & vû avec quelle grandeur
il marche , menant avec lui une si
grande quantité de gens.

Le Roi Alphonse III. en 1646. donnant audience à une Mission de nos
Peres , étoit vêtu avec plus de magnificence. Il avoit une veste de brocard
d'or, semée de pierreries, & à son cha-

peau, une couronne de diamans, &
d'autres pierreries de grand prix. Il
étoit affis fur un fiege, couvert d'un
dais à l'Européene, d'un riche velours
cramoifi, garni de cloux dorez ; & il
avoit fous les pieds un grand tapis,
accompagné de deux carreaux de même couleur & de même étoffe, avec
la crépine d'or.

« Nous fîmes la route affez promptement, ne trouvant aucun obftacle
particulier ; & tous les jours nous
voyons toutes fortes de bêtes, qu'on
eût dit s'être raffemblées là, de toute
la terre. Un jour comme nous chemi-
nions, j'entendis des cris, comme d'un
petit enfant ; & faifant arrêter les Mores, qui marchoient fort vîte, je leur
dis qu'ils priffent garde à cette voix,
pour aller voir ce que c'étoit : nous
l'entendons bien, nous dirent-ils en
riant ; mais c'eft un grand oifeau qui
crie de cette maniere : ce qui étoit
vrai : car un moment après, nous le
vîmes lever de terre, & s'envoler.
C'étoit un oifeau plus grand qu'un
aigle, & de couleur jaune obfcure.
Dans cette corvée que nous fîmes en
allant & revenant, fi nous n'euffions
été payez de nos fonctions eccleffafti-
ques, nous fuffions fans doute morts

de faim. Il est vrai que ceux du pays se
témoignent entr'eux beaucoup de charité : car si nous donnions quelque chose à manger à l'un d'eux , il en donnoit
d'abord un peu au premier qu'il rencontroit, & mangeoient ainsi tous ensemble ; ce qui devroit faire rougir
plusieurs Européens, qui, pour ne pas
donner un peu de pain à un pauvre,
le laissent mourir de faim : ce que je
dis sans faire tort aux autres, qui sont
plus touchez des miseres de leur prochain.

Etant de retour à Bamba, on commença à nous apporter de toute la
Province, des enfans à baptiser. Les
autres venoient pour être mariez ;
quoique ceux-ci soient en petit nombre, & seulement d'entre les principaux & les plus civilisez : car de vouloir reduire toute la populace à ne
prendre qu'une femme, c'est là la difficulté, ne pouvant s'accomoder à cette loi. D'autres nous envoyoient leurs
enfans à l'école, qu'il nous falloit tenir dans l'Eglise, pour la grande quantité qu'il y en avoit ; jusques-là que
les Fêtes, non seulement l'Eglise ,
mais toute la place au-devant en étoit
pleine. Nous disions souvent deux
Messes le jour : il est vrai que d'ordi-

naire , nous allions dire la seconde
dans une autre Libatte , où le Macolonte nous regaloit de faveoles , de
féves & autres fruits , que les femmes
cultivent à la campagne , ne mangeant
presqu'autre chose pendant qu'elles y
sont , & qu'elles travaillent. Quand la
récolte se fait , [ce qui arrive deux
fois l'année,] elles assemblent en un tas
toutes les favéoles , en un autre le
bled turc, & ainsi du reste; puis donnant au Macolonte pour sa subsistan-
ce , & séparant ce qu'ils destinent
pour semer ; le reste est partagé par
cabanne , selon la quantité des gens
qu'il y a. Après toutes les femmes ensemble sément & cultivent la terre ,
pour recüeillir de nouveau leurs moif-
sons ; le terroir étant très fertile , &
noir comme les gens du pays.

Au reste , pourvû qu'ils ayent quelque chose à manger , ils ne se soucient
point de faire de grandes provisions ;
ne se mettant pas même en peine le
matin s'ils auront le soir à souper. Il
m'est souvent arrivé étant en voyage
avec eux , que n'ayant rien à leur
donner , parce que je n'en avois pas
même pour moi : eux , sans se chagriner , prenoient une piece de bois ,
qu'ils tailloient & accommodoient.

pour

pour s'en pouvoir fervir comme d'un
hoyau:ils s'affoyoient à terre, & commençoient à tirer les herbes , trouvant près des racines certaines petites pelottes blanches , dont ils fe nour-
riffoient ; ce qui ne me donnoit pas
peu d'etonnement , puifqu'en ayant
voulu goûter , il me fut impoffible
d'en avaler une feule : & cependant
après avoir fait un fi chetif repas , ils
fautoient , danfoient , & rioient comme s'ils euffent fait un bon feftin.
Quel bonheur pareil à celui-là ? Que
lorfqu'on n'a rien , de ne point s'en
attrifter , ni même fouhaiter ce qu'on
n'a pas. Auffi , s'ils ont quelques
bonnes viandes à manger , ils n'en témoignent guéres plus d'allegreffe , que
quand ils en ont de très-méchan-
tes.

Nos occupations continuoient à
l'ordinaire. Il ne fe paffoit point de
jour que nous ne baptifaffions huit ou
dix enfans , & quelquefois quinze ou
vingt;les pauvres gens même venant de
quelques journées de loin : ce qu'ayant
confideré , nous refolûmes de nous
féparer , l'un demeurant au Couvent ,
& l'autre allant par la campagne. Le
Pere Michel-Ange s'offrit d'aller le
premier dehors , promettant de n'ê-

tre pas plus de quinze jours , & de me
faire fçavoir de fes nouvelles , devant faire aufli mon tour de la même
façon : afin que de cette maniere , &
ceux de la ville, & ceux de la campagne reçuffent quelque foulagement
fpirituel ; ainfi pendant fon abfence
je continuai d'adminiftrer le faint Baptême , & de tenir école. La Grande
Ducheffe avoit deux fils , l'un nommé
Dom Pietro , l'autre Dom Sebaftien ,
qui ne manquoient point d'y venir ,
particulierement pour apprendre le
Portugais. Je leur enfeignois en même-tems les myfteres de la Foi ; & on
reconnoiffoit en eux des inclinations
proportionnées à leur naiffance , quoique Mores , ayant un efprit vif & bien
tourné , apprenant tout ce que je leur
enfeignois , & fe comportant avec des
manieres dignes de tels Princes. De
tems à autre venoient quelques Negres
fe plaindre à moi , qu'un loup lui avoit
dévoré la nuit un de fes enfans ; à
quoi je leur repondois , que voulez-
vous que j'y faffe ? Si vous qui êtes
leurs peres & leurs meres, n'en avez
pas du foin , en dois-je avoir la charge , moi qui ne fçais où vous les laif-
fez aller ? Car à dire le vrai, ils ne
s'en mettent non plus en peine quand

ils font grands , que s'ils n'étoient
point à eux.

Je commençai alors à comprendre
ce que c'eſt que de vivre ſans manger
de pain , ni boire de vin : car bien
que je fuſſe en ſanté, j'avois toutes
les peines du monde à me tenir ſur
mes pieds , ſi abattu que j'étois des
viandes ſi peu nourriſſantes , dont il
me falloit contenter dans ces quartiers-là ; ainſi je me recommandois à
Dieu , à ce qu'il lui plût par ſa bonté
me conſerver la ſanté pour le bien
de ces pauvres Ethiopiens : non pas
tant, à dire le vrai , pour me ſentir
peu capable de ſoûtenir long-tems la
fatigue de nos continuelles fonctions ,
que par la connoiſſance des difficultés qu'il y avoit à voir arriver dans
ce pays d'autres Miſſionnaires qui
vinſſent tenir notre place , & me re-
lever de cet emploi , que j'éprouvois
être au-deſſus de mes forces.

J'entendis une fois , une heure
après ſoleil couché , quantité de monde qui chantoit ; mais d'un ton ſi lugubre , qu'il imprimoit de la frayeur.
Je m'informai de mes domeſtiques ,
ce que cela vouloit dire. Ils me firent
réponſe , que c'étoient les gens de
quelque Libatte qui venoient avec

H ij

leur Macolonte fe donner la difcipline
dans l'Eglife , parce que c'étoit un
Vendredi du mois de Mars. Cela me
furprit , & j'envoyai d'abord ouvrir
les portes , allumer des cierges , &
fonner la cloche. Avant que d'entrer ,
ils demeurerent un quart d'heure devant l'Eglife , agenoüillez , & chantant en leur langue le *Salve Regina* ,
avec un concert de voix fort triftes.
Puis étant entrez dans l'Eglife , je leur
donnai à tous de l'eau-benîte ; & ils
étoient environ deux cens hommes ,
portant de groffes pieces de bois fort
péfantes , pour plus grande penitence. Je leur dis quelques paroles de l'u-
tilité de la penitence , laquelle fi on ne
veut pas fubir en ce monde , on eft
fans doute obligé de la faire en l'autre.
Ils étoient tous agenoüillez , & fe
battoient la poitrine. Je fis éteindre
les lumieres ; & pendant une heure ,
ils fe donnerent la difcipline avec des
cordes de peau d'animaux, & d'écorces
d'arbres. Nous recitâmes enfuite les
Litanies de Notre-Dame dé Lorette ,
& les ayant licentiez , ils retournerent
chez eux , laiffant hors de l'Eglife les
pieces d'arbres qu'ils avoient apporté , qui nous fervirent pour accommoder notre jardin. Cette action fi

merveilleufe en ces pauvres gens , me
confola, & me donna du courage , con-
fiderant combien le bon Dieu vouloit
que ces miferables Ethiopiens , privez
prefque de toute forte d'aide fpiri-
tuelle , reprochaffent un jour aux Européens leur negligence ; puifque ,
non feulement ils n'en font rien , quoiqu'ils en ayent la liberté & la commodité toute entiere ; mais qu'ils mé-
prifent ceux qui le font , les appellant
par mépris , *Hermites Bourreaux de
Chriſt , & cols de travers.* Ce qui foit
dit fans choquer ceux qui n'approu-
vent pas ces paroles injurieufes , &
qui ont des penfées plus conformes à
leur caractere de Catholiques.

Un autre foir après l'*Ave Maria*,
nos Negres qui étoient au jardin
m'appellerent , afin que je vinffe voir
le ciel qui brûloit. Je fortis , dans la
penfée que ce fut quelque feu fur une
montagne. J'apperçus que c'étoit une
des plus grandes comettes que j'euffe
jamais vûë : je leur dis comment cela
s'appelloit , & que c'étoit un figne de
malheur qui devoit arriver au monde , qu'ils euffent à faire penïtence des
péchez qu'ils avoient commis contre
la majefté d'un fi grand Dieu , doux à
fupporter les pécheurs , mais jufte ju-

H iij

ge des impenitens. Ce fut au mois de
Mars de l'an 1668. qu'apparut cette
comette.

On m'apporta un jour quantité de
pelottes comme nos truffes ; mais ces
fruits naissent sur des arbres : & crois-
sent de la grosseur d'un limon. Etant
ouvertes, on y trouve quatre ou cinq
pelotes semblables, rouges par dedans.
Pour les tenir fraîches, ils mettent de
la terre autour, & quand ils les veulent manger, ils les lavent, ils en goû-
tent un peu de chacune, & boivent
de leur eau. Quand on en mange, elles
ont quelque amertume ; mais l'eau que
l'on boit par dessus les rend très-dou-
ces. Ils les appellent en leur langue
Colla, & comme j'avois remarqué que
les Portugais en faisoient grand état à
Loanda, j'en fis chercher, & en envoyai à quelques-uns de ces Messieurs,
mes bons patrons, qui en échange,
m'envoyerent quelque régal de l'Europe.

Le Pere Michel-Ange revint tout
joyeux de sa corvée, ayant baptisé
quantité d'enfans & d'adultes, qui
n'avoient jamais vûs de Prêtres : car
dans tout le Royaume, si vous en ex-
ceptez Saint Sauveur, il n'y a que six
Capucins, qui ont toutes les peines

du monde à fe maintenir en fanté ; &
quand il en meurt quelqu'un, comme
il arrive affez fouvent, ce n'eft pas
une petite affaire d'en pouvoir mettre un autre en fa place. Mon Compagnon étant donc arrivé, il s'appli-
qua à la culture du jardin, d'où nous
tirions notre principale fubfiftance ; &
y ayant trouvé des plants de raifins, il
les tranfplanta fur un côteau. Il fit femer plufieurs graines d'Europe, qui
toutes réuffiffoient parfaitement bien.
Il avoit apporté avec lui beaucoup de
ferremens, parce qu'ayant fait beaucoup de Baptêmes dans une Libatte
voifine d'une mine de fer, il en avoit
fait forger des bêches, des pelés, des
crocs, des haches, & autres uftenfiles
pour le jardinage, & pour la coupe
du bois. Il fit faire auffi douze pointes
aigues de deux pieds de long, pour
les monter fur un bois, & fervir aux
Mores à fe défendre des bêtes en tra-
verfant les deferts : car comme ils font
quelquefois furpris lorfqu'ils y penfent
le moins, ils ne peuvent pas toûjours
fe fervir de leurs arcs.

Le Pere me raconta les accidens
qu'il avoit couru pendant fon abfence : & particulierement, qu'un jour
fuyant les griffes d'une tigreffe, il fut

H iiij

obligé d'entrer bien avant dans un petit bois d'épines , n'y ayant là aucun
arbre pour monter deſſus ; que ſans
cet expedient, il y laiſſoit la vie , comme un de ſes Mores ; qui pour ne pas
ſe piquer la peau en entrant dans les
épines , voulut ſe prévaloir de la vî-
teſſe de ſes jambes, qui ne l'exempte-
rent pas de la mort , ce cruel animal
l'ayant bientôt atteint. Et bien ſervit
au Pere l'habit de Capucin pour reſiſter aux pointes des épines , dont il
eût les jambes percées de tant de
trous , qu'elles ſembloient un crible.

Je partis à mon tour après avoir celebré la ſainte Meſſe , & avec moi
vingt de ceux qui avoient accompagné le Pere Michel-Ange. Je vins en
pluſieurs endroits , où depuis long-
tems il n'y avoit eu aucun Capucin ;
de ſorte qu'en quelques Libattes je
baptiſois plus de cent enfans, prenant
de ceux qui me donnoient quelque
choſe , & faiſant la charité pour l'a-
mour de Dieu à ceux qui n'avoient
rien. J'acceptois auſſi les regals des
Macolontes, qui conſiſtoient en féves
ou faveoles , pour entretenir ceux qui
m'accompagnoient , qui s'offroient de
venir avec nous , pourvû que nous les
nourriſſions. Il y avoit des endroits où

ils fuyoient dès qu'ils m'appercevoient, n'ayant apparemment jamais vûs de Capucins. Après un tour de quinze jours, pendant lesquels je ne repassai point dans les lieux où j'avois déja passé, je me rendis à l'hospice, où je trouvai mon Compagnon occupé au jardin, qu'il avoit accommodé à l'Italienne, & où il avoit planté des vignes, des orangers & des citroniers, de sorte que l'on n'eût pas dit que c'étoit le premier jardin que nous y avions trouvé.

Depuis que cette nation a embrassé la Foi de Notre-Seigneur, il y est resté plusieurs forciers & enchanteurs, qui font la ruine de ces Peuples, d'ailleurs très-dociles. En sorte qu'il est comme impossible au Roi de les extirper; jusques-là que ce Prince qui est très-bon Catholique, a donné la permission à plusieurs des principaux qui sçavent leurs retraites, de mettre le feu à leurs cabannes; mais eux ayant des espions, quoique ce soit de nuit qu'ils s'assemblent, s'enfuyent, & sont rarement pris.

Le Grand Duc étant de retour, venoit tous les jours dans notre Couvent. Il fut tout surpris de voir le changement de notre jardin; particu-

H v

lierement, parce qu'en ces quartiers
la campagne eft toûjours verte, & une
terre étant brûlée en un lieu, l'herbe
y renaît incontinent. Je m'informai
un jour du Grand Duc où étoit-ce qu'il
avoit laiffé fon armée qui étoit de
160000. Mores ? Il me dit que dans
toutes les Libattes où il avoit paffé ,
il y avoit laiffé ceux qui étoient du
pays ; & en effet, en arrivant à Bamba , il ne lui en reftoit pas plus de dix
mille. Il n'y a pas à s'étonner qu'il y
ait là tant de monde ; car n'y ayant
aucune forte de Religieux , & entre-
tenant autant de femmes qu'ils veulent , le pays ne peut pas manquer d'ê-
tre fort peuplé. Un des Rois de Congo mena à la guerre contre les Portugais neuf cens mille Mores ; armée ce
me femble, à faire trembler tout le
monde ; & cependant les Portugais
avec quatre cens hommes, deux pieces
de canon , & le refte ayant des moufquets , lui donnerent hardiment la bataille. Le feul tonnere de cette artillerie , chargée à cartouche , avec la
mort de leur Roi , les mit en fuite. J'ai
parlé au même Portugais qui coupa la
tête à ce Roi , & il m'affura qu'on
trouva les uftenfiles d'or maffif : ce qui
eft caufe qu'à prefent on ne travaille

point aux mines d'or qui font voifines
de celles de fer , dont nous avons parlé, eſt la peur que les Portugais ne leur
faſſent la guerre. Car quelle guerre
parmi les hommes , cet or n'eſt-il
point capable de ſuſciter ?

Il ne ſe paſſoit point de jour que le
•Duc , qui logeoit près de nous , ne
vînt dans notre Egliſe : car il y avoit
une Chapelle de charpente aſſez grande , avec les tombeaux des défunts
Ducs ; ſur leſquels on avoit fait des figures de terre , de la figure de nos
mortiers , teintes en rouge. Il nous dit
un jour qu'il avoit refuſé d'être Roi ,
pour être plus voiſin des Portugais , &
avoir occaſion de boire quelquefois du
vin & de l'eau-de-vie. Nous l'entendions fort bien ; mais nous n'en fai-
ſions pas ſemblant , ne voulant pas
l'accoûtumer à pareilles confidences :
car à peine peut-on avoir du vin pour
dire la ſainte Meſſe , étant neceſſaire
de le faire venir de l'Europe. Ce Duc
marchoit dans le même équipage que
le Roi ; mais avec moins de monde. Il
portoit une petite tunique juſqu'aux
genoux , faite de feüilles de palmes
teintes en noir ; & par deſſus un manteau de drap bleu, avec un bonnet rouge , bordé d'un galon d'or. Il avoit

autour du col un chapelet fort gros ,
avec plus de cinquante médailles; du
reste , pieds nuds comme les autres.
Un fils de quelque Seigneur lui portoit son chapeau , un autre son cime-
tere , & un autre ses fleches. Cinquante Mores jouant en confusion des inftrumens , le précedoient; vingt-cinq
des principaux , & cent archers le sui-
voient. Il n'est pas difficile de trouver
tant de soldats , les hommes n'ayant
aucun métier ; si vous en exemptez
quelques uns qui travaillent au fer ,
ou à ces draps de palme.

Les femmes de bonne maison s'ha-
billent de draps d'Europe , des plus
fins; dont elles font des juppes jusqu'aux talons. Elles se couvrent l'é-
paule, le sein , & le bras gauche d'un
mantelet de même étoffe , ayant le
bras droit nud. Elles vont les cheveux
pendans. Celles de moindre qualité
prennent des étoffes plus communes
pour leurs habits; & celles du commun , des étoffes de palme , dont elles
ont une simple juppe.

Le Pere Michel-Ange me dit un
jour qu'il se sentoit fort accablé, &
d'abord lui survint la fiévre : ce
qui ne me causa pas peu d'inquiétude ;
vû principalément qu'en ces pays-là ,

il n'y a ni Medecins, ni medecine ; mais qu'il faut tout abandonner à la nature. La faignée eft l'unique
remede qui s'y pratique ; & pour cet
effet, j'envoyai querir le Chirurgien
du Grand Duc. C'étoit un More qui
avoit appris fa profeffion à Loanda,
& s'en acquitoit très-bien : car étant
accoûtumé à tirer du fang aux Mores
qui ont la peau noire, il lui étoit encore plus facile d'ouvrir la veine aux
Blancs, à qui elle eft plus apparente.
Pendant fa maladie le Pere Philippe
notre Superieur arriva à Bamba : ce -
qui me fut d'un grand fecours, parce
qu'il poffedoit la langue du pays, &
fçavoit la maniere de traiter un malade dans ces quartiers-là. Je fentois que
moi-même, qui ne me portois pas
trop bien, aurois bientôt befoin de
fon affiftance. Notre malade me fit
connoître que fa maladie feroit la derniere de fa vie, fe fentant fort op-
preffé du mal. Je lui dis quelques paroles de confolation ; & que comme ce
n'étoit qu'une fiévre double-tierce,
il y avoit lieu d'efperer guérifon : que
neanmoins il remît tout entre les mains
de Dieu, & fe refignât à fa fainte volonté. Il fe plaignit auffi un peu de
tems après d'une douleur à l'oreille

gauche, qui lui tenoit encore le col.
Je me doutai que ce fut une parotide,
& j'en parlai au Superieur qui en tomba d'accord. Nous l'oignîmes d'huile
angelique, compofée à Rome, qui
fembloit réüffir à merveille, en em-
portant la douleur de ce côté-là ; mais
elle furvint de l'autre, l'enflure du
gofier augmentant : ce qui nous fit
laiffer l'ufage de notre huile, de peur
qu'elle n'y fît plus de mal que de bien.
Et à la verité à l'entendre plaindre
avec une fiévre fi legere, je crûs bien
qu'il y avoit plus de mal au-dedans,
qu'il n'en paroiffoit à l'exterieur. En
effet, malgré tous les foins que nous
prîmes pour lui, j'eûs le déplaifir de
le voir mourir dans fon quinziéme,
après avoir reçu tous fes Sacremens,
& témoigné une refignation de Saint ;
efperant que le Seigneur qui n'oublie
pas de recompenfer fes ferviteurs, le
fait préfentement joüir du fruit de
toutes fes fatigues.

Mon cœur pourroit mieux exprimer que ma plume la confternation
où me jetta cette perte ; & fans doute,
que fans la préfence de notre Superieur, que Dieu nous avoit envoyé
dans une conjonêture fi fâcheufe, &
qui nous donna toutes les aides tem-

porelles & fpirituelles, j'y euffe auffi laiffé la vie, après en avoir perdu la moitié dans celle du cher Compagnon de mes voyages, que la mort venoit de m'enlever. Il avoit été faigné quinze fois ; & comme je craignois qu'il n'y eût eû de l'excès, je racontai à mon retour fa maladie au Medecin d'Angola. Il me dit qu'il auroit mieux valû le faigner une trentaine de fois ; mais c'étoit fon heure, & la volonté de Dieu.

Le Pere Superieur me voyant auffi avec une fiévre qui s'augmentoit, crût que la Providence divine l'avoit envoyé pour nous donner à tous deux la fépulture, & ne voulut pas partir, fans en voir l'évenement. Il refolut neanmoins de tenter ma guérifon, me faifant faigner deux fois par jour ; ce que je laiffois faire fans dire mot, mais à n'en pas mentir, ce traitement me réduifit à l'extrêmité en peu de jours, m'ayant été tiré quarante fois du fang, fans que la fiévre diminuât. Je me confeffai, & reçûs le faint Viatique, m'étant refté la peau feule colée fur les os. Le Pere, fans la charité duquel, je crois qu'il m'eût fallu mourir comme une bête, voyant que le mal tireroit à la longue, la furie de la fiévre étant paffée ; me

fit connoître que pour le bien de la
Miſſion , il lui falloit indiſpenſable-
ment partir. A peine eus-je la force
de lui dire , en pliant les épaules , que
puiſqu'il ne pouvoit pas retarder ſon
départ , il fît entendre à mes Negres
comment ils auroient à me gouverner , & qu'il me fît la grace de m'envoyer Frere Michel d'Orviete , avec
qui j'avois voyagé, & qui ſçavoit bien
traiter les malades. Il le promit ; mais
ſes ordres s'étant égarez , il ne parut
point. Je reſtai donc dans le lit , ſans
me pouvoir remuer ; & le pis étoit ,
que tant de ſang qu'on m'avoit tiré ,
m'avoit fait preſque perdre la vûë :
& dans cet état, demi-vif, & demi-
mort , j'étois à la diſcretion des Ethiopiens , qui me déroboient ce qu'ils
pouvoient , & m'apportoient , quand
ils s'en ſouvenoient , une écuellée de
boüillon ; ne pouvant rien avaler de
ſolide , & ayant même tous les alimens en averſion.

Un jour que j'étois plus accablé de
la triſteſſe & de la mélancolie , que
du mal-même , je reçûs viſite d'un
Jeſuite Portugais qui venoit de Saint
Sauveur , & s'en retournoit au Colle-
ge de Loanda. Quand il m'eût vû dans
un état ſi pitoyable : Quoi mon Pere,

me dit-il, vous êtes si mal, & vous
demeurez encore dans ces deferts ? Je
fuis venu, lui répondis-je, fort fain
dans ce pays ; mais après avoir perdu
mon Compagnon, je fuis auffi tombé
malade, & il y a déja quelques mois
que je combats contre la mort ; mais
Dieu ne veut pas, à ce que je vois,
qu'elle ait le deffus ; quoique ce foit
un de mes fouhaits. Il me confola pendant les deux jours qu'il demeura avec
moi, & me régala de quelques poules, qui me furent d'autant plus agréa-
bles venant de fa main, que pour leur
rareté. Nous nous confeffâmes l'un à
l'autre, me témoignant qu'il étoit
bien-aife d'ufer de cette précaution,
ayant à paffer par plufieurs endroits,
où le feu qu'on mettoit aux herbes déja feches, faifôit courir les bêtes féroces par la campagne. Il m'affura
même qu'en venant, il lui avoit fallu
monter fur un arbre, quoiqu'il ait foixante Mores avec lui, pour éviter la
mort dont ils avoient été menacez par
la rencontre de deux tigres. Auffi ne
faut-il pas croire ce qu'ont dit quelques Auteurs, que les tigres n'atta-
quent point les Blancs, mais feulement
les Noirs.

Après fon départ je reftai avec mon

infirmité ordinaire. Ce qui me confo-
loit étoit que je baptifois tous les jours
dix ou douze enfans ; & ne me pouvant pas tenir tout feul affis fur le lit ,
je me faifois foûtenir par deux Mores , un autre tenant le Livre , & un
autre le Baptiftaire ; recevant ce qu'on
me préfentoit d'aumône , non pas
pour moi , qui ne pouvoit goûter d'aucune viande , mais pour mes domefti-
ques , qui m'auroient tous abandonnez s'ils n'avoient pas eû à manger. Je
fis plufieurs mariages des principaux.
L'un d'eux me donna une chévre par
aumône , dont je me mis à prendre
tous les jours le lait, qui étoit à la verité en petite quantité; mais il eft efti-
mé dans ce pays-là comme un grand
régal. J'avois cela de bon dans mon
indifpofition , que je dormois toute la
nuit, qui eft de douze heures , ne va-
riant pas demi-heure dans toute l'année. J'aurois volontiers avalé quelque œuf ; mais on les y défend aux malades, étant même eftimez mal-fains à
ceux qui fe portent bien , pour être
trop chauds dans ces quartiers-là. Pendant que j'étois ainfi fur la litiere ,
plufieurs eftropiez me venoient demander l'aumône , & je leur diftribuois de
ces coquilles qui fervent de monnoye ,

dont il en faut 3500. pour faire une piftole. C'eft le nombre qu'on en donne pour une poule : car à Lifbonne une poule vaut un écu : au Brefil une piaftre ; à Angola un feguin ; & à Congo une piftole ; ce qui me paroît moins qu'un écu à Lifbonne.

J'avois mon lit contre la muraille, qui étoit de terre graffe mal ajuftée ; & qu'on pouvoit juftement appeller un nid de fouris. En effet, il y en avoit de fi groffes, & en fi grande quantité, que j'en étois fort incommodé, ne manquant point toutes les nuits de venir fur moi, & de me mordre les doigts des pieds : ce qui interrompoit fort mon fommeil. Voulant y remedier, je fis mettre mon lit au milieu de la chambre ; mais cela n'y fervit de rien : car ces maudites bêtes m'y fçavoient bien trouver. Je fis étendre des nattes dans la chambre tout autour du lit, pour y faire dormir mes Mores, & me défendre, non feulement des rats ; mais même des autres bêtes farouches, en cas qu'il en fût venu. Cette précaution me fut inutile ; & il ne fe paffoit point de nuit que je ne fuffe incommodé des rats. Une autre confidération m'obligeoit à tenir ces Mores dans ma cham-

bre ; c'est que j'étois bien-aise qu'ils
vissent ma maniere de vivre, & fussent témoins de ma conduite ; ce pays
n'étant pas plus exempt que les autres de la médisance.

Je pris la liberté de faire confiden-
ce au Grand-Duc de l'incommodité
que je souffrois des souris, & de la
puanteur de mes Mores, qui avoit
toûjours quelque senteur sauvage &
désagréable. Il me dit qu'il me donneroit un remede infaillible à ces
deux inconveniens ; & que s'il l'avoit
sçu plûtôt, il n'auroit pas manqué de
me l'envoyer. C'étoit un petit singe
qui me garantiroit des rats, en soufflant dessus quand il les apperce-
vroit, & qui chasseroit la mauvaise
odeur par celle de sa peau, qui sentoit le musc. Je lui fis mille remercie-
mens de la charité qu'il vouloit avoir
pour moi ; & lui dis que j'attendois
de lui cette faveur. Il m'envoya ce
singe privé, que je mettois au pied de
mon lit ; & qui s'acquittoit parfaitement bien de son emploi : car lorsque
les souris venoient à leur ordinaire, le
singe souffloit fortement deux ou trois
fois contre eux, & les faisoit fuïr. De
même, l'odeur du musc dont il parfu-
moit ma chambre, corrigeoit la mau-

vaife fenteur des Mores. Ces finges
ne font pas les mêmes animaux que
ces efpeces de chats qui portent la civette : car j'ai vû plufieurs de ces ci-
vettes à Loanda , où on les tient en-
fermez dans une cage de bois , ou bien
attachés avec une chaîne de fer ou
d'argent : le maître enleve toutes les
femaines avec une cuillier la civette ,
qu'ils appellent *Argeglia* , & qui fe
trouve dans une bourfe entre les jambes de derriere. Enfin le petit finge
me fervit à merveille , non feulement
pour ce que j'ai dit ; mais encore pour
me tenir la barbe & la tête nette , &
peignée mieux que n'auroit fait un de
ces Mores. Et à n'en pas mentir , on
auroit moins de peine à inftruire ces
finges que des Negres : car ceux-ci
ont affez de peine à apprendre à faire
bien une feule chofe ; & ceux-là font
tout ce qu'on veut avec adreffe.

Je commençois à peine de me porter un peu mieux , quoique la fiévre
ne m'eût point quitté , lorfqu'une nuit
pendant mon fommeil , je fentis le
finge , qui étoit fauté fur ma tête. Je
crûs que les rats lui avoient fait peur ,
& je voulus l'appaifer en le careffant.
Mais en même-tems fe leverent les
Mores , en criant , dehors , dehors ,

Pere. Moi qui étois déja réveillé, leur
demandai ce qu'il y avoit de nouveau.
Les fourmis, me répondirent-ils, font
forties, & il n'y a pas de tems à perdre. Comme il m'étoit impoſſible de
me remuer, je leur dis qu'ils me por-
taſſent au jardin ; ce qu'ils firent , &
quatre d'entre eux m'enleverent fur
ma paillaſſe. Leur promptitude ne me
fut pas inutile : car déja les fourmis
commençoient à monter par mes jambes ; & à me voler fur le corps. Après
les avoir fecouez , ils prirent de la
paille , & mirent le feu au pavé de
quatre chambres , où les fourmis é-
toient déja plus hautes d'un demi-pied.
Il falloit qu'il y en eût une effroyable
quantité ; puiſqu'outre les chambres,
tout le portique & le promenoir en
étoient pleins. Etant confumées par le
feu, de la maniere que j'ai dit ; ils me
rapporterent dans la chambre , où la
puanteur étoit fi grande , que je fus
obligé de tenir le finge près de mon
viſage. Ayant fait battre les nattes , à
peine eûmes-nous dormis demi-heure , que je fus éveillé par une lueur
comme d'une flamme de feu à la porte de la chambre. J'appellai mes gens
pour voir ce que c'étoit. Ils trouverent que le feu s'étoit mis au toît qui

étoit tout de paille ; & craignant qu'à
cause du vent le feu ne s'augmentât,
je me fis porter derechef au jardin.
Le feu étant éteint, nous tâchâmes de
reprendre le sommeil ; mais tout ce
tracas m'avoit trop agité, & cette fâcheuse nuit n'étoit pas encore achevée, que j'entendis une grande ru-
meur près de nous. J'éveillai mes Mores pour se tenir à lerte, en cas qu'il y
eût quelque nouvelle armée de bêtes
à combattre. Un d'eux prit une des
hallebardes que le Pere Michel-Ange
avoit fait faire, & sortit pour voir
d'où venoit ce tintamare. Il nous revint dire que les fourmis s'étant de
nouveau jettez dans une cabanne voisine, ils y avoient mis le feu comme
nous ; mais que comme elle étoit toute de paille, elle avoit brûlé, aussi
bien que les fourmis : ce qui avoit fait
sortir les Mores chacun de chez eux,
de la peur qu'ils avoient que le vent
ne portât les flammes aux environs,
& que tout le quartier ne brulât. J'en
fus quitte pour me faire reporter une
autrefois au jardin, remerciant Dieu
de ce qu'il m'avoit délivré des fourmis : car si j'eûs été seul attaché à un
lit sans me pouvoir remuer, comme
je me trouvois alors, il est certain

qu'elles m'eussent dévoré tout vif.
C'est ce qui arrive souvent au Royaume d'Angola, où l'on trouve le matin des vaches que les fourmis ont
mangez pendant la nuit, sans qu'il en
reste autre chose que les os. Ce n'est
pas peu que d'en pouvoir échapper :
car il y en a qui volent, & qui font
mal-aisées à chasser de l'endroit où elles s'attachent ; mais graces à Dieu,
mon corps tout vivant ne leur servit
pas de pature.

On me donna un jeune tigre que
j'eus pourtant quelque repugnance à
entretenir, d'autant plus que le singe
ne vouloit pas demeurer avec lui sur le
lit. Je lui faisois boire du lait de che-
vre pour le nourrir ; mais il ne vécut
pas long-tems, & je n'en fus pas fâché, ne prenant point trop de plaisir
à voir cette belle bête devant mes
yeux, quoique petite & incapable de
faire encore le métiér de ses parens.
Les visites du Grand-Duc me conso-
loient beaucoup, & quand il ne pouvoit pas venir, il m'envoyoit de ses
sattrapes qui demeuroient trois ou
quatre heures assis autour de moi sur
les nattes. Mais comme ils avoient
toûjours la pipe à la bouche, & que la
fumée m'entêtoit extrêmement ; je fus

contraint

contraint de leur dire que s'ils vouloient venir, ils me feroient plaisir ;
mais que pour l'amour de Dieu, ils ne
prissent point de tabac chez nous) :
d'autant plus qu'ils ont de certaines pipes grandes comme un petit pot, avec
un tuyau d'une aulne de long, qui ne
font jamais épuisées. Ils eurent cette
complaisance pour moi ; & quand ils
venoient ils laissoient leurs pipes au
jardin.

Je ne trouvai point d'autre remede
à mes maux, que de me recommander
à Dieu, par l'intercession du glorieux
saint Antoine de Padouë. Finalement
après de longues résolutions, je me
déterminai à me faire porter à Loanda, nonobstant que je prévisse bien la
fatigue du voyage, & que je ne trou-
vasse point de Negre qui me voulût servir d'interprete. J'en parlai
au Grand Duc qui me promit beaucoup de Mores ; mais il ne m'en fournit pas assez pour emporter toutes mes
hardes, qui furent par ce moyen au
pillage, ayant été obligé d'en laisser
une partie. Je pris une route differente de celle par où nous étions venus,
& je ne repassai point par Dante. Tous
ces pauvres Ethiopiens, accourus en
foule à mon départ, venoient me té-

moigner le déplaifir que je leur laiffois en les abandonnant ; & je les con-
folois par l'efperance de mon retour fi
Dieu me faifoit la grace de guérir.

J'allai jufqu'à la premiere Libatte
fans interprete. Il eft vrai que j'en fçavois affez pour me faire entendre. Je
fouffris tout ce qu'on peut bien s'imaginer dans l'état où j'étois ; jufques-
là que j'avois des remords de con-
fcience de m'être mis en fi grand danger , comme fi j'euffe voulu tenter
Dieu. Mais la confiance que j'avois en
faint Antoine , que j'avois pris pour
mon Patron , étoit telle , qu'il me
fembloit de le voir marcher devant
mon filet. Pendant ce voyage qui dura vingt-cinq jours , je ne pouvois
ouvrir la bouche jufqu'au foir ; de-
forte que les Mores vinrent fouvent
regarder fi je n'étois point mort. Un
jour que nous avions à paffer une riviere, ils découvrirent environ vingt-
cinq éléphans qui y étoient allez boire ; ce qui les mit en grande peine , &
les fit attendre jufqu'à ce que s'étant
allez , ils prirent un autre chemin que
le nôtre. Ayant traverfé la riviere ,
non fans danger, les deux Mores qui
me portoient, montant fur une éminence , ne tinrent pas bien les bâtons ;

& me laisserent tomber lourdement à
terre ; ce qui m'étourdit entierement :
le bâton m'ayant de plus meurtri la
tête, & failli à me la casser. Ils me re-
leverent ; & je me liai la tête d'un
mouchoir, sans dire une parole ; craignant que si je me plaignois d'être
blessé, ils ne me laissassent là, & ne
s'enfuissent dans quelque bois : ainsi
je crûs qu'il valoit mieux se taire, que
de parler à des gens sans pitié.

Etant arrivé à une Libatte, ils me
laisserent tout seul dans une cabanne
sur un peu de paille, & m'emporterent *mon bâton* que j'avois apporté d'I-
talie ; j'avois fait resolution de ne me
chagriner de rien. Je prenois garde
s'il ne paroîtroit personne, me trouvant fort abattu de n'avoir rien pris.
Mais de tout le jour personne ne parut, jusqu'au coucher du soleil, que
les femmes revinrent du travail de la
terre, avec leurs enfans. Je les priai
deme faire cuire une poule que j'avois
portée avec moi. Me l'ayant très-bien
accommodée, j'en pris un boüillon,
& leur donnai la poule, dont elles
firent grande fête & grand festin. Ce
fut ma nourriture pendant tout le
voyage ; sçavoir une écuellée de boüillon par jour. Elles me donnerent deux

niceffes , qui font fi rafraîchiffans & fi délicats , que je ne pûs m'empêcher d'en manger ; quoiqu'avec circonfpec- tion , de peur de donner occafion au mal de redoubler.

Le lendemain on me porta à une Libatte , où je trouvai tout le monde qui travailloit aux étoffes de feüilles de palmier ; & qui par confequent ne vouloit pas laiffer la befogne pour me voiturer. Les voyant obftinez , & ne fçachant quel parti prendre , je m'a- vifai d'un fac de coquilles appellées *zimbi* , que j'avois avec moi , & com- mençai à les appeller ; mais ils fai- foient les fourds , quoiqu'ils fuffent dans les cabannes voifines , affis à ter- re près de leur feu. C'eft-là leur pof- ture ordinaire : dès que le foir eft ve- nu , & que les femmes font retour- nées des champs avec leurs enfans , ils allument du feu au milieu de leur hutte , s'affeoient autour à terre , & mangent de ce qu'ils ont apporté ; puis ils difcourent enfemble , jufqu'à ce que le fommeil les renverfe , paffant ainfi la nuit fans autre ceremonie. Voyant qu'il ne me fervoit de rien d'appeller & de crier , je me traînai du grabat élevé d'un pied de terre , où l'on m'avoit pofté , & allant à quatre

pieds jusqu'à la porte de la cabanne ;
j'appellai un *Muléche* qui joüoit avec
ses Compagnons ; & me faisant aider , j'ouvris une valise , d'où je ti-
rai un sac de *zimbis* , & maniant le
sac pour les faire sonner , j'attirai vers
moi ces Mores obstinez , & leur dis
que s'ils me portoient à l'autre Libatte , je leur en donnerois. Ils s'y accor-
derent ; mais n'étant pas assez de monde pour toutes mes charges , on en
laissa une partie , qui fut à leur discrétion. Il fallut prendre patience : &
enfin à force de *zimbis* , de rosaires ,
de médailles , de chapelets , j'arrivai
à Bemba , premier lieu des Portugais.

Je fus rencontré en ce Bourg-là
d'un Portugais qui y demeuroit avec
un Prêtre originaire de la même nation , mais né en Afrique. Ils m'emporterent chez eux , & me voyant
jaune comme safran , ils me dirent :
Comment, Pere, vous voyagez dans
ces deferts en cet état ? Je ne pûs leur
répondre , ni ouvrir les yeux. Eux ,
apprenant de mes porteurs , que je
n'avois pris qu'une écuellée de boüillon par jour , ni parlé pendant toute
la route , tâcherent à me faire revenir avec de la malvoisie & des œufs
frais. Etant un peu restauré , je vis

tout leur monde qui pleuroit autour
de moi. Je leur dis qu'il ne m'étoit
rien arrivé, que je n'euſſe prévû en
partant d'Italie ; & que j'avois fait
mon compte, comme ne devant pas
revenir de ce pays, ſelon le deſtin ordinaire des Miſſionnaires qu'on y en-
voye. Je demeurai là deux jours, &
les ayant remercié de toutes les cour-
toiſies & charités qu'ils avoient exer-
cé envers moi, je me rendis à Loanda. Le Gentilhomme Portugais voulut abſolument m'y accompagner. J'y
fûs reçû avec careſſe des principaux
de ma connoiſſance, étonnez de me
voir encore à la verité, avec un viſage de mort. Ils m'envoyerent des ra-
fraîchiſſemens ; mais n'ayant aucun
appetit, je n'en goûtois point. J'y fûs
ſix mois ſans me pouvoir lever du lit,
& ſans que la fiévre m'abandonnât. J'a-
vois la viande en averſion, & je ne
mangeois ſeulement qu'un peu de poiſſon. Après ce tems-là, je jettai le
ſang par le nez, & j'en perdois trois
à quatre livres par jour, comme ſi on
ne m'eût point ſaigné de toute ma maladie. Les chaleurs que je ſouffris ſur
mon amacas n'y contribuerent pas
peu. J'étois ſurpris qu'un corps eût
tant de ſang. Le Medecin me dit que

l'eau que je bûvois fe tournoit en fang;
& j'en bûvois cinq à fix bouteilles par
jour. Auffi en laiffent-i s boire aux malades tant qu'ils veulent. Ce Medecin
pour faire diverfion, me fit tirer vingt-
quatre fois du fang : car j'ai tenu un
petit regiftre de ce qu'on m'en tira
pendant mes trois années de maladie;
ce qui fe monta à quatre-vingt-dix-
fept fois, fans compter le fang qui me
fortit en furieufe quantité des nari-
nes, de la bouche, & des oreilles : ce
qui femble tenir du prodige.

Pendant mon féjour à Loanda, le
R. P. Jean Chrifoftome Superieur à
Loanda, arriva avec deux ou trois
Religieux de notre Miffion, qui eurent peine à me reconnoître; & qui
furent encore plus furpris d'apprendre que la plûpart des nôtres étoient
morts dans ce pays. Le Pere Superieur
voulant pourvoir le pays de Maffangano un des principaux des Royaumes,
de Miffionnaires, y envoya le Pere
Pierre de Barchi, & le Pere Jofeph-Ma-
rie de Buffette ; & dans peu de jours
il vint nouvelle que l'un étoit mort,
& que l'autre étoit à l'extrêmité : ce
qui toucha fenfiblement le Superieur,
après avoir eû affez de peine de les
amener d'Italie. Ce qui fait voir le

I iiij

peu de sympatie de ce climat avec notre temperamment. Je priai le Pere Superieur de m'envoyer à *Colombo* à deux
journées de Loanda , pour tâcher de
me remettre. J'y allai avec le Pere
Jean-Baptiste de Sallifano dans une
maison de nos Peres , proche de la riviere de Coanza , où il y a plusieurs
crocodiles. Nous y avons un très-
beau jardin de citroniers , orangers , & autres fruits. On m'apporta
un cedre si gros , que je le pris pour
une orange. Il y a un fruit de l'Afrique,
comme nos pommes de paradis , à
l'extrêmité duquel vient une châtaigne peu differente des nôtres. On ne
mange pas la pomme , parce qu'elle
est pleine de fibres ; mais on en succe
le suc , qui a le goût de muscat ; la cha-
taigne se cuit , & a le goût de nos
amandes. Elle est fort chaude , mais la
pomme est froide. On l'appelle *Be-*
sou ou pomme d'Acajou.

Près de là habitent plusieurs Fermiers des Portugais , qui entretien-
nent quantité de pourceaux , de vaches , de brebis ; mais ils ne sçavent
point faire le fromage , étant très-difficile d'y faire cailler le lait. Nous
prenions quelquefois le frais sous une
très-belle allée d'arbres de dix pas de

large, qui est depuis l'Eglise jusqu'à
la riviere. Ces arbres portent certains
fruits comme les brignoles, mais fort
âpres. Ils ne perdent point leurs feüilles de toute l'année. Un jour que nous
nous promenions sous cette allée,
nous apperçûmes un grand serpent
qui passoit l'eau pour venir de notre
côté. Nous voulumes le faire retirer
en criant, & lui jettant des mottes de
terre, à faute de pierres qu'on n'y
trouve point ; mais malgré nous il
passa, & s'alla camper dans un petit
bois de roseaux proche de la maison.
Il y en avoit là de vingt-cinq pieds de
long & de la grosseur d'une poutre,
qui ne faisoient qu'un morceau d'une
brebis. Quand ils en ont avalé quelqu'une, ils se mettent au soleil pour
la digérer. Les Mores qui sçavent leur
coûtume, les épient & les tuent pour
en faire un bon repas : car ils sont gras
à lard ; & après les avoir écorché, ils
n'en ôtent que la tête, la queue, &
les entrailles.

Le Pere Jean-Baptiste me racontoit
les voyages qu'il avoit fait dans ces
quartiers d'Afrique ; & entre autres,
comme il avoit été à Cassangi, où se
tient un Prince More qui commande
un très-grand Pays, & à qui on donne

le titre de Grand Seigneur : qu'il étoit
arrivé dans un tems où se faisoit la
fête de sa naissance d'une maniere toute
particuliere. Il fait venir dans une
grande campagne tous ceux de son
pays qui peuvent cheminer. Ils laiffent seulement une place où sont plusieurs arbres, sur lesquels on accom-
mode des loges pour y placer le
Grand Seigneur, & les principaux de
son Royaume, qui y montent au son
de plusieurs instrumens. A un arbre
séparé des autres, est attaché un des
plus furieux lions du pays. Le signal
étant donné on lui coupe l'attache ; &
il commence après quelques rugisse-
mens à se jetter sur les premiers qu'il
rencontre. Eux, au lieu de fuir, ac-
courent de tous côtez pour le tuer ;
étant obligez de le faire sans aucune
arme, & s'estimant bien fortunez de
mourir devant les yeux de leur Prince. Le lion avant que d'être las en
tuë beaucoup, & fait payer bien cher
sa mort, demeurant à la fin accablé par
la multitude. Après cela, les vivans
changent les morts, & accompagnent
le Roi avec mille cris d'allegresse jufques dans son palais ; faisant par tout
retentir, *vive le Grand Seigneur de
Cassangi.* Voilà de quelle maniere ils

solemnifent cette fête , dont le Pere
m'affuroit avoir été témoin oculaire.
Invention , à la verité , diaboli-
que , & digne de ces peuples barbares.

Il me difoit auffi qu'il vouloit aller
au Royaume de Malamba ou Mat-
tamba , où il y avoit eû depuis peu la
Reine *Zingha*, qui étoit morte Catholique; mais qu'après fa mort fes Peuples
avoient abandonné la Religion Chrétienne , & repris leurs anciennes fuperftitions. Je convins avec lui d'y
aller , s'il pouvoit avoir la liberté
d'entrer dans le pays , pourvû qu'il
m'envoyât querir ; mais étant parti,
je n'eûs point de fes nouvelles , & je
demeurai feul avec deux Mores à *Colombo*. Je n'y baptifois que très-peu
de monde , le pays des environs étant
tout poffedé par les Portugais : il eft
vrai qu'il y arrivoit fouvent des barques chargées d'efclaves qu'il falloit
baptifer. On m'apportoit pour l'eau
du Baptême , du fel foffile des montagnes voifines , qui étant pilé , eft très-
blanc. Les Pêcheurs prirent pendant
que j'étois-là un grand poiffon , rond
comme une rouë de caroffe , qui avoit
au milieu deux mamelles , & au-deffus plufieurs trous qui lui fervoient

pour voir , oüir , & manger ; la bouche étant d'un pan de large. Ce poiſſon eſt très-délicat à manger , & ſa
chair ſemble celle d'un veau de lair.
On fait de ſes côtes des chapelets pour
étancher le ſang ; mais les ayant éprou-
vez ſur moi , ils ne me ſervirent de
rien ; cette indiſpoſition même s'aug-
gmentant , juſques-là qu'on me crût
une fois mort : ce qui obligea le Pere
Superieur de me faire revenir à Loanda. La crainte de me remettre en mer ,
me faiſoit reſoudre mal-volontiers ,
de ſortir de *Colombo* ; quoique d'ailleurs le poſte fût peu tenable , y étant
d'un côté incommodé jour & nuit
d'une infinité de couſins & de mouches dont l'air étoit obſcurci ; outre la
crainte où on etoit des ſerpens , des
crocodiles , & des lions , qui ne paſſoient pas une nuit ſans venir manger
quelque vache , quelque veau , ou
quelque brebis.

On chargeoit à Loanda dans ce
tems-là un vaiſſeau pour le Breſil.
Ayant reçu mon congé pour retourner en Italie , je parlai au Capitaine ,
qui me reçût très-volontiers , s'eſti-
mant trop heureux d'avoir un Prêtre
en ſa Compagnie , & particulierement un Capucin : car non ſeulement

les Portugais, mais aussi les Negres, ne peuvent assez admirer de nous voir ainsi entreprendre des corvées dans ces pays barbares, sans autre interêt que celui du salut du prochain, & de la propagation de la Foi Catholique. Je me souviens qu'un jour le Grand Duc de Bamba m'envoya plusieurs Mores pour être mes esclaves; ce que je ne voulus pas accepter, les lui ayant renvoyé. Je lui dis ensuite que je n'étois pas venu en son pays pour faire des esclaves, mais plûtôt pour délivrer de l'esclavage ceux que le démon y tenoit misérablement assujettis.

Ce vaisseau où je me rendis lorsqu'il fût prêt à démarer, étoit chargé de dents d'éléphans, d'esclaves, qui se montoient à six cens trente, hommes, femmes, ou enfans. C'étoit un spectacle digne de compassion, de voir de quelle maniere étoit accommodé tout ce monde. Les hommes étoient debout à fond de cale, serrez les uns contre les autres par des pieux, de peur qu'ils ne se soulevassent, & tuassent les Blancs : les femmes étoient sous la seconde couverte; & celles qui étoient enceintes, à la chambre de poupe : les enfans, sous la premiere, serrez comme des harangs dans un baril : ce qui faifoit une puanteur & une chaleur infupportables. Le Capitaine m'avoit fait accommoder un lit fur le châ:eau de pou e , avec des nattes pour me deffendre de la pluye & de la rofée.

Ce voyage fe fait ordinairement en un mois ou trente-cinq jours au plus ; parce qu'il n'eft pas befoin d'aller au Cap de Bonne Efperance prendre le vent , mais qu'on vient en droite ligne. Nous en employâmes neanmoins cinquante , étant demeurez en calme plufieurs jours pendant lefquels nous fouffrîmes d'extrêmes chaleurs , navigeans fous la Ligne. Comme nous n'avancions point , le Capitaine me pria de baptifer quelques Mores embarquez des derniers ; y ayant défenfe , fous peine d'excommunication , de mener des Noirs au Brefil fans être baptifez ; ce que je fis , en leur enfeignant les principes de la Foi.

Les Portugais qui reconnoiffoient que le calme où nous étions , n'étoit pas fans danger , foit à caufe des grandes ardeurs du foleil , foit parce qu'. ayant tant de bouches , les vivres fe confumoient peu à peu ; prirent un jour la ftatuë de faint Antoine, qu'ils appuyerent à un des mats. Cela étant

fait, & ayant recité quelques Oraifons, il s'éleva un petit vent qui nous
fit avancer chemin, & nous caufa
beaucoup d'allegreffe. Nous paffâmes
fort proche de l'Ifle appellée l'*Affom-
ption de Notre-Dame*, où nous ne touchâmes point, ne croyant pas d'avoir
befoin d'aucune chofe. Cependant
comme le voyage devenoit plus long
que nous n'avions prévû, nous commençames peu de jours après à manquer de vivres, le Pourvoyeur n'a-
yant pas bien confideré le grand nombre de perfonnes qu'il y avoit à nourrir.

Le Capitaine s'en vint à moi tout
défolé, & me dit: Mon Pere, nous
fommes tous morts, ç'en eft fait : il
n'y a plus de remede. Comme je me
trouvois avec ma fiévre ordinaire, &
un plat de fang devant moi ; je lui dis
que cette nouvelle ne m'étonnoit pas,
& qu'ayant perdu tant de fang, je
croyois bien ne pas faire la vie longue.
Mais il me fit comprendre qu'il parloit en general de tout le vaiffeau,
qu'on manquoit de vivres, quoiqu'on
fut encore en pleine mer, fans découvrir aucune terre. Pour lui donner
quelque confolation, je lui dis qu'il
regardât au caiffon de poupe ; que je

me souvenois que mes amis de Loanda m'avoient donné quelques provisions, qui pourroient enttetenir quelque tems les Blancs du vaisseau ; que pour les Noirs, s'il en mouroit, il falloit prendre patience, puisqu'on n'y pouvoit pas remedier : que neanmoins, puisqu'il y avoit encore quarante bottes d'eau, on leur en donnât ce qui leur seroit necessaire & que ces pays étant très-chauds, ils pourroient au moins vivre deux jours d'eau seule. Que cependant Dieu nous pourroit envoyer quelque assistance; qu'il falloit mettre sa confiance en lui, & ne point s'abandonner au desespoir.

Je voulus aussi donner quelque consolation à tous ceux du vaisseau, & leur imposer silence ; mais cette fâcheuse nouvelle que je leur voulus annoncer étant déja venuë à leurs oreilles, les petits garçons commencerent à crier misericorde : les hommes les entendant, entonnerent les mêmes cris ; & les femmes acheverent ce concert lugubre, qui auroit jetté la terreur dans l'esprit des plus assurez. Finalement, s'étant un peu appaisez, je commençai à les exhorter en Portugais, de s'assurer en la misericorde de Dieu, qui n'abandonne jamais ceux qui fe confient de tout leur cœur en lui ; leur ajoûtant que Dieu nous envoyoit cette affliction pour nos péchez , & pour les blafphèmes dont ils deshonoroient fon faint nom ; & peut-être, à quelqu'un d'eux , pour être entrez dans le vaiffeau fans fe confeffer. Puis retournant du côté des Blancs, je leur dis que le mauvais exemple qu'ils donnoient à ces nouveaux Chrétiens en s'enyvrant tous les jours d'eau-de-vie , leur avoit auffi attiré ce châtiment : que la fainte Vierge devoit auffi être indignée contre eux de ce qu'ils avoient donné fon nom digne de tout refpect, à une piece de corde, dont ils frappoient les Mores ; ce qui n'étoit pas pour la perfuader que nous la cruffions Mere de Dieu. Tous ces difcours leur firent crier de nouveau mifericorde ; mais avec une plus fincere intention qu'au commencement. Après les Hymnes de la fainte Vierge, que je leur fis reciter, ils firent vœu de faire dire quatre-vingt Meffes, quarante pour les ames du Purgatoire , & quarante à l'honneur de faint Antoine.

Les efprits étant un peu calmez, le Capitaine fit diftribuer à chaque More une écuellée d'eau ; mais ces pau-

vres gens, & particulierement les enfans, commencerent à crier, à la faim.
La compassion dont ces pleurs me tou-
choient, sans y pouvoir donner ordre, me fit retirer dans mon lit de
nattes Je demeurai aussi un jour sans
manger, de peur qu: s'ils me voyoient
manger, leur faim n'en fut augmentée. Il y avoit apparence que si Dieu
ne faisoit quelque miracle, c'étoit absolument fait de nous.

Discourant de cela, j'en entendis
qui commençoient à proposer de se
nourrir de chair humaine; tant le desespoir leur avoit troublé l'esprit! De
quoi je les blâmai fortement, leur
protestant que plûtôt de permettre
qu'on fit mourir quelqu'un pour en
faire vivre un autre, je serois le plus
prêt à sacrifier ma vie, si cela pouvoit
aider de quelque chose à prolonger
celle des autres. Avec toute cette
mortification, on ne laissoit pas de
faire de méchans coups dans le vais-
feau. Le Pilote yvre blessa à mort un
Marinier; mais comme il étoit le plus
experimenté, il fallut lui pardonner,
& prendre patience. A la fin Dieu
ayant pitié de nous, fit que nous découvrîmes la terre. On demeura trois
jours sans manger; l'eau même étant

toute achevée quand on arriva. Mais qui pourroit exprimer l'allegreſſe qui ſuccéda au deſeſpoir précedent ? A entendre tous leurs diſcours, on eût pris tous ceux du vaiſſeau pour autant de perſonnes hors de leur bon ſens. Je remarquai que le vaiſſeau panchoit beaucoup plus d'un côté que de l'autre, & j'obligeai le Capitaine d'y pourvoir, la charge du monde ſe trouvant plus forte du côté qui panchoit. Il y remedia en faiſant remplir quatre tonneaux d'eau de la mer attachez à l'oppoſite.

Nous découvrîmes le Cap S. Auguſtin fort connu des Portugais, & entrâmes le Dimanche dans le Port de la Baye de Tous les Saints, ville capitale de tout le Breſil, où le Viceroi fait ſa reſidence. Nous y rencontrâmes pluſieurs vaiſſeaux de toutes ſortes de Nations. Le lendemain matin vinrent à notre bord pluſieurs barques, tant des marchands, que des autres qui avoient des eſclaves ſur notre vaiſſeau. Comme ils apprirent que nous avions été cinquante jours en voyage, ils crurent que la plus grande partie des Mores ſeroient morts ; & ils furent agréablement ſurpris quand ils ſçurent qu'il n'en étoit mort que

trente-trois , arrivant affez fouvent
qu'il en meurt la moitié dans ce trajet. Ils remercièrent Dieu de ce miracle fait en leur faveur , puifqu'ils auroient fait une perte bien confiderable fi tous les efclaves étoient morts.

Je defcendis à terre comme les autres ; mais ma foibleffe étant trop
grande , mes jambes m'étoient inutiles. Une bonne femme dans la boutique de laquelle j'étois entré , eût compaffion de moi , & me donna fon amacas pour me faire porter aux Peres de
l'Obfervance , qui me reçurent avec
beaucoup de courtoifie. Un Capitaine
Genois de ma connoiffance me voulut
faire venir chez lui ; mais je m'en ex-
cufai fur la maniere obligeante dont
j'avois été reçu dans le Couvent , &
lui dis qu'à moins de voir que je leur
étois à charge , je n'en fortirois pas
jufqu'à mon départ. Le Gouverneur
de l'Ifle de S. Thomé , qui eft une
Ifle fous la Ligne , m'envoya fon Ma-
jor-dome pour me rendre vifite , &
me prier de venir voir en fon palais
un Capucin allité , qui avoit été feize
ans en Afrique , foit dans ladite Ifle ,
foit au Royaume de Benin & d'Ove-
no. Je ne pûs pas y aller fur le champ ;
mais je fis dans la fuite plufieurs vifi-

tes à ce Pere , me faisant porter dans
un amacas. Il s'étonnoit d'apprendre
que j'étois si obéïssant à mon Medecin , qui étoit aussi le sien ; mais ce
Medecin me dit , que de la maniere
qu'il en agissoit , il ne pouvoit pas vivre long-tems , ce qui fut vrai: car il
mourut peu de tems après à Lisbonne.

Dans ce Couvent , est un Oratoire
du Tiers-Ordre de saint François. Ces
Peres firent une procession le Jeudi-
Saint , & firent porter toutes les statuës des Saints du Tiers-Ordre. Il y
avoit ensuite trois cens Mores qui
portoient des arbres entiers par penitence ; d'autres avoient les bras liez à
une grosse poutre en forme de croix ;
& d'autres de quelqu'autre maniere.
On me dit que leurs Confesseurs leur
avoient imposez cette pénitence pour
avoir dérobé à leurs maîtres , & commis d'autres péchez. On n'a pas accoûtumé d'y faire des Sépulchres cette
Semaine-là ; mais on expose le Saint
Sacrement avec un nombre infini de
cierges de cire-blanche , y en ayant là
très-grande abondance , de même que
de miel.

Le Capitaine Genois qui devoit
faire voile pour Lisbonne , m'avoit
accordé le passage sur son vaisseau.

Comme il étoit prêt à partir, le Viceroi l'envoya prier, puisqu'il avoit un
bon vaisseau de guerre, de vouloir
escorter les autres vaisseaux marchands qui alloient aussi mettre à la
voile ; de peur qu'approchant de la
côte de Portugal, i s ne tombassent
entre les mains des Turcs. Cela nous
retarda jusqu'au Samedi-Saint. La
permission de partir étant obtenuë du
Viceroi, le Capitaine m'envoya avertir de me rendre au vaisseau: ce que je
ne fis qu'à regret, me semblant très-
mal de commencer un voyage si long
& si penible, un Samedi-Saint : mais
comme il me recevoit par charité, il
fallut s'accommoder à sa resolution.
Nous partîmes avec la décharge de
toute l'artillerie , & le carillon des
cloches de toute la ville.

Ce vaisseau sembloit l'Arche de
Noë: car il y avoit tant de differentes sortes de bêtes, que parmi leurs
cris & hurlemens, & les voix de tant
de personnes qui y étoient, on ne
s'entendoit pas parler l'un l'autre. Sa
charge étoit de mille caissons de sucre,
trois mille rouleaux de tabac, quantité de bois précieux pour la teinture des
soyes, & pour faire des écritoires, des
dents d'éléphans ; outre les provisions

de bois, charbon, eau, vin, eau-de-
vie, moutons, pourceaux, & coqs-
d'Inde. Avec cela, grande quantité de
finges de diverfes fortes, guenons, fa-
goins, papégays, perroquets ; &
quelques-uns de ces beaux oyfeaux du
Brefil, appellez *Arracas*: le vaiffeau
armé de cinquante pieces de canon,
vingt-quatre pierriers, & autres atti-
rails de guerre. Ceux qui étoient deffus étoient de diverfes Nations, Italiens, Portugais, Anglois, Hollandois, Efpagnols, & Indiens efclaves
qui fervoient leurs maîtres. La chambre de poupe étoit naulifée par un riche Marchand Portugais, nommé M.
Amat, qui ramenoit fa famille à Lifbonne ; fçavoir, fa femme, & quatre
enfans, & payoit mille écus pour le
trajet, en ayant dépenfé deux mille
pour les vivres & autres provifions
neceffaires en un fi long voyage. Cet
honnête homme me voyant indifpofé,
m'off it de bonne grace une place dans
fa chambre, qui étoit grande, & toute
ornée de peintures & de dorures. J'ac-
ceptai cette offre obligeante, après
qu'il en eût obtenu le confentement de
fa femme, qui étant une Dame très-
pieufe, fut ravie d'avoir un Religieux
en fa compagnie. Il vouloit encore me

donner sa table ; mais je lui dis que
j'avois donné ma parole au Capitaine ; & que je pourrois pourtant quelquefois déjeûner avec lui après la
Messe, que je celebrai tous les matins
dans sa chambre, excepté trois jours
de tempête, pendant trois mois que
dura notre voyage : & non seulement
il y assistoit, mais aussi tous les Portugais du vaisseau. Le Chapelain la disoit les jours de Fête sur le tillac, aux
Matelots, & aux autres Officiers du
vaisseau.

Comme nous faisions chemin, ayant
à peine fait six milles, & que nous
nous occupions à ranger les coffres &
les hardes qui étoient dans notre vaisseau ; Dieu nous voulut mortifier,
nous qui croyions être les plus assurez
des cinq vaisseaux, & nous apprendre à mieux honorer les jours Saints :
car nous donnâmes cinq grandes se-
cousses contre un écueil sous l'eau ;
qui firent sauter & les hommes, &
les hardes qui n'étoient pas encore attachées, d'un côté à l'autre, & cause-
rent une terrible frayeur, demeurant
ensuite à sec sur un banc. Les Officiers
& Pilotes étonnez, songerent à se sauver d'une mort évidente qui les me-
naçoit, & se jetterent à la hâte ensemble

semble dans l'esquif pour aller à la
terre qui étoit voisine : car nous étions
encore dans le Port, qui est long de
douze milles. Ainsi les Mariniers &
les Passagers se voyant abandonnez,
commencerent à jetter des cris jusqu'au ciel. Nous sommes tous morts,
disoient - ils. Et qui pourroit décri-
re le triste spectacle qu'offroit aux
yeux ce vaisseau, qui peu d'heures auparavant, paroissoit comme une forteresse sur la mer. Ce fracas me fit lever de dessus une natte où j'étois,
combattant avec la fiévre. Etant monté en haut, je vis que notre bâtiment
ne se remuoit point, quoique les voiles fussent déployées, & une planche
sur l'eau, qui faisoit connoître évi-
demment que le vaisseau étoit pris en
quelqu'endroit.

On n'entendoit que cris & que
plaintes. Les uns jettoient un baril
dans l'eau, les autres un rouleau de
tabac, les autres une caisse de sucre,
pour alleger le vaisseau ; & chacun
faisoit quelque chose pour sauver sa
vie. Le Capitaine seul, demeuroit
assis comme une statuë, sans se pouvoir remuer ni parler ; lui qui avoit
combattu avec le même bâtiment contre six vaisseaux Turcs. On vouloit ti-

rer un canon, pour avertir les autres
de nous venir aider ; mais dans un tel
embarras, on ne pût trouver ni cano-
nier, ni poudre, ni méche. Les animaux qui entendoient ce bruit, commencerent aussi à tenir leur partie, &
à augmenter la confusion. Dans ce
trouble general, & les Blancs & les
Noirs, se vinrent jetter à mes pieds,
en criant, Pere, Pere, confession,
absolution. Ainsi leur ayant fait faire
un acte de contrition, je leur donnai
l'absolution, n'ayant pas le loisir de les
entendre en particulier. Je rencontrai
le Chapelain en chemise, le visage tout
changé & tout effaré, quoique ce fut
un des plus courageux du vaisseau,
comme il avoit souvent fait voir en
combattant en differentes occasions
contre les Turcs. Après avoir entendu
sa confession comme il le souhaitoit,
je lui demandai ce qu'il prétendoit faire en cet état : ah Dieu ! me répondit-il, je ne voulois pas m'embarquer ;
mais je me suis laissé tourner la cer-
velle. Je voulus le rassurer, & lui faire comprendre que Dieu ne nous avoit
pas totalement abandonné ; que nous
pouvions encore sortir de ce danger ;
mais quoiqu'il en arrive, me répli-
qua-t'il, je veux me mettre à la nage,

& me ſauver à terre. Les autres voyant ſa reſolution, commencerent de nou-veau leurs plaintes & leurs hurlemens. J'entrai dans la chambre de poupe, & trouvai cette Dame Portugaiſe aſ-ſiſe ſur un tapis, & appuyée ſur deux couſſins, avec ſes quatre enfans à ge-noux les mains jointes, tous épouvan-tez, & criant miſericorde ; le mari aſ-ſis ſur une chaiſe, plus mort que vif. Je les conſolai le mieux que je pûs l'un & l'autre, & les confeſſai.

Cependant arriva à notre bord un Capitaine ami du ſieur Amat, pour l'emmener avec ſa famille dans ſon vaiſſeau. Comme il vit l'horrible con-fuſion où nous étions, il commença à donner du courage à tout le monde ; il envoya à la pompe & au fond de ca-le deux de ſes gens, pour découvrir quel mal il y avoit. Ils n'y trouverent ni eau, ni rien de briſé ; & reconnu-rent que la planche qu'on avoit vû ſur l'eau, n'étoit que du contre-bord, qui s'étoit rompu. Notre Capitaine reprenant du cœur, fit jetter la ſonde, & trouva dix braſſes d'eau, qui é-toient peu à la verité pour une ſi gran-de machine. Il fit enſuite tourner la prouë ; ce qui commença à faire re-muer le vaiſſeau : & bien nous en prit

K ij

d'avoir un vent foible ; car s'il eût été violent , il fût tombé en mille pieces. Ceux qui étoient à terre nous voyant faire chemin , revinrent avec l'esquif ; & nous continuâmes notre voyage vers la ville de Fernambouc , éloignée de trois cens milles de la Baye de tous les Saints. Nous y moüillâmes heureusement à cinq milles de la ville , le Port ne pouvant recevoir les grands bâtimens.

Le Gouverneur nous entretint là cinq iours avant que d'avoir achevé ses dépêches. Nous commençâmes à lever l'ancre ; & comme elle étoit hors de l'eau , elle se rompit si à l'improviste , que ceux qui y travailloient , au nombre de quarante tomberent tous ; & se blesserent les uns à la tête , les autres au côté , ou en quelqu'autre endroit. On voulut la pêcher , mais il fut impossible ; s'étant perdue parmi de petits rochers dont le fond étoit garni.

C'étoit un plaisir de voir notre vaisseau , où chaque artisan travailloit à sa profession , comme s'il eût été dans sa boutique , Arquebusiers, Fourbisseurs , Bouchers, Cordonniers , Tailleurs , Tonneliers, Cuisiniers. D'autres accommodoient les Bannieres ; y

en ayant une centaine de differentes ,
fort belles , les jours de solemnité ; &
particulierement la flamme du grand
mât , de huit aulnes de long , de taffetas incarnat. Quand le tems le permet-
toit , les autres vaiffeaux nous accôf-
toient , & nous donnoient des con-
certs de tambours & de trompettes ;
& nous faifoient faluer de trois cris de
tous leurs gens , avertis par trois coups
du fifflet d'argent que le Maître porte
au col. Le Capitaine exerçoit les foldats à faire des falves, & des décharges
de moufquet. Ces divertiffemens furent un jour troublez par un accident.
Onze Anglois vinrent enfemble fe
plaindre au Capitaine qu'on ne leur
donnoit pas affez d'eau pour leur boif-
fon : ce qui mit en telle colere le Capitaine , qu'il alla prendre une épée ,
& leur eût joüé quelque mauvais
tour , fi l'on n'eût eû foin de l'appaifer. Il en fit mettre un à la chaîne avec
deux foldats à fa garde jufqu'à Lifbone , craignant qu'il ne fit quelque
foulevement avec fes camarades : car
cet Anglois étoit un homme d'une force furprenante, qui manioit, pour ainfi
dire , un canon, comme un autre manie un moufquet ; & qui avoit autrefois enlevé des vaiffeaux , en mettant

K iij

le feu aux poudres. Il voulut le mortifier de cette maniere ; pour apprendre aux autres de ne venir pas enfemble comme des mutins , faire des plaintes à leur Capitaine ; au lieu de fe contenter de venir l'un d'eux tout feul ,
lorfqu'il leur manquoit quelque chofe. Il y eût un autre de ces Anglois
qu'on appelloit le Tuë-Turc , qu'il fut
auffi obligé de faire enchaîner ; parce
qu'il s'étoit enyvré avec deux bouteilles d'eau-de-vie , dont il demeura trois
jours yvre. C'étoit un homme d'une
telle force , qu'on difoit qu'il eût fendu un homme en deux avec fon cime-
tere , auffi craignoit-on qu'il ne fit quelque defordre en cet état dans le vaiffeau.

Comme nous aprochions des côtes de Portugal , nous entendîmes un
matin avant le lever du foleil un coup
de canon , dont le boulet paffa près
de nous. J'allai voir ce que c'étoit ;
& je temarquai que le Capitaine Jo-
feph , frere de notre Capitaine , avoit
mis la Banniere rouge , qui fignifie la
guerre. Notre Capitaine prit une lunette à longue-vûë , pour découvrir
ce qui lui pouvoit avoir donné de
l'ombrage ; & un moment après , il me
dit que fon frere s'étoit trompé , &

que les voiles qu'on appercevoit au
nombre de plus de cinq cens, étoient
des barques de Pêcheurs, qui vont à
toute forte de vents. Le foleil s'étant
levé, cela fe trouva vrai; & nous découvrîmes fans aide de lunette, une
prodigieufe quantité de barques, qui
couvroient toute la côte. Il ne faut
pas s'étonner qu'on y pêche tant, puifque la plus grande partie de Lifbone
mange du poiffon le foir, & même les
jours gras; ce qui fait qu'il s'en vend
une quantité incroyable : on ne les y
vend point au poids, mais au baril.

Nous arrivâmes à *Cafcais* qui eft un
petit Bourg des Portugais, & avançâmes jufqu'à la Forterefſe Royale de
S. Jean, où l'on déchargea tant de
coups de canon, que le bruit en re-
tentit jufques dans la ville. A peine
fûmes-nous à la bouche de la riviere
du Tage, que nous vîmes venir à
nous grand nombre de bateaux Italiens & Portugais, dont tout le Port
fembloit couvert. C'étoient des Marchands, & autres perfonnes qui avoient
quelqu'interêt qui les attiroit à nous.
J'en reconnus plufieurs qui ne me reconnoiffoient pas. Ils furent étonnez
de me voir vivant, après avoir eû avis
que j'étois mort, & me témoignerent

la joye qu'ils avoient d'apprendre que
la nouvel'e n'étoit pas veritable. Ayant
pris des Pilotes de la ville , comme
c'eſt la coûtume , nous allâmes moüiller vis-à-vis du palais de Son Alteſſe
Dom Pietro , Prince-Regent de Portugal ; le Roi ayant été conduit aux
Terceres. Tous ceux du vaiſſeau s'é-
toient habillez ſi ſuperbement, qu'à
peine les reconnoiſſois-je. C'eſt ce
qu'ils font dans tous les Ports, étant
vêtus tout ſimplement lorſqu'ils ſont
ſur mer. Après avoir fait mes civili-
tés à tous ceux dont j'en avois reçû
pendant notre route , & particulierement à notre Capitaine ; je deſcendis
& m'allai rendre à notre Couvent ,
en attendant quelque vaiſſeau pour
l'Eſpagne.

L'occaſion ne tarda pas à ſe préſenter. Le Capitaine Dominique , Corſe
de Nation , qui étoit bien-aiſe d'avoir
un Prêtre ſur ſon bord , m'étant venu offrir le paſſage ſur ſon vaiſſeau,
qui alloit de conſerve avec deux autres , celui de Lorette , & celui de
la Princeſſe. Le ſien s'appelloit le Paradis ; & l'augure étoit trop bon pour
refuſer d'être Chapelain du Paradis.
Il s'y embarqua avec moi pluſieurs
Religieux , Dominiquains , Benedic-

tins , & autres ; de forte que quelqu'un dit : Nous apprehendions de n'avoir point de Chapelain ; mais en voici tant , que nous pourrions chanter en chœur. Cependant tous ces bons Religieux qui craignoîent fort la mer , ne furent pas plûtôt à la voile , qu'ils ne paroiſſoient non plus dehors , que s'il n'y en eût eû aucun. Ils s'étonnoient de ce qu'étant indiſpoſé , la mer ne me fit point de mal , non plus que ſi j'euſſe été ſur terre ; mais je leur diſois : mes Peres , vous n'avez qu'à aller aux Indes , & après cela , vous craindrez auſſi peu la mer que moi.

Pendant ce trajet , je liai converſation avec un Irlandois , quoiqu'il fut Heretique ; parce que je voyois en lui quelque diſpoſition à gagner cette ame à Jeſus-Chriſt : d'autant plus qu'il étoit d'un naturel aſſez ſimple. Il remarquoit ce que je faiſois , & particulierement quand je diſois la Meſſe , & prenoit goût à entendre la verité ; de forte qu'en peu de jours , avec l'aide de Dieu , [ſans laquelle l'effort du plus habile homme eſt inutile ,] je le reduiſis à chanceler dans la Secte de Calvin. Il me dit , que dès-lors il auroit abjuré publiquement ; mais qu'il

K v

vouloit aller auparavant visiter un
sien frere qui étoit à Cadis, pour en
recevoir l'absolution. J'appris enfin de
lui-même dans cette ville, qu'il s'é-
toit fait Catholique; ce que je ne voulus
pas neanmoins publier, quoique je le
visse plus joyeux qu'à l'ordinaire;
parce que je craignois qu'il ne fît comme bien d'autres, qui paroissent quelquefois animez d'un fort grand zele,
& ne laissent pas d'abandonner ensuite
le bon chemin où ils étoient entrez.

Quoique notre vaisseau fût le plus
grand des trois, dont notre convoi
étoit composé, notre Capitaine neanmoins, comme plus jeune, avoit cedé le commandement à celui de Lorette, le nôtre faisant l'Amiral. Nous
apperçûmes un jour une voile; &
comme c'étoit à notre Capitaine à
l'aller reconnoître, il fit déployer
toutes nos voiles : nous les eûmes at-
teints dans un quart d'heure, & leur
tirâmes un coup de canon sans balle,
pour leur faire rendre obéissance,
comme c'est la coûtume des plus forts.
Eux, au lieu de répondre, mirent
toutes leurs voiles, comme pour vouloir fuïr, leur bâtiment étant beaucoup plus petit que le nôtre. Cela fit
soupçonner à notre Capitaine que ce

fuſſent des Turcs, puiſqu'ils n'avoient
mis aucune banniere. Il leur fit donc
tirer un coup de canon à balle, & fit
mettre la banniere de guerre ; ce qui
les fit répondre d'un coup ſans balle.
Comme nous en étions fort proche,
le Capitaine lui fit parler par un trom-
pette qui ſçavoit pluſieurs langues. Il
leur parla en François, parce qu'il
avoit mis le pavillon blanc, & comme
on doutoit que ne fût une feinte, on
les appella pour nous envoyer quelqu'un. Ils jetterent l'eſquif en mer,
& leur Capitaine vint à notre bord,
où nous apprîmes que ce prétendu bâtiment Turc étoit un vaiſſeau chargé
de Merluches, qui venoit de Nantes,
& alloit aux Iſles Maderes. On bût la
ſanté du Roi Très-Chrétien, & de la
République de Genes, & chacun tira
ſon chemin.

Nous moüillâmes enfin dans ce beau
& grand Port de Cadis, qui eſt un
des plus renommez de toute l'Europe, plein d'une infinité de vaiſſeaux, galeres, barques, faïques,
tartanes, & caravelles, qui ſe
montoient alors, à ce qu'on m'aſſura,
à environ mille voiles. Nous y vîmes
à l'entrée vingt-cinq vaiſſeaux d'une
grandeur ſurprenante. Auſſi eſt-ce un

K vj

abord continuel de toutes fortes de
vaiffeaux de toutes les parties du monde, & même des Indes ; & c'eft une
chofe ordinaire d'y voir entrer ou fortir trente ou quarante vaiffeaux à la
fois, comme fi c'étoient de fimples petites barques. Je mis pied à terre avec
un Cavalier Italien, & quelques Marchands Efpagnols ; & nous fûmes d'a-
bord arrêtez par les Douanniers. Je
dis ce qui m'appartenoit, & le Cavalier le fien ; mais il ajoûta qu'il étoit
foldat de Sa Majefté, & on le laiffa
paffer ; les Efpagnols en dirent de même, & nous fimes charger nos hardes pour les porter chacun chez foi.
A peine étions-nous dans la ville,
que le Maître de la Douanne accompagné de fes gens, arrêta les Cro-
cheteurs, & leur dit de porter ces
hardes à la Douanne. Les Efpagnols
dirent que tout étoit déchargé, &
qu'il n'y avoit pas befoin d'autre chofe. Le Douannier répondit fierement,
& de parole à autre, on en vint aux
injures, & des injures, aux coups.
Cent épées furent tirées en un moment ; mais le monde étoit fi preffé,
qu'on fe battoit la pointe des épées en
haut, f appant des gardes les unes
contre les autres, avec fi grand fracas,

qu'on eût dit qu'ils s'alloient tous ha-
cher par morceaux. La poussiere s'é-
toit levée si épaisse, qu'on ne se voyoit
pas les uns les autres, & comme le
champ de bataille étoit proche du
Port, le monde y accourut en foule,
craignant qu'il n'y eût bien des morts
& des blessez. On s'empressoit fort à se-
parer les combattans, dont on entendoit
les cris, & le choc des épées. Mais ce
que bien des gens de sens rassis ne purent pas faire, fut executé en un moment par quatre Anglois yvres, qui
se voulant faire chemin pour aller à
leurs vaisseaux, commencerent à tirer
des pierres avec telle furie, que chacun s'estima heureux d'avoir encore
des jambes pour fuïr. Ceux qui se battoient considerant qu'il ne seroit pas
sûr pour eux d'essuyer une telle grêle
de pierres, se sauverent en un moment, qui d'un côté, qui d'autre.

Je me rendis à notre Couvent, où
la fiévre qui ne m'avoit point encore
accordé de tréve, m'augmenta, &
me tint un mois sur la litiere, étant
obligé de me faire encore tirer six fois
du sang, & pendant ce tems, partirent nos vaisseaux. Je pris occasion,
avant que pourfuivre mon voyage en
Italie, d'aller voir S. Jacques de Ga-

lice. Je me joignis à un Religieux Mi-
lanois du Tiers-Ordre de S. François,
avec lequel je m'embarquai pour la
ville de Porto. Un vent tempêtueux
nous y porta en peu d'heures, de là,
nous allâmes encore par mer à Birona,
& de Birona, nous allâmes à pied
avec grande fatigue à Compostelle,
où nous visitâmes d'abord la fameuse
Eglise de S. Jacques. Les Chanoines
de cette Eglise sont tous vêtus de rouge, & on les appelle Cardinaux. L'on
nous dit qu'à l'Autel du Saint, il n'y
avoit que des Prélats & Grands d'Espagne qui pussent dire la Messe, à cause
de quoi le Sacristain ne voulut pas nous
permettre de la dire à cet Autel. La
châsse du Saint est placée sur l'Autel
avec sa statuë par dessus ; enforte que
les Pelerins qui viennent là par dévotion, montent quatre ou cinq dégrez,
& mettent leur chapeau sur la tête de
cette statuë, qui est vêtue en Pelerin.
Il y a plusieurs lampes d'argent autour ; mais elles sont toutes noires,
comme si elles n'étoient que de bois.
Ayant recité un *Pater* & un *Ave
Maria*, nous nous en allâmes ; & le
Pere me dit que s'il avoit crû que ce
n'eût été autre chose que cela, il ne
seroit pas venu dans ce pays. Je lo-

geai là chez un Orfévre qui nous servit à table du vin de Florence , des
sauciſſons de Bologne , & du fromage
de Plaiſance ; ce qui me fit étonner ,
que dans un pays ſi éloigné on trouvât
des fruits & proviſions qui venoient
de notre Italie , qu'on peut veritablement appeller le jardin du monde.

On nous avoit donné avis qu'au
cap *Finibus terræ* il y avoit un vaiſſeau
prêt à faire voile pour Cadis ; ce qui
nous fit hâter notre retour. Nous nous
y rendîmes juſtement , lorſque le Capitaine ſe mettoit dans l'eſquif pour
s'embarquer. Quoique je ſçuſſe bien
qu'il étoit Heretique , je le priai de
m'accorder pour l'amour de Dieu le
paſſage à Cadis ſur ſon bord. Lui ,
ſans me répondre , me fit ſigne d'entrer dans l'eſquif : ce qu'ayant fait , &
voyant qu'il ne m'avoit pas répondu ,
peut-être pour n'entendre pas l'Eſpa-
gnol , je lui parlai en Portugais ; il
me fit réponſe , que j'étois le bien-ve-
nu , & que non ſeulement il me meneroit à Cadis , mais encore , ſi je le voulois , juſqu'à Seville. Je le remerciai
de ſes offres charitables. Mais il fallut
que mon Compagnon , qui eût bien
voulu avoir un habit comme moi ,
payât ſon trajet. C'étoit un vaiſſeau

de guerre des plus grands d'Angleterre , monté de foixante-dix pieces de
canon , avec trois cens hommes deffus , & chargé d'anchres & autres provifions navales. Il alloit par ordre de
Sa Majefté Britannique dans tous les
les Ports d'Efpagne , chercher vingt-
quatre Fregates de cette Couronne
deftinées contre les Turcs , pour les
fournir de ce qu'elles auroient befoin.

Comme nous étions affez avant en
pleine mer , je vis que le Capitaine
tâchoit de découvrir avec une Lunette quelques voiles qui paroiffoient ;
enfuite de quoi , il entra dans la chambre , & parla en Anglois à fes Officiers , qui allerent donner plufieurs
ordres , & un moment après , les tambours commencerent à battre , & les
foldats à prendre leurs poftes. Nous
jugeâmes bien , mon Compagnon &
moi , qu'ils fe préparoient à fe battre ,
quoique nous ne découvriffions aucunes voiles : mais eux les avoient bien
découvert. Nous tournâmes la prouë
de leur côté , & prîmes le vent à bou-
lines , ayant ajoûté deux voiles appel-
leés coutelas , à côté de la grande voile : de forte qu'en ayant jufqu'au nombre de quatorze , nous allions comme

le vent , & fendions l'eau avec une
impétuosité merveilleuse.

Nous arrivâmes en une heure sur
les deux vaisseaux que le Capitaine
avoit découvert ; & comme ils n'a-
voient arboré aucun pavillon , on leur
tira un coup de canon pour leur faire
rendre obéissance. Mais eux , qui se
voyoient deux contre un , & qui ne
s'imaginoit point sans doute , qu'il y
eût tant de soldats sur notre bord , répondirent d'un coup à bales ; & en
même-tems on entendit d'un de ces
vaisseaux un bruit confus de voix ,
comme de gens qui se plaignoient.
Notre Capitaine dit qu'il ne doutoit
point que ce ne fût un vaisseau Chrétien , avec un vaisseau Turc qui l'a-
voit pris : ce qui se trouva vrai : & en
même-tems il fit embrouiller les voiles & virer le bord , lui tirant une
bordée de vingt canonnades , dont le
tonnerre devoit faire trembler les plus
assurez. Bien nous en prit d'avoir le
dessus du vent qui portoit toute notre
fumée sur le Turc. Ils tirerent pourtant en désesperez des deux vaisseaux:
car celui des Chrétiens avoit été fourni de Matelots & de soldats Turcs ,
& il falloit que les pauvres Chrétiens
aidassent malgré eux à remuer l'artil-

krie, les principaux ayant été mis
aux fers. On fut ainsi une heure &
demi à se canonner ; & cependant ne
sçachant quel en seroit le succès ,
nous nous confessâmes , le Pere du
Tiers-Ordre & moi. Il étoit au désespoir d'être en pareille fête ; mais je
prenois patience à tout évenement ,
moyennant que quelque balle ne vînt
à me toucher.

Notre Capitaine voyant que le
combat tiroit en longueur , fit aborder un des vaisseaux ennemis , qu'on
accrocha avec certains crochets de
fer , pour venir aux mains. Ce fut
alors qu'on commença à entendre les
plaintes & les cris des pauvres blessez
jonchez sur le tillac les uns sur les autres , & servant de tranchées à ceux
qui combattoient. L'attaque fut fu-
rieuse , & la défense vigoureuse ; mais
eux étant peu au respect de nous ,
commencerent à plier & à ceder le
vaisseau. Nos gens sans perdre de
tems , sauterent dedans , mirent les
Turcs aux fers , & déchaînerent les
Chrétiens , qui prirent les armes pour
se venger , & pour assurer la liberté
qu'on venoit de leur rendre. L'autre
vaisseau se voyant seul , prit la fuite ;
mais notre brave Capitaine fit prom-

ptement mettre en ordre & pourvoir
de gens le vaiſſeau pris, qui étant plus
leger que le nôtre, pourroit plus facilement pourſuivre celui qui fuyoit.
Comme il étoit chargé des marchandiſes des Chrétiens qu'il avoit pris,
il fut bientôt atteint par celui que
nous venions de prendre, qui n'avoit
que des vivres & des munitions. Ils tirerent quelques canonnades : mais
voyant que notre grand vaiſſeau ſui-
voit, & qu'il étoit déja à la portée du
canon, ils ſe rendirent. Le Lieutenant à qui on avoit donné le commandement du premier vaiſſeau pris,
alla ſe mettre en poſſeſſion de l'autre,
mettant les Turcs à la chaîne, & déli-
vrant les Chrétiens, qui étoient au
nombre de quatre-vingt tant Mariniers, que Marchands ou Paſſagers, &
douze de morts ; les Turcs étoient environ cent-trente, le reſte étant mort
ou dangereuſement bleſſé.

Nos trois vaiſſeaux s'approcherent, & notre Capitaine commanda
qu'on lui amenât tous les Chrétiens,
qui vinrent s'agenoüiller devant lui &
le remercier de ce qu'il les avoit délivrez des mains de ces Barbares. Il
demanda qui étoit leur Capitaine ? Un
grand homme déja demi-dépoüillé lui

dit en Espagnol que c'étoit lui ; puis il
lui raconta en Portugais que notre
Capitaine possedoit mieux , de quelle
maniere ils avoient été pris. Qu'étant
partis de Malaga avec son vaisseau
chargé de vin , il avoit pris la route
de Cadis ; mais qu'ayant passé le détroit de Gibraltar , & approchant du
Cap S. Vincent , ce vaisseau Turc ,
qui ne portoit aucunes marchandises ;
mais bien fourni de soldats & de matelots au nombre de deux cens vingt-
cinq leur étoit venu dessus , & se trouvant beaucoup plus forts , ils s'étoient
rendus les maîtres de leur vaisseau ,
après quelque resistance. Le Capitaine
leur dit de s'aller habiller & prendre
possession de leur vaisseau comme auparavant , en faisant sortir les Anglois. Ils le remercierent avec mille
acclamations , & le prierent de le con-
voyer jusqu'à Cadis , puisqu'il y alloit aussi-bien qu'eux : ce que notre
Capitaine leur accorda. Les Anglois
se partagerent sur le nôtre & sur le
vaisseau Turc , raccommoderent tout,
& remirent à la voile , tous joyeux
d'avoir fait d'une pierre deux coups ,
ayant pris ce vaisseau Turc , & délivrez les Espagnols ; parmi lesquels
étoient des Napolitains , des Mila-

mois , & des Flamans.

Comme nous allions enfuite à pleines voiles , le tems s'obfcurcit tout
d'un coup ; & y ayant foupçon de
quelque tempête qui fe préparoit ,
nous amenâmes les voiles : & à la vérité , il n'eût pas fallu tarder davantage ; car un moment après la furie du
vent s'augmenta fi fort , qu'on ne pût
plus être Maître du vaiffeau , & qu'il
fallut s'abandonner au vent. Ce fut
alors qu'on entendit par tout le vaiffeau des hurlemens & des cris capables d'augmenter la terreur que le
danger d'une mort prochaine infpi-
roit. Le Capitaine nous dit pourtant
que nous ne craignaffions rien , que le
vaiffeau étant tout neuf, il nous tireroit d'affaire. Nous ne laiffâmes pas
de faire de ferventes oraifons. Le Pere
voyant que nous étions à tous momens
fur le point de faire naufrage , me dit
que nous avions mal fait de nous embarquer avec ces Heretiques qui portent toûjours avec eux l'excommunication ; mais , lui dis-je , ceux qui
courent par le monde , doivent faire
de neceffité vertu. Cependant ceux
qui faifoient garde à la hune , crie-
rent , terre , terre. Le Capitaine y
monta promptement , & vit que nous

étions à la côte de Barbarie ; la tempête nous ayant porté bien avant dans la
Méditerranée. C'est pourquoi avant
que d'être découverts par quelques
vaisseaux Turcs, il fit tourner la prouë
vers Oran, Forteresse du Roi d'Espagne, nous y arrivâmes en moins d'une
heure, le vent étant des plus gaillards ; & nous remerciâmes Dieu de
nous avoir délivrez de la main des
Turcs ; le vent, si l'on n'y avoit pris
garde, nous portant directement à
Alger.

Notre Capitaine descendit le lendemain à terre avec quelques-uns des
principaux, & le Capitaine Espagnol.
Ils allerent vers le Gouverneur, &
l'informerent de notre combat ; & lui
de son côté remercia nos Anglois au
nom de Sa Majesté Catholique. Cette
Forteresse paroît d'une grande importance, & comme imprenable. Elle est
bien fournie d'artillerie, & sert beaucoup aux Chrétiens, lorsqu'ils sont
portez par la tempête sur cette côte de
Barbarie, n'y ayant point d'autre lieu
appartenant aux Chrétiens, où ils se
pussent retirer. La matinée suivante,
le vent étant devenu favorable, nous
levâmes l'ancre, & arrivâmes bientôt
à Cadis. J'avois dessein d'aller descen-

dre à notre Couvent; mais le Capitaine me dit qu'ayant des affaires à Seville, il avoit fretté exprès une barque couverte pour y aller, & que fi
je voulois y venir, il m'y meneroit
pour l'amour de Dieu : ce qui fit que
je ne voulus pas negliger une fi bonne
occafion. Je l'attendis un jour fur fon
bord, jufqu'à ce qu'il eût expedié
quelques affaires qu'il avoit à Cadis.
Nous partîmes ayant pris trente hommes avec lui pour ramer quand le vent
manqueroit. Nous touchâmes à S. Lu-
car, où nous arrêtâmes quelques heures; & ayant cheminez toute la nuit,
nous arrivâmes à Seville. Je le remerciai de tant de courtoifies que j'avois
reçu de lui; & lui témoignai que le
reffentiment que j'en avois étoit d'autant plus grand, que je n'en aurois pas
pû recevoir davantage d'un Catholique : à quoi il répondit, en me faifant connoître que les Capucins é-
toient en bonne eftime parmi eux.

J'allai à notre Couvent, qui eft
grand, eu égard à notre pauvreté, &
nombreux en Religieux. J'y reftai huit
jours, tant pour me repofer, que
pour voir la ville; qui feroit peu dif-
rente de Milan, fi elle avoit les ruës
belles & larges. Le dôme ne cede guë-

res aussi à celui de Milan , il est vrai
qu'il n'est pas de marbre , & qu'il n'a
pas de statuës ; mais il est d'une pierre
qui semble du marbre , si ce n'est
qu'elle est tendre & facile à travailler.
Dans toute l'Espagne ils ont accoûtu-
més de faire le chœur & l'autel dans le
milieu de l'Eglise , & particulierement
aux Catedrales ; ce qui incommode
beaucoup quand il y a affluence de
peuple , quoique d'ailleurs ce soient
des fabriques vastes & magnifiques. Le
clocher est si grand & si commode ,
qu'on y peut monter à cheval ou en litiere. Y étant monté , je fus surpris
d'y voir tant de cloches : car il n'y en
a pas moins de trente-trois. Dans le
tems que nous y étions , on vint pour
les sonner ; & comme excepté deux
ou trois qui servent pour l'horloge, on
devoit sonner tout le reste , nous nous
dépêchâmes de descendre , de peur
que le grand bruit que ce carillon alloit faire , ne nous étourdit. Nous ne
fûmes pas plûtôt à la ruë , qu'elles commencerent à sonner avec tant de
bruit , qu'il sembloit que ce fussent
toutes les cloches de la ville.

J'allai au jardin royal qui est assez
beau , & abondant en eaux , en orangers & citroniers ; mais il n'y a rien
que

nous n'ayons en Italie avec plus de
profusion. Je visitai aussi le Couvent
des Recolets qui est fort grand , mais
de vieille fabrique. Il y a plus de cent-
cinquante Religieux , sans ceux qui
sont à l'Infirmerie. La cloche qu'ils
sonnent pour le Refectoire est aussi
grande que deux de celles dont nous
nous servons pour l'Eglise. Les Chanoines de cette ville sont fort riches ,
& vont toûjours dans des carosses at-
telez de quatre mules. On attendoit
alors Monseigneur Spinola , Italien ,
qui avoit été pourvû de l'Archevêché
de cette ville.

Je partis ensuite à pied pour Cordouë , passant par Çardone, Ezga ,
& autres petits lieux , dont je ne dirai
mot de peur d'ennuyer le Lecteur ;
mais pourtant ne puis-je pas oublier
ce miserable chemin où on ne trouve
ni maison , ni arbre , ni pas même de
l'eau pour se rafraîchir la bouche : ce
qui m'obligea de me pourvoir d'une
bouteille de vin , que j'eus par le
moyen d'un Gentilhomme que je trouvai en chemin , qui me l'acheta : car
il ne me falloit pas esperer de l'avoir
par charité du Marchand. Et à la verité , sans les personnes de qualité qui
nous assistent , il seroit impossible aux

Capucins de vivre d'aumônes felon leur Regle ; le Peuple ne fçachant ce que c'eft de faire l'aumône. Comme j'étois dans un Bourg où nous n'avions point de Couvent , je demandai du pain pour l'amour de Dieu à un Boulanger , ce qui l'étonna fi fort , qu'il en demeura tout interdit , comme un homme létargique. Je le laiffai là , & fon pain , de peur que fi je continuois à lui demander la charité , il n'en perdit tout-a-fait la refpiration. Je pourfuivis mon chemin , priant Dieu de me faire bientôt fortir d'un pays où les gens étoient fi peu charitables.

Etant arrivé à Cordouë je me rendis à notre Couvent, où il me fallut contenter du ragoût des Efpagnols , qu'ils appellent *una potrida* , comme qui diroit *un pot pourri*. Ce nom ne lui eft pas mal approprié : car c'eft une compofition extravagante de plufieurs chofes différentes ; comme oignons , ail , pois , courge , concombres , citroüilles , tige de blette , un morceau de porc , & deux de moutons ; qu'étant cuits avec le refte , deviennent prefqu'invifibles. Les Peres me demanderent fi je le trouvois de mon goût. Je leur répondis que cela étoit tout à propos pour me faire crever ,

étant comme je l'étois demi-malade,
& si foible, que j'aurois eû besoin de
quelque restaurant meilleur que cette
potrida, à laquelle je n'étois pas accoûtumé. Ils y mettent aussi tant de
saffran, que quand je n'eus pas été
tout jaune par ma maladie, je n'aurois
pas eû besoin d'autre chose pour avoir
le cuir enluminé de cette couleur.
C'est un grand régal pour les Espagnols, mais un méchant ragoût pour
ceux qui n'y sont pas accoûtumez.

La Cathédrale me parut par dehors
plus grande que toute la ville, & je
ne me trompois pas : car étant entré
dedans, je fus surpris de voir une
Eglise si grande, qu'à peine, étant
d'un côté, pouvoit-on appercevoir la
muraille qui étoit de l'autre ! Si elle
étoit haute à proportion, ce seroit
une merveille du monde. Il y a dedans dix rangs de colonnes ; & quinze
colonnes à chaque rang. La nef du milieu est fort grande, faite à la moder-
ne, & dorée à l'endroit du Grand-
Autel & du Chœur. Un Chanoine me
dit qu'il y avoit trois cens soixante-
six Autels. Sur le principal il y a un
Tabernacle fort grand, tout de pierres précieuses, auquel sont appliquez
trois mille livres de rente. Dans une

grande Chapelle il y a un faint Cibof-
re d'argent, qui pefe 1200. marcs. Je
remarquai dans une colonne féparée,
un homme dépeint à genoux. On me
dit que c'étoit le portrait d'un Chrétien qui avoit été plufieurs années ef-
clave dans cette ville, lorfqu'elle étoit
retenuë par les Mores, & qui avoit
gravé avec les ongles une croix fur
cette colonne ; on me la fit voir : on
diroit qu'on l'ait fait avec un canif. Je
crois qu'il lui fallut employer bien du
tems pour en venir à bout ; puifque
c'eft un marbre très-fin. Cette ville eft
affife dans un grand valon, avec une
riviere qui paffe près de fes murailles.
Elle paffoit autrefois dans le milieu de
la ville ; car la ville étoit fort grande :
mais maintenant elle eft très-médio-
cre, & n'a point d'autres particula-
rités qui foient venues à ma connoiffance.

Je partis pour *Alcala la Réale*, &
fis rencontre de quelques Efpagnols
qui me dirent que l'Andaloufie étoit
le jardin de l'Efpagne. Sur quoi je difois en moi-même ; Dieu me garde du
refte de l'Efpagne, fi ceci en eft le jardin : encore me vaudroit-il mieux retourner fur la mer. Cette ville eft fur
une montagne, & je n'y vis rien de

particulier. Grenade où je vins enfuite, eft une belle & fort grande ville ;
mais elle le cede pourtant à Seville.
Nos Peres y ont deux Couvens, l'un
pour le Noviciat, & l'autre pour l'é-
tude. La Cathédrale n'eft pas encore
achevée. Le palais des Rois Maures
qu'on appelle l'Alhambre, eft pofté
fur une montagne, qui no laiffe pas,
quoiqu'elle foit haute, d'avoir beaucoup d'eau. Le palais a fi grande quantité de chambres, qu'on s'y perdroit
comme dans un labyrinthe. Il y a deux
bains où les Maures fe baignoient, l'un
d'eau fraîche, & l'autre d'eau chaude.
Les lambris des chambres font un ouvrage curieux d'un plâtre coloré qui
femble tout neuf. Il y a une autre
montagne où ils faifoient mourir les
faints Martyrs, & on l'on conferve
plufieurs reliques.

De Grenade, je me rendis à Live-
na, dont les vins font eftimez pour
les meilleurs d'Efpagne ; mais le Peuple y parle très-mal, & à peine les
peut-on entendre, quoiqu'ils parlent
l'Efpagnol. On les appellent *Bifcayens*.
Je continuai ma route par Antequera
qui eft un Bourg auffi grand qu'une
ville. J'y féjournai huit jours dans un
de nos Couvens : le Gardien qui me

combla de mille bons offices , m'y
vouloit retenir encore autant. De là
je fus à Malaga , qui eſt une ville ma-
ritime aſſez médiocre , mais extrêmement peuplée , & de grand négoce.
Celui qui eſt Archevêque de cette
ville , eſt un Dominiquain , frere de
Dom Juan d'Autriche. On me dit
qu'il avoit quatre-vingt mille écus de
rente.

J'étois-là en attendant quelque occaſion favorable pour m'embarquer.
Comme je me trouvois toûjours très-
mal , n'ayant point ceſſé de ſaigner
de la bouche , du nez & des oreilles ,
je me mis entre les mains d'un Medecin Anglois , qui fit tant , qu'il me mit
en meilleur état , le ſang ne me ſortant
plus que par le nez. Je me portois
pendant huit jours aſſez bien , & puis
je retombois comme auparavant. A près
avoir attendu quelques ſemaines , il ſe
préſenta à la fin une très-bonne occaſion. C'étoit ſix Galeres d'Eſpagne
qui revenoient du détroit de Gibraltar , & qui donnerent fonds dans ce
Port pour prendre des rafraîchiſſe-
mens , & aller paſſer l'hiver à Carthagene. Je m'adreſſai au Marquis de
Bayone qui les commandoit. On l'appelloit alors le Marquis de Sainte

Croix , parce qu'il s'étoit défait du titre de Bayonne en faveur de son fils, qui est présentement General des Galeres de Sicile. Ce brave Seigneur entendant que j'étois Italien, m'accorda non seulement l'embarquement, mais il voulut que je demeurasse sur sa Galere , & bien que je pusse parler Espagnol , il voulut pourtant que je m'entretinsse avec lui dans ma langue maternelle ; parce qu'il parloit parfaitement bien Italien, ayant été autrefois General des Galeres de Naples & de Sicile. Le Prêtre de ces Galeres étant resté malade à Carthagene , on me donna pendant le trajet que nous devions faire, l'emploi de Chapelain & de Confesseur de son Excellence.

Notre voyage fut de quinze jours, & pendant ce peu de tems j'éprouvai ce que c'étoit que de voyager sur des Galeres ; j'enviois le bonheur de ceux qui étoient sur les grands vaisseaux , qui sont plus commodes & plus expeditifs que les Galeres. Le gros tems nous fit rebrousser chemin par trois fois. Le calme succedant , nous avançâmes à la rame. Ayant découvert un vaisseau aux rayons de la Lune , nos gens firent force de rames. Comme nous en fûmes prêts , il arbora la ban-

niere d'Angleterre ; mais cela n'empêcha pas que nous ne l'environnaffions ,
& que nous ne tiraffions un coup fans
bale. Il nous répondit d'abord, & le
Capitaine ayant jetté l'efquif en mer ,
vint faire la reverence à Son Excellence. Ce vaiffeau nous paroiffoit
comme une montagne , à nous qui
étions dans des Galeres ; fa poupe
ètoit toute dorée. Il portoit foixante
pieces de canon , & deux cens cinquante hommes. Ces Anglois alloient
à la chaffe de quelque vaiffeau des
Turcs : car ils leur portent une haine
implacable ; & fi tous les Potentats
en ufoient comme eux , je crois
qu'on ne verroit guéres paroître en
mer ces malheureux Corfaires.

Nous continuâmes notre route vers
Armeria , où nous féjournâmes deux
jours , faifant provifion d'eau & d'autres rafraîchiffemens. La ville n'eft
ni fort grande ni bien peuplée ; mais
elle paroit neanmoins avoir été en
confidération du tems des Maures ,
étant environnée de montagnes , &
défenduë par une bonne Forterefle.
La ville eft ornée de quantité de fon-
taines d'une eau très-claire & bonne.
Comme j'y étanchois la foif que la fiévre & les ruiffeaux de fang allumoient

dans mes entrailles, j'entendis tirer le
coup de partance, & me rendis à nos
Galeres. Nous partîmes fur l'*Ave
Maria* avec une falve de la Fortereffe. Nous prîmes en chemin faifant
trois brigantins Turcs, dont les prifonniers furent diftribuez fur les Galeres, & on les arma de foldats & matelots Chrétiens, avec des efclaves
Turcs. Nous arrivâmes enfin à Carthagene, où eft un très-beau Port
fait par la nature, environné de montagnes, & très-fûr : particulierement
pour les Galeres. La ville paroît avoir
été autrefois confidérable ; mais c'eft
à prefent le lieu le plus difgracié de
toute l'Efpagne : car depuis que les
habitans eurent lapidé leur Evêque,
ils furent fept ans fans pluye ; mais il
femble qu'enfuite Dieu ait été touché
de compaffion envers eux : car à préfent il y pleut deux ou trois fois l'année. Le pays eft néanmoins fterile ; &
pour aider les Galeres à hyverner là,
on y tranfporte du bifcuit d'Italie. De
là je vins à Caravacca, où je vis la
fainte Croix apportée du Ciel par un
Ange fur un Autel où un Prêtre cele-
broit la Meffe fans Croix. Je paffai enfuite à Valence qui eft une très-belle
ville, agréable pour les jardins ; dont
L v

le plus beau est celui de l'Archevêque. De là à Murcie, & à Alicant, petite ville, mais très-bonne pour le négoce ; les maisons hautes & assez bien bâties. M'y étant arrêté cinq jours, je continuai ma route par Tortose & Tarragone, où il y a un très beau dôme, & vins à Notre-Dame de Mont-Serrat. Ce lieu inspire un grand respect, & tire même les larmes des yeux à ceux qui y vont avec un veritable esprit de dévotion. Il y a autant de Chapelles qu'il y a de mysteres au saint Rosaire. On diroit que tout le chemin est taillé au ciseau, étant tout dans le rocher. Il y a grande quantité de lampes d'argent & d'or, & quelques unes d'ambre; les paremens d'Autel répondans à cette magnificence. On rencontre continuellement en chemin des Pelerins qui y vont ou qui en viennent.

De Notre-Dame de Mont Serrat je passai à Barcelonne, Capita'e de la Catalogne, où il y a un Evêque. J'y séjournai six semaines, à cause de quelque douleur qui m'étoit survenuë, & qui me rendoit incapable de voyager, même à cheval. Les trois Couvens que nous y avons sont hors de la ville. Celui de sainte Matrone.

eſt dans le penchant d'une colline ſous la Fortereſſe ; & dans l'Egliſe eſt le corps de cette Saïnte. Le ſecond eſt celui de ſainte Eulalie , où étoit la maiſon de cette Sainte , entre les montagnes à deux milles de la ville ; & c'eſt là qu'eſt le Noviciat. Le troiſiéme eſt celui du Mont Calvaire , non pas à la verité qu'il ſoit ſitué ſur une montagne ; mais il eſt ainſi nommé à cauſe des trois croix qui y ſont. Ce fut à celui-ci que je me retirai , parce qu'il eſt le plus grand , & qu'il y a une Infirmerie. Ces Peres Catalans me reçurent avec grande courtoiſie , particulierement apprenant que je venois d'un pays ſi éloigné. La ville eſt belle & grande , & fournie abondamment de toutes les proviſions neceſſaires à la vie. Si elle avoit un Port aſſuré pour les grands vaiſſeaux , ce ſeroit la plus conſidérable de tous ces quartiers-là. Je remarquai la muſique dont ils ſe ſervent aux Fêtes qu'ils ſolemniſent : car au lieu de violons , ils marient aux voix des fifres & des trompettes , qui font trembler toute l'Egliſe.

Pendant mon ſéjour à Barcelonne , j'y vis arriver un de nos Freres Servans nommé Pierre de Saſſari , qui revenoit d'Alger , où il avoit été racheté

L vj

avec d'autres esclaves par le Roi Catholique. Il avoit été pris six mois auparavant avec le Pere Louis de Paler-
me, en allant de Cagliari à Saffari.
Ces deux Capucins ayant été menez à
Alger, le Pere Louis n'eût pas de peine à y gagner honnêtement sa vie
avec les Prédications, les Messes &
les Confessions, & de payer outre cela au maître à qui il étoit échû en partage une somme par mois ; ce qui étoit
cause qu'on ne l'avoit point mis à la
rame, mais qu'on lui avoit laissé la liberté d'aller où il vouloit par toute la
ville. Aussi quand il fut question de le
racheter, on demanda trois mille écus
pour sa rançon, au lieu qu'on se contenta de trois cent pour le Frere ,
comme n'étant propre qu'à la rame :
ce qui fut cause que cet argent étant
plus facile à trouver, il fut aussi
plûtôt racheté. Je lui proposai de
venir en Italie ; mais il avoit l'esprit tellement frappé de sa disgrace
précedente, qu'il me témoigna n'avoir
autre dessein que de se rendre au plûtôt chez lui. Nous resolûmes donc de
profiter de l'occasion d'une barque
qui alloit en Sardaigne, dont le Capitaine qui étoit un Catalan fort dévot , nommé Dom Carlo de Pise ,

nous reçût courtoifement, Nous étions jufqu'au nombre de deux cens cinquante perfonnes fur cette barque, qui fit voile avec le vent en poupe. Le vent étant fort gaillard, nous avions déja beaucoup avancé, & nous commencions à entrer dans le Golphe, lorfque la violence du vent s'augmentant, nous eûmes à effuyer une des plus rudes tempêtes que l'on puiffe s'imaginer ; les vagues balotant notre barque comme une coquille de noix, & les montagnes d'eau venant de tems à autre couvrir tout notre bâtiment. L'embarras, la confufion, & particulierement les cris des femmes, avoient épouventé les plus accoûtumez à ces orages. Le pis étoit qu'à caufe du bruit de la mer & des Paffagers, les Mariniers ne fe pouvoient pas entendre l'un l'autre : ce qui obligea le Capitaine à mettre l'épée à la main pour faire defcendre fous la couverte ceux qui n'avoient rien à faire à la conduite du vaiffeau, & qui ne fervoient qu'à embaraffer les autres. Tout ce qui étoit fur le tillac & dans la chambre de poupe étoit moüillé, le vaiffeau fembloit être fur le point de renverfer par les coups de mer, qui portoient les gens du côté qu'il panchoit,

lorfqu'une vague fut pouffée par le
vent, avec une telle furie, qu'elle
rompit une corde qui tenoit une piece d'artillerie attachée. Ce canon étant
ainfi détaché, courut avec une telle
force vers le plus panchant, & donna
une telle fecouffe, que ce fut un miracle que la barque ne s'ouvrit en deux.
Le bruit que cela fit augmenta l'épouvante que l'obfcurité de la nuit fo-
mentoit. Les Mariniers moüillez &
fatiguez, refolurent de laiffer aller la
barque à la difcrétion du vent, pourvû qu'elle n'alla pas donner à terre.
Je difois en moi-même : comment fe
peut-il faire qu'ayant traverfé l'Ocean
par deux fois, je vienne, pour ainfi
dire, me noyer dans un verre d'eau !
Car il faut avoüer que je ne me crûs
jamais fi près du naufrage que cette
fois-là ; voyant un arbre rompu, les
voiles à demi déchirées, la barque
maltraitée, & les Mariniers tous dé-
couragez. Cette tempête dura toute
la nuit, fans que nous fçuffions où
nous allions. Sur l'aube du jour, la
mer fembla s'appaifer un peu, & le
ciel s'étant éclairci par le lever du fo-
feil, nous découvrîmes des montagnes qui n'étoient qu'à trois mille de
nous, & reconnûmes que nous étions

fur la côte d'Efpagne, proche le cap
de Gatta. De forte que voyant que j'é-
bois retourné en arriere, & que j'a-
vois perdu en fix heures le chemin qui
m'avoit prefque coûté fix mois de
tems, je fis refolution de ne plus me
remettre en mer. Nous nous confolâ-
mes neanmoins bientôt : car pendant
que nous nous approchions de terre,
il fe leva une tramontane fi fraîche,
que le Pilotte crût qu'il ne feroit pas
mal de regagner du moins en partie, le tems & le chemin perdus. Nous
tournâmes donc la prouë du côté de
Catalogne, & arrivâmes en peu
d'heure à Mattalone, qui étoit le pays
de notre Pilote.

L'ancre étant jetté, je débarquai
avec mon Compagnon, que je n'a-
vois pas vû pendant toute la tempête:
Nous allâmes nous repofer à notre
Couvent qui eft hors du Bourg fur une
colline. Je faifois deffein d'y refter
quelque-tems ; mais apprenant que le
Pilote vouloit s'avancer jufqu'à Albana où eft un Port plus affuré, je me
laiffai tenter de profiter encore de cette commodité, l'envie de m'embarquer me reprenant dès que j'étois à
terre, à caufe de l'indifpofition où je
me voyois toûjours. Nous vinmes

donc en peu d'heures à Albana ; où
nous allâmes à notre Couvent , assis
sûr un roc dans une peninsule jointe
au Bourg par une petite langue de
terre ; de sorte que la mer sert de clô-
ture au Couvent & à son jardin: ce
qui me parut un des plus beaux postes
qu'ait aucun des Couvens de notre
Ordre ; l'air y étant d'ailleurs très-
temperé. Je fis connoître à mon Compagnon que mon dessein étoit d'arrêter là quelque-tems, pour m'en retourner par la France , qui méritoit bien
plus ma curiosité que la Sardaigne. Les
gens de notre bâtiment le sçachant ,
& particulierement les Officiers , qui
étoient tous Italiens ; vinrent se con-
fesser à moi , me témoignant le déplai-
sir qu'ils avoient que je les abandon-
nasse. Eux ayant repris la route de
Sardaigne , je me reposai huit jours
dans ce lieu délicieux , & partis avec
deux Compagnons pour Gironne , de
sorte que je vis presque toute la Catalogne qui est un pays très-fertile , &
de très-bonnes gens. De Gironne , je
vins à Figuieres dans les confins d'Espagne , d'où ayant passé quelques
montagnes , j'entrai dans le Comté de
Roussillon , & dans le premier Bourg
appellé *Cérat*.

De Cérat je vins à Toüi, fitué dans
la vallée de Perpignan, & je me fou-
viens que je paffai là une riviere fur
un pont fait d'une feule arcade, dont
les extrêmitez font fur deux collines :
enforte qu'étant au milieu, c'eft une
hauteur à perte de vûë, & une chofe
affreufe à confiderer. On dit qu'il n'y
a pas dans toute la France une arcade
plus haute ; & je puis affurer de mon
côté que je n'en ai pas vû une en aucun lieu du monde où j'ai été qui lui
foit comparable en cela. Je vis dans
les environs la campagne pleine de
foldats, dont je demandai la raifon.
On me dit que ce pays avoit autrefois appartenu à la Couronne d'Efpagne ; mais qu'étant tombé fous celle de
France, & le fel leur ayant été hauffé
de prix, ces Peuples s'étoient foule-
vez ; ce qui fut caufe qu'on y avoit
envoyé des troupes du Languedoc
pour appaifer le tumulte.

Perpignan que je vis enfuite eft une
Fortereffe royale, poftée fur un rocher élevé, avec trois murailles fort
hautes, environnée de bons foffez,
& très-bien fournie d'artillerie. A la
verité elle femble imprenable de vive
force : le Roi Très-Chrétien la prit
neanmoins en huit moïs de fiege. A

quoi ne contribua pas peu , qu'à la
Forterefſe eſt jointe une ville fort
peuplée : car ſi ç'eût été une Forterefſe ſeule ſans ville , huit mois n'auroient pas ſuffit , du moins à prendre
par famine cette Place , où l'on pouvoit avoir pour trois années de vivres. Le Couvent que nous y avons
eſt hors de la ville.

Ayant paſſé les Monts , je vins à
Narbonne , au milieu de laquelle paſſe une riviere qui ſe rend dans la mer
à une lieuë de là. La ville n'eſt pas
grande , mais fort peuplée ; comme
ſont toutes les villes & tous les
bourgs en France. Les Egliſes n'en
ſont pas belles ; mais on y voit particulierement les jours de Fête ſi grande
affluence de peuple , qu'à peine le Prêtre peut ſe tourner auprès de l'Autel.
L'Egliſe de S. Juſte a des Prêtres vêtus comme des Moines. Les deux clo-
chers ont une belle ſonnerie , qu'il
fait bon entendre.

Je parcourus enſuite les villes ſuivantes du Languedoc & de la Provence , dont je ne dirai qu'un mot.
Beziers eſt ſur une colline , en un pays
très-beau & bien arroſé. J'allai à la
Cathedrale pour voir l'Archevêque
Monſeigneur de Bonzi , qui eſt Flo-

rentin ; mais il étoit abfent. Il a été
fait depuis Archevêque de Touloufe,
& Ambaffadeur de Sa Majefté Très-
Chrétienne à Madrid. Le Roi veut
neanmoins qu'il tire les revenus de
fon Evêché, jufqu'à ce que fa place
ait été pourvûë. Je remarquai dans
cette Eglife une orgue fort grande fur
la grande porte, qui a feulement les
tuyaux qui paroiffent en dehors, les
autres étant diftribuez de trois en
trois à chacun des pilliers : ce qui fait
trembler toute l'Eglife quand elle
joüe, quoiqu'elle foit d'une grandeur
extraordinaire. C'eft une chofe très-
curieufe.

Touloufe qui eft une ville digne
d'être vûë pour le grand nombre de Reliques qui s'y confervent, & pour fa
grandeur & le nombre de fes habitans ; ce qui me faifoit prendre garde
de ne pas paffer devant les Eglifes
quand on achevoit quelques Meffes
ou quelques Vêpres ; la foule étant fi
grande qu'il m'eût fallu tourner en
arriere. Agde, ville très-ancienne où
fut celebré le Concile d'Agde, *Aga-
tenfe.* Notre Couvent qui eft fur la
place, a une Notre-Dame miraculeufe ; la mer étant venuë par trois fois
jufqu'à la ville : mais depuis qu'on l'a

mife là , elle ne s'eft jamais tant avancée, mais s'eft plûtôt retirée : ce qui
fait qu'on l'appelle Notre-Dame du
Gué. Arles ville Archiepifcopale, &
affez peuplée. Martegues qui eft un
lieu curieux à voir : car il eft divifé
en quatre Bourgs bâtis fur la mer ,
avec des ponts qui vont de l'un à l'autre. Nous avons un Couvent aux deux
extrêmités , dans l'un defquels il y a
quatorze Religieux , & dans l'autre
douze, & comme il n'y en a d'aucun
autre Ordre , ils y entendent les con-
feffions comme ils font en France , en
Efpagne , en Allemagne , & en quelques endroits d'Italie. Cette ville fe
maintient prefque par la feule pêche ,
y ayant pour cet effet huit cens tar-
tannes , fans les autres barquettes en
très-grand nombre , qui couvrent un
grand efpace de mer.

Je paffai de là à Aix, capitale de la
Provence , & à Marfeille , ville très-
confiderable , & de très-grand commerce ; mais pas fi grande que je me
l'étois figurée. Le Port eft très-beau
& très-fûr, particulierement pour les
barques & les Galeres , les grands
vaiffeaux n'y pouvant pas entrer chargez. J'y vis vingt-cinq Galeres ran-
gées les unes contre les autres , & au

milieu la Réale, que tous les bâtimens qui entrent au Port, saluent d'un coup de canon : elle a la poupe d'une belle sculpture toute d'orée. Il est vrai qu'elle n'est pas si grande que la Réale d'Espagne que je vis à Cartagene, qui fut celle qui conduisit l'Imperatrice. Cette ville a trois Forteresses, dont la neuve à l'entrée du Port a trois murailles, & même quatre d'un côté. Sa Majesté Très-Chrétienne a fait abattre la muraille qui fermoit la ville du côté de la colline, pour aggrandir son enceinte, qui met notre couvent dans la ville. Cela rendra, sans doute, la ville plus considérable, y ayant un nombre infini de peuple, & de toutes les Nations. On y voit plusieurs corps Saints, & plusieurs Reliques; particulierement la croix de l'Apôtre Saint André. J'allai faire un tour pour voir celles de Saint Maximin & de la Sainte Beaume. Ce sont deux lieux qui inspirent de la dévotion, & tirent les larmes des cœurs les plus endurcis.

Je m'embarquai pour la Ciotat & Toulon. La ville est médiocre ; mais le Port est très-considérable, & capable de recevoir autant, & d'aussi grands vaisseaux que l'on veut. Je vis le Royal-Louis, qui doit à present être

achevé , & qui porte cent vingt pieces d'artillerie. Il a trois galleries , &
la poupe toute dorée ; de même que
les côtez du fonds , la prouë & les
chambres. Celui qui y travailloit , me
dit qu'on y avoit déja dépensé trois
mille écus d'or. Je profitai de l'occafion d'un brigantin qui alloit à Savone. Le premier jour , nous eûmes vent
en poupe , & arrivâmes le foir à Saint
Trozpe. Mais le jour fuivant , le
mauvais tems nous fit relâcher à un
endroit il n'y avoit que deux maifons,
affez loin de la ville de Graffe , poftée
fut une petite montagne environnée
d'autres montagnes , de forte qu'à
peine pouvions-nous là découvrir de
la mer ; & pourtant il falloit de neceffité aller là , fi on ne vouloit pas mourir de faim. Comme je me fentois une
petite fiévre , que les Medecins de
Marfeille avoient nommé fiévre hec-
tique , qui me rendoit prefque incapable de cheminer je me mis fous un
arbre pour m'endormir : mais il ne me
fut pas poffible d'attraper le fommeil
avec la faim qui me travailloit. Ainfi
bien empêché de moi-même , & ne
pouvant comme les autres , me porter
jufqu'à Graffe , je ne fçavois à quoi me
refoudre , lorfque Dieu qui m'a toû-

jours affifté, comme je l'ai mille fois
éprouvé dans mes voyages, me fit
rencontrer une perfonne qui me parut de confideration, & qui me dit :
Pere, que faites-vous ici tout feul ?
Mon indifpofition, lui dis-je, que
vous pouvez bien connoître par mon
vifage, m'a fait refter ici ; mais la
faim me travaille préfentement plus
que la fiévre. Il me répliqua : Je fuis
arrivé avec cette Felouque couverte,
qui eft à moi, & que vous voyez proche de cette roche. J'ai fait pêcher
des fardines, fi vous voulez y venir,
nous ferons collations enfemble. Le
compliment me fut fort agréable,
comme on peut fe l'imaginer ; & je l'y
fuivis très-volontiers. Nous entrâmes
dans fa Felouque, où deux Mariniers
avoient déja tout apprêté. Mais comment ferons-nous, me dit-il, puifque
nous n'avons point de pain, mais feulement du bifcuit ? Tout eft bon dans
la neceffité, lui repliquai-je ; & je me
fuis bien vû fouvent fans pain ni bifcuit. Cet honnête homme me parloit
en Portugais ; ce qui me faifoit étonner étant fi éloigné de Portugal : cela
m'obligea à lui demander s'il étoit de
cette nation. Il me dit que non ; mais
qu'il y avoit été quelque tems.

Nous commençâmes à manger & à boire, sans nous mettre en peine que nous avions un soleil ardent en face ; le besoin que j'avois de réfection m'obligeant de tenir bien ma partie, & me faisant trouver toutes les viandes d'un goût exquis. Ayant achevé & rendus graces à Dieu, nous allions discourans ensemble, nous promenant le long du rivage. Je m'avançai seul pour voir un Dauphin qui faisoit du bruit dans l'eau, comme s'il eût combattu avec un autre poisson, & je m'amusai à lui tirer quelques pierres. Ensuite de quoi je tournai la tête, & vis que cet honnête homme ne me suivoit plus : ce qui me fit revenir, de peur qu'il ne partit sans que je l'eusse remercié. Mais je le cherchai inutilement, & je n'apperçus même plus de Felouque. Je retournai à l'endroit où elle étoit, & ne vis rien : ce qui me mit presque tout hors de moi-même. Et à la verité quand j'y fais reflexion, je ne sçais qu'en dire. Une chose que je sçai bien, est qu'ayant interrogé ceux qui étoient dans notre Brigantin, s'ils avoient vûs cette Felouque qui étoit venuë aborder avec trois personnes ; ils me répondirent qu'ils n'avoient vû personne, quoiqu'ils eussent
sent

sent toûjours été hors de leur bord,
en s'amusant à pêcher dans ce petit
Port. Je me tûs, & remerciai Dieu en
moi-même, l'Auteur de tous les biens,
de ce qu'il lui avoit plû, [quoique
je ne le meritasse pas;] me secourir
dans une necessité où j'étois tombé
pour l'amour de lui. Que ce fût par les
mains d'un Ange ou d'un homme, je
ne puis le sçavoir : du moins je restai
avec une consolation indicible ; & telle que si ma santé l'eût permis. J'a-
vois pris la resolution de retourner au
Congo, me pouvant bien encore servir de ma Patente de Missionnaire,
dont le tems n'étoit pas expiré.

Le jour suivant nous nous embarquâmes avec le vent en poupe, & arrivâmes proche de Nice ; mais le Port
n'étant pas assuré, nous passâmes jusqu'à Ville-Franche, où je me rendis
à notre Couvent, qui paroît comme un
Paradis parmi tant de montagnes très-
hautes, & tant de rochers affreux.
J'en partis trois jours après sur une
Galere de Genes qui nous porta heureusement à Monaco. C'est une Forteresse très-considerable, & un lieu beau
& délicieux. De là, je pris l'occasion
d'un brigantin qui vouloit aller à Savone ; mais la tempête nous pensa fai-

re périr , & nous obligea de retourner
sur nos pas. Je ne voulus plus me fier à la
mer que j'avois éprouvé si fiere & si in-
constante, de peur qu'après tant de dangers , dont j'étois échappé , je n'allasse
finalement faire naufrage au Port. Je
crus que la terre me seroit plus favorable, & je m'acheminai à petites journées
par Menton , Saint Remy , qui est
comme le Paradis de l'Italie , Savone ,
Sestri di Ponente , & Genes. J'attendis
dans le Couvent appellé la Concep-
tion , hors de cette ville , les ordres
de mes Superieurs , à qui j'avois écrit
mon retour. Une fiévre très-aigue qui
me dura quarante jours , pensa à achever ce qu'une fiévre lente de trois ans
n'avoit pû faire. Ma consolation étoit
de me voir parmi des gens de ma con-
noissance , & de qui je recevois mille
politesses.

Pendant ce tems-là , arriva à Genes
le Frere Michel d'Orviete , qui revenoit du Congo ; & avoit été expedié
à Rome par le Superieur , pour repre-
senter à la sainte Congregation *de pro-
paganda fide* , l'extrême necessité où
étoit réduite la Mission de ce pays-là :
la plûpart des Missionnaires y étant
morts en peu de tems , & n'y en res-
tant que trois dans tout le Royaume.

il nous apprit pour nouvelles la more
du Roi de Congo Dom Alvarez, &
l'élection d'un autre, qui n'étoit pas
moins dévot. Il nous dit de plus, que
les Mores avoient mangez le Pere Philippe de Galefia, Missionnaire de la
Province de Rome : ce qui étoit arrivé en cette maniere. Les principaux
ayans obtenu du Roi permission de
brûler ces sorciers qui se trouvent parmi eux, se porterent en un lieu où ils
sçurent qu'ils étoient assemblez, &
mirent le feu à leurs cabannes. Ceux-
ci commençant à appercevoir les flammes, se mirent en fuite, & ayant rencontré le Pere Philippe dans leur chemin, ils se jetterent sur lui, le tuerent,
& le mangerent : ce que les Mores qui
les poursuivoient virent à la lueur des
flammes, & en allerent faire le rapport à Saint Sauveur. Ceci arriva dans
la Province de Sondi, où fait sa résidence un Duc sujet du Roi.

Je me remis sur pieds contre l'esperance de tout le monde, & passant
à Plaisance, je me rendis à Bologne, où
je me trouve presentement par la grace
de Dieu, avec quelques restes de mes
indispositions, que les fatigues de mon
voyage m'ont laissé, estimant d'avoir
assez bien employé le tems, si un seul

de deux mille sept cens , tant enfans
qu'adultesque j'ai baptisé est sauvé par
mon Ministere. Le Pere Michel-Ange ayant que passer de cette vie en l'autre , me dit qu'il en avoit baptisé trois
cens seize. Et il n'y a pas à s'étonner
qu'en si peu de tems nous en ayons
tant baptisez , y ayant un peuple sans
nombre. Un More me dit un jour
qu'un Macolonte avoit eu cinquante-
deux enfans de plusieurs femmes. Dieu
veüille conserver par sa grace ceux qui
deformais seront destinez à cette Mission , de peur, s'ils viennent à manquer
qu'ils ne redeviennent tous Payens.
Le tout soit à la gloire de Dieu, dont
les Jugemens sont incomprehensibles ,
& les voyes qu'il tient pour notre salut , differentes & merveilleufes en
toutes manieres. J'exhorte les Lecteurs à prier Dieu pour ces pauvres
Ethiopiens convertis , afin qu'ils per-
severent en la Foi de Notre-Seigneur
Jesus-Christ , & que nous puissions arriver tous ensemble au Port desiré du
Royaume des Cieux.

JOURNAL

D'UN VOYAGE
DE LISBONNE
A L'ISLE DE S. THOME'
SOUS LA LIGNE,

Fait par un Pilote Portugais en 1626.
Ecrit en Portugais, & traduit
en François par le P. Labat.

JOURNAL

D'UN VOYAGE

DE LISBONNE

A L'ISLE DE S. THOMÉ

SOUS LA LIGNE,

Fait par un Pilote Portugais en
1626. Ecrit en Portugais, &
traduit en François par le Pere
Labat.

VANT que je partiffe de
Venife pour me rendre à
Lifbonne , vous me com-
mandâte Illuftriffime Seigneur , de vous faire une Relation
exaâe du voyage que j'allois entreprendre à l'Ifle de S. Thomé, où nous
devions charger des fucres & autres
marchandifes que l'on fabrique dans

M iiij

cette Isle & à la côte d'Afrique qui en est voisine : c'est ce que je vais faire avec toute l'exactitude dont je suis capable.

Situation de Lisbonne. Lisbonne comme tout le monde sçait, est la capitale du Royaume de Portugal. C'est une très-grande ville, mais qui n'est pas également belle dans tous ses quartiers. Le palais du Roi, les Eglises, & l'Arsenal sont les plus beaux édifices. La plûpart des ruës sont étroites, mal percées, hautes & basses, parce qu'elle est bâtie sur plusieurs collines. Elle est située à trente-neuf dégrez de Latitude septentrionale. Le Tage qui est une riviere des plus considerables passe au pied du palais Royal, & d'une partie de la ville. Ce fleuve est si profond, que les gros vaisseaux montent jusqu'au dessus de la ville, & y moüillent en sûreté.

Nous en partîmes le troisiéme Janvier 1626. & quand nous fûmes arrivées à l'embouchure, nous mîmes le cap par les Isles de Canaries, que les anciens appelloien les Isles Fortunées, & nous allâmes moüiller à l'Isle de Palme qui appartient aux Espagnols. Elle est à vingt-huit dégrez & demi de la même Latitude, & à quatre-

vingt-dix lieuës du cap Bojador en
Afrique. Les lieuës dont nous nous
fervirons dans ce Journal font des
lieuës Efpagnoles, dont il en faut dix-
fept & demi pour faire un dégré d'un
grand cercle, au lieu qu'il en faut
vingt cinq lieuës de celles de France.

Les ifles Canaries font très-abondantes en vin, & en toutes fortes de
vivres. Le fucre y vient en perfection,
& donne aux habitans la commodité de confire les fruits qui y viennent
en abondance, tels que font les citrons, les limons, les oranges, & autres, & d'avoir des fucres, des vins
excellens, des écailles de tortuës,
des dattes, des cottons de diverfes efpeces, des viandes & du poiffon fa- Ifle de Pal-
lé, des légumes, des peaux de chevres me.
vertes & paffées, du fang-dragon, &
quelques gommes, de l'ambre gris,
& autres marchandifes que les habitans vendent aux vaiffeaux qui y viennent moüiller.

On compte deux cens cinquante
lieuës de Lifbonne à cette Ifle. Elle n'a
point de port; mais feulement une
rade affez grande, & d'affez bonne
tenuë; mais qui n'eft pas des plus fû-
res, fur-tout dans le mois de Decembre, parce que le vent du Midi regne

M v

dans ce tems-là, & rend la mer si rude à la côte, qu'il est presque impossible aux chaloupes d'y débarquer, &
que les vaisseaux avec quatre ancres à
la mer ont souvent bien de la peine à
se soûtenir contre le vent & la mer qui
les porte à terre avec une violence extraordinaire.

Des Isles de Sel, de Bonaviste ou Bon-ne-vûë, & de Sainte Marie.

CEux qui partent de l'Isle de Palme, & qui ne veulent pas s'écar-
ter beaucoup des côtes d'Afrique, &
prendre du sel pour saler du poisson
qui se pêche en abondance en diffe-
rents endroits, & épargner ainsi leurs
vivres d'Europe, ne manquent pas
d'aller moüiller à l'Isle du Sel, qui est
une des Isles du cap Verd, ainsi appellées, parce qu'elles sont presque
vis-à-vis ce cap fameux, qui est à la
côte Occidentale de l'Afrique. Les
Isles du cap Verd appartiennent à la
Couronne de Portugal, on en compte dix grandes & petites, la plûpart
sont steriles, & de peu de consequen-
ce, mal peuplée, & assez souvent at-
taquées & desolées par les Pirates
Maures, qui ont enlevés plusieurs fois

les habitans qu'ils ont réduits dans un
fâcheux esclavage.

L'isle du Sel est par les seize dégrez   Descri-
& demi de Latitude septentrionale.   ption de
On compte de l'Isle de Palme à celle- l'Isle du Sel.
ci deux cens vingt cinq lieuës, que
nous fîmes en sept jours.

Nous moüillâmes au Sud dans une
grande ance de bonne tenuë, nous
arborâmes le pavillon Portugais, &
malgré cela nous fûmes deux jours
sans voir aucune créature raisonnable,
quoique nous eussions vû des feux sur
les hauteurs, & entendu quelques
coups de mousquet. A la fin ils s'ap-
privoiserent, & s'étant bien assuré
que nous étions amis & compatriotes,
ils vinrent nous trouver. Le Gouverneur, qui étoit presque nud, vint rendre visite à notre Capitaine, & lui
fit present de quelques poules & de
six chevreaux. On lui donna du linge
& un habit, dont il se revêtit sur le
champ, abandonnant genereusement
sa dépoüille à qui s'en voulut charger; pas un de nos gens n'en voulut :
je crois qu'elle seroit demeurée sur le
sable, si un des siens ne s'en fut accommodée. Il nous dit qu'il avoit sous
ses ordres environ deux cens personnes, hommes, femmes, & enfans,

M vj

qu'ils étoient affez bien armez ; mais
qu'ils commençoient à manquer de
poudre , parce qu'il y avoit long-
tems qu'ils n'avoient eu commerce avec aucun bâtiment. Leur commerce eft très-peu de chofe , & ne
confifte qu'en volailles , cochons ,
chevres , & du fel, qui s'y produit
naturellement dans les endroits les
plus , bas où les groffes marées y portant l'eau de la mer , elle s'y arrête ,
parce que les lieux font plus bas que
le bord du rivage , & le fo'eil y donnant à plomb, fur-tout vers le folftice
d'Eté , il congele ces eaux , les crifta-
life , & les convertit en un fel blanc
comme la neige. On prétend qu'il eft
corrofif , & qu'il tient beaucoup de la
nature de l'alun. On ne laiffe pas de
s'en fervir pour faler les cochons , &
les chevreaux que l'on achette des
habitans , & les tortuës que l'on prend
en affez grand nombre en certaines
faifons de l'année quand elles viennent pondre à terre , ou quand on les
prend à la mer à la varre ou avec des
filets. On appelle varre une groffe ba-
guette de bois , à peu près de la longueur & de la groffeur de la hampe
d'une halebarde , à un bout de laquelle on fait entrer un fer de fept à huit

Pêche des
Tortuës.

pouces de longueur , pointu par un
bout & creufé en douille de l'autre ,
qui s'emboite dans la varre. Ce fer eft
garni d'un anneau où l'on attache une
affez longue corde. Le Pêcheur étant
debout fur l'avant du canot ou de la
chaloupe fait nager le plus doucement
qu'il eft poffible , c'eft-à-dire , fans lever les avirons hors de l'eau , de
crainte d'épouvanter les tortuës , qui
ont la vûë très-perçante , & que le
moindre mouvement feroit prendre
la fuite. Cette forte de pêche ne fe
fait que la nuit , l'obfcurité n'empêche pas que le Pêcheur ne découvre
la tortuë , pour peu que les étoiles
donnent de lumiere , l'écaille de la
tortuë qui dort fur l'eau la fait voir
même d'affez loin : il montre avec le
bout de fa varre à celui qui gouverne
le canot , la route qu'il doit faire , &
quand il eft à portée , il la frappe avec
fa varre , dont le fer pointu & quarré
s'enfonce dans l'écaille , & y demeure
attaché fi fortement , que quelque
mouvement qu'elle fe donne en s'en-
fuyant il ne quitte point , & elle en-
traîne le canot , jufqu'à ce que perdant fes forces , elle fe laiffe approcher : on l'affomme avec quelque
coup de maffe fur la tête , & on la tire
dans le canot.

Nous en prîmes quelques-unes de
cette maniere , & un bien plus grand
nombre avec nos filets , & en les attendant à terre où elles viennent prendre leurs œufs ; car heureusement
pour nous, nous nous trouvâmes en
cette Isle dans le tems de leur ponte.
Nous en salâmes plus de deux cens ,
& nous en mangeâmes à discrétion
pendant plus d'un mois que nous y fûmes mouillez.

Toutes les tortuës ne sont pas également bonnes. Il y en a de trois especes dont il n'y en a qu'une qui soit excellente. On la nomme la tortuë verte
ou franche. Sa chair est excellente; mais
son écaille ne vaut rien , parce qu'elle
est trop mince , & souvent tachée.

L'espece dont l'écaille est re-
cherchée , & très-propre pour des
ouvrages , ne vaut rien à manger, non
parce qu'elle soit moins tendre &
moins grasse que celle de la franche ;
mais parce qu'elle a une qualité pur-
gative très-violente qui fait sortir toutes les impuretés qui sont dans les
corps de ceux qui en mangent.

La troisiéme espece est la plus grande & la plus grosse ; mais sa chair est
coriace, maigre , filasseuse , d'un mauvais goût. On prétend qu'elle perd ces

mauvaises qualités quand elle est salée. Cependant notre Capitaine fit
mettre cette espece à part. Il la desti-
na pour ses Matelots, & fit garder la
premiere pour sa table. En cela, & en
beaucoup d'autres choses, il fit voir
son bon esprit & son experience.

Les habitans de l'Isle nous amasse-
rent du sel, & nous en apporterent
tant que nous en voulûmes, & se contenterent de vieux habits, & de quelques grosses toiles. Nous achetâmes
d'eux des cochons & des chévres.
Nous salâmes cinquante cochons, les
chevres ne peuvent souffrir le sel,
il est trop vif & trop corrosif ;
mais nous en prîmes un bon nombre
que nous embarquâmes, & dont on
en tuoit tous les jours ce qu'il nous
en falloit. Le sel est à très-bon marché en toutes les Isles du Cap Verd,
& en si grande abondance, que mille
navires s'en pourroient charger tous
les ans, sans que le pays en souffrit
aucune disette. Tout le monde y est
bien venu, même dans le tems que les
Portugais sont en guerre avec les autres Nations. Cette condescendance,
ou plûtôt cette politique est prudente:
car s'ils interdisoient à ces Insulaires
pauvres & dénuez de tout autre com-

merce que de celui de leur fel, & de
leurs cochons, chevres, & volailles,
ils feroient bientôt obligez d'abandonner ces Ifles infortunées.

L'Ifle de Bonavifte ou de Bonne-
vûë eft voifine de celle du Sel. J'y allai avec la chaloupe, & j'y achetai
cent facs de pois, qui portent le nom
de cette Ifle, & qui font très-bons, ils
font gris avec une petite tache noire.
Ils cuifent aifément, & croiffent en
abondance dans cette Ifle. Je les payai
en toiles bleuë, vieille toiles blanche, des chapeaux raccommodez, &
des merceries du plus bas prix. J'aurois enlevé plus de mille facs de ces
pois fi j'avois été chargé d'en acheter
une pareille quantité.

On peut dire la même chofe de
l'Ifle de Sainte Marie; mais je n'y ai
point mis à terre.

Les chevres de toutes ces Ifles font
tous les ans trois portées, & à chacune d'elles, elles font trois ou quatre
petits. On chatre les mâles à deux
mois, ils deviennent extrêmement
gras, & d'un goût très-délicat: c'eft
affurément la meilleur viande, la plus
facile à digérer que l'on puiffe trouver. On eftime les cabrittons des environs de Rome, & fur-tout des

matemmes, parce que l'herbe qu'ils
broutent eſt ſalée, & qu'ils y trouvent quantité d'herbes odoriferantes.
J'ai goûtai des uns & des autres, &
ſans crainte de bleſſer ma conſcience,
je crois pouvoir donner la preference
à ceux des Iſles du cap Verd.

Les vaiſſeaux qui vont à S. Thomé
& aux autres lieux de la côte Occidentale d'Afrique, ne manquent jamais d'aller faire leur proviſion de
poiſſons à quelqu'une de ces Iſles ou
à la côte d'Afrique qui en eſt voiſine.
Je ne ſçai s'il y a un endroit au monde où la pêche ſoit plus abondante
& plus aiſée. Quand on eſt dans une
ance, & que la mer eſt belle, on pêche
avec des filets de cent ou ſix vingts
braſſes de longueur, dans leſquels on
enveloppe tous les poiſſons qui ſe
trouvent dans cet eſpace, & les Matelots qui reſtent à bord pêchent à la
ligne, & prennent une infinité de
poiſſons. Ils ne ſe contentent pas de
mettre un hameçon au bout de leur
ligne. Ils attachent d'eſpace en eſpace de leur principale ligne douze ou
quinze petites lignes avec des hameçons qui ne manquent preſque jamais
d'être tous garnis de poiſſons, particulierement des ſardes, de cor-

Quantité de poiſſons, & leur ſalaiſon.

beaux , & d'autres efpeces qui font
gros , charnus , & fort propres à être
falez.

La feule chofe que les Pêcheurs ont
à craindre , c'eft d'être dévalifés par
lés Tuberons. C'eft ainfi que les Efpagnols & nous appellons certains poiffons voraces & carnaffiers , que d'autres Nations nomment Requin ou
Chien de mer. Il me femble que ce
dernier nom leur convient mieux que

Defcription tout autre ; car il reffemble affez à un
du Requin poifon-chien : auffi les Italiens le con-
ou Chien de noiffent fous le nom de *Pefcé çané* ou
mer. du poiffon-chien. Cet animal a pour le
moins deux rateliers , & fouvent trois
ou quatre garnis de dents pointues ,
& tranchantes , qui s'emboîtant les
unes dans les autres fi jufte & avec
tant de force , qu'il coupe la cuiffe &
même le corps d'un homme ou d'un
cheval auffi facilement qu'on coupe-
roit un navet avec un bon couteau.
Ce poiffon eft extrêmement hardi , il
attaque tout ce qu'il trouve en fon
chemin , & s'il mordoit auffi facilement qu'il en a envie , il dépeupleroit
la mer ; mais il eft obligé de fe mettre
fur le côté pour attraper fa proye ,
parce qu'il a la gueule à un bon pied
du bout de fon mufeau , & ce mou-

vement donne le loifir à l'animal qu'il
pourfuit de fe fauver & de paffer fous
lui. Un autre inconvénient qui lui
fait affez fouvent manquer fon coup ,
c'eft qu'il a les vertebres auffi roide
que le loup de nos forêts. Il a peine à
fe tourner , il change de route avec
peine , & donne lieu à fa proye de fe
fauver. On a remarqué qu'il n'attaque jamais les hommes pendant qu'ils
nagent ; mais qu'il fe jette fur eux
quand ils veulent prendre terre ou
monter dans leur canot.

Ces poiffons font en très-grand
nombre aux côtes de ces Ifles , & de
la Terre ferme. On en trouve en pleine mer, ils fuivent les vaiffeaux, & en-
gloutiffent tout ce qui en tombe ; ils
ne font point délicats des paquets de
linge , des maillets , des marteaux ,
des morceaux de bois , tout leur eft
propre. Il n'y a pas d'apparence que
ces fortes de chofes les nourriffent ;
mais ils contentent leur avidité dont
ils font fouvent les dupes. On leur
jette un gros hameçon attaché à une
chaîne de fer d'une braffe de longueur
que l'on a lié à une bonne corde , &
on couvre l'hameçon d'une piece de
chair. L'animal ne manque pas de fe
jetter deffus , il l'engloutit ; mais

quand il sent la pointe de l'hameçon
qui lui pique le gosier ou les entrailles, il fait des efforts extraordinaires
pour rejetter ce morceau fatal. On lui
donne le tems de se débattre, de se
fatiguer, & de perdre ses forces, &
pour lors on le jette dans le vaisseau
où l'on acheve de l'assommer à coups
de masses.

Les Espagnols mangent ce poisson,
& le trouvent bon. Nous sommes plus
délicats nous autres Portugais, & il
faudroit que nous fussions reduits aux
dernieres extrêmitées de la faim pour
nous servir de cette viande. Ce n'est
pas que la chair de ce poisson ait rien
de mauvais, ni de venimeux ; mais
elle est dure, coriace, filasseuse, &
sent un peu le bouquin. Les endroits
les plus mangeables sont depuis le
défaut des côtes jusque sous le ventre. Lorsque l'on prend des femelles,
que l'on dit être encore plus carnassie-
res & plus méchantes que les mâles,
& par consequent bien plus à craindre, parce qu'elles ont des petits dans
le corps. On tire ces petits innocens,
on les fait dégorger pendant un jour
dans une baille pleine d'eau de mer
que l'on change trois ou quatre fois,
& on les mange. Leur chair est très-

délicate & très-faine. Il faut obferver
de la faire bien cuire, car il y auroit
des indifpofitions à craindre, fi on en
ufoit autrement.

J'ai dit que ces animaux dévalifent
fouvent les Pêcheurs. Les nôtres en
firent plufieurs fois la trifte experience. Lorfqu'ils tiroient à bord leurs lignes toutes chargées de poiffons,
quelqu'un de ces animaux venoit en-
gloutir la ligne où les poiffons étoient
accrochez, & fans s'embaraffer de
ces foibles hameçons, ni de la corde
qui ne leur coûtoit à couper qu'un leger coup de dent, ils emportoient
toute l'efperance du pauvre Pêcheur.
Alors tout le monde couroit à la ven-
geance. On jettoit promptement un
gros hameçon, & le gourmand ne manquoit gueres d'être pris & affommé,
& les pieces de fa chair fervoient à en
prendre d'autres.

Les vaiffeaux qui ne veulent pas reconnoître les Ifles du cap Verd, ni y
moüiller, & qui ont affaire à Arguin
rangent la côte depuis le cap Boiador
jufqu'au cap Blanc. Cette pointe fi fa-
meufe eft difficile à trouver quand on
vient du large, parce qu'elle eft très-
baffe & peu avancée à la mer, elle n'a
aucuns arbres, ni aucunes des autres re-

connoiſſances qui peuvent diriger les
Pilotes. Il faut qu'ils la trouvent par ſa
Latitude ou par leur eſtime. Moyens
aſſez ſouvent impraticables & toûjours ſujets à caution, ſur-tout le dernier.

Notre Capitaine avoit des marchandiſes à remettre à Arguin. Il fallut y aller, & pour cela regagner en
faiſant des bordées. La Latitude d'Arguin eſt par les vingt dégrez quarante-cinq minutes de Latitude ſep-
tentrionale, éloignée du cap Blanc
d'environ vingt lieuës.

Nous doublâmes le cap Blanc qui
fait avec un grand banc de ſable qui
eſt au Sud une très-grande ance où il
y a pluſieurs autres bancs, qui en rendent la navigation fort dangereuſe
pour les petits bâtimens, & impoſſible aux grands. Nous moüillâmes entre le cap Blanc & celui de Sainte Anne, Eſt & Oüeſt à moitié de diſtance de
l'un à l'autre ſur ſept braſſes d'eau,
bon fonds & de bonne tenuë, & j'eus
ſoin de conduire les marchandiſes
dans la chaloupe juſqu'à Arguin, où
elles étoient deſtinées.

On compte environ vingt lieuës du
cap Blanc à l'Iſle d'Arguin, & environ quatorze du lieu où nous étions

moüillés. Cette Ifle qui toute petite
qu'elle eft , donne le nom à ce grand
golphe , eft par les vingt degrez &
quarante-cinq minutes de Latitude
feptentrionale. Elle a environ une
lieuë de longueur Nord & Sud , &
trois quarts de lieuës de largeur Eft
& Oüeft. Elle eft acceffible prefque de
tous côtez , elle eft accompagnée à
l'Oüeft de deux petites Ifles défertes
& fabloneufes d'environ une lieuë de
longueur , & de mille pas de largeur,
dont celle qui eft l'Oüeft d'Arguin
n'en eft éloignée que de quatre à cinq
cens pas.

 Le Fort d'Arguin eft bâti à la poin- Fort d'Ar-
te du Nord-Oüeft. La face qui regar- guin.
de le Sud n'a guéres plus de quarante
toifes , c'eft une courtine flanquée de
deux demi-baftions , de peu de def-
fenfe , fans foffé ni chemin couvert,
excepté devant la porte où il y a un
petit ouvrage quarré formé par deux
paliffades. Le refte de fon enceinte eft
formé par un affez bon mur de quatre
toifes de hauteur , & d'une toife &
demi d'épaiffeur , percé de meurtrie-
res & d'embrafures , & tout environné de la mer qui bat au pied. Le Gouverneur étoit Portugais , & avoit une
garnifon d'environ quarante hommes

de notre nation qui s'ennuyoient dans
ce trifte lieu, qui étoit plûtôt pour
eux une prifon qu'une Forterefle. Il y
avoit auffi un Facteur & quelques
Commis pour faire le commerce avec
les Maures des environs. Ce commerce
confifte en efclaves Noirs ou Negres
que les Maures vont enlever fur les
bords du fleuve Niger, en gomme,
en dents d'éléphant, en cuirs verds,
c'eft-à-dire, qui ne font pas paffés, en
plumes d'autruches, en quelque peu
d'or, & en ambre gris qu'ils trouvent
quelque fois fur les bords de la mer.

Marchan-
difes de
traite avec
les Maures.

On leur donne en échange des toiles
de toutes façons, c'eft-à-dire, d'Europe & des Indes, des clinquailleries; du
fer en barres & travaillé de plufieurs
façons, eau-de-vie, & autres femblables marchandifes, fur toutes lefquelles il y a des profits très-confidé-
rables à faire, tant dans la vente que
fur les retours,

Cette Ifle eft abfoluëment privée
d'eau douce, & on feroit obligé de s'en
aller fournir affez loin de là en terre
ferme, fans deux grandes cîternes
qui font à une portée de moufquet du
Fort, où les eaux de pluye, qui jointes
à des fources qui font dans le fond
de ces cavitées, fourniffent abondamment

ment de l'eau au Fort, & à une centaine de cases de Mores qui se font lo-
gez sur l'Isle. Ce sont ces Mores qui
fourniffent la garnison de bœufs, de
moutons, de chevres & de bled d'Inde ou de Mahis. Je demeurai quatre
jours en mon voyage, tant pour aller &
revenir, que pour décharger les marchandises, & en charger quelques autres pour le Portugal.

Le Gouverneur du Fort envoya
auffi sa barque à notre bord, & nous
épargna par ce moyen la peine de faire plus d'un voyage.

Pendant mon abfence, ceux qui
étoient demeurés à bord s'occuperent à
la pêche. Elle eft très-abondante dans
ce golphe. On prit entre autres poif-
sons une efpece de Morue que les Anglois appellent vieilles femmes. Il y
en a qui pefent jufqu'à cent cinquante
livres. Ce poiffon eft fort gourmand.
Les foyes de ceux qui ont été pris fervent d'appas pour en prendre d'autres.
Il avale l'hameçon & l'appas fans mar-
chander; mais quand il fent la pointe
de l'hameçon qui lui pique les entrailles, il renverse tous fes inteftins par
la gueulle, & ce mouvement par lequel il croit fe dégager de l'hameçon le
fait noyer, & on le tire aifément à

Tome V.   N

bord. Il eſt gras, ſa chair eſt très-blan-
che & d'un très-bon goût. Elle porte
bien le ſel, & ſe conſerve à merveille, ſoit qu'on la faſſe ſécher au vent
ou au ſoleil après qu'elle a pris ſel,
ſoit qu'on la conſerve dans la ſaumu-
re. Quand on mange ce poiſſon frais,
on prétend qu'il eſt meilleur après
qu'on l'a ſaupoudré, & qu'on l'a laiſ-
ſé ſous le ſel pendant trois ou quatre
heures.

Les Mores des environs vinrent
trafiquer à notre bord. Ce ſont de maître fripons, ſans honneur, & ſans
bonne foi, fourbes & menteurs au
dernier point. Ils ſont Mahometans,
ils haïſſent mortellement les Chrétiens, & quand ils en peuvent attraper quelqu'un à la campagne, ils le
tuent ou le vont vendre aux Maures de
Miquenez qui le tiennent dans un eſ-
clavage plus dur que la mort.

Maures
d'Arquin.

Nous achetâmes d'eux quelque partie de plumes d'autruche, des œufs
de ces animaux, & quelques livres
d'ambre gris. Il faut être habile pour
ne pas être trompé ſur cette marchandiſe. Ils ſçavent la falſifier & en augmenter le poids en coulant dans les
morceaux du ſable ou de petits morceaux de plomb.

Enfin après un séjour de dix jours
dans ce golphe nous levâmes l'anchre,
& rangeant la terre à une ou deux
lieuës de distance, nous passâmes devant l'embouchure du fleuve Niger,
dans lequel les plus gros vaisseaux
pourroient entrer si elle n'étoit pas
fermée par une barre de sable, sur laquelle la mer brise d'une maniere effroyable. Les Noirs qui habitent sur
cette riviere ne laissent pas de franchir
ce passage dangereux dans leurs canots ; mais il faut être Negre pour
l'entreprendre.

Isle de
Gorée.

Nous découvrîmes le lendemain la
petite Isle de Gorée qui est au Sud
d'un cap appellé le cap verd facile à
connoître par la quantité d'arbres toûjours verds qui font dessus, & par
deux montagnes rondes qui en sont
voisines qu'on appelle les mammelles.
Mais nous vîmes en même-tems un
bâtiment qui portoit sur nous. Nous
nous pavoisâmes, & dans un moment
nous fûmes en état de nous deffendre,
s'il étoit ennemi. Nous déployâmes
notre pavillon, & nous l'assurâmes
d'un coup de canon. Il fut long-tems
à balancer s'il mettroit son pavillon.
A la fin il hissa le pavillon de Salé qui
étoit verd avec un croissant blanc au

N ij

milieu. Il nous tira en même-tems trois coups de canons à balle. Nous lui repondîmes vivement, & lui gagnâmes le vent. C'étoit un vaisseau de seize pieces de canons, tous de petit calibre ; mais qui paroissoit fort chargé de monde. Nous avions vingt-quatre canons de six à huit livres de balle ; mais nous n'étions que cinquante-six hommes. Malgré cela notre Capitaine nous dit que notre fortune étoit faite si nous prenions ce bâtiment. Cela nous encouragea tellement que tout le monde cria qu'il le falloit aborder. Tout beau, dit le Capitaine, ils sont en trop grand nombre, il faut les éclaircir. Comme nous sommes maîtres d'aborder ou de refuser l'abordage, donnons-nous un peu de patience. Il fit tirer à mitrailles, & nous vîmes en peu de momens que nous leur faisions bien du dommage : car ils jettoient des cris affreux, & à la fin on voyoit le sang qui couloit par les dalots. Ils soûtinrent pourtant ce combat désavantageux pendant plus de deux heures. A la fin ils amenerent leur pavillon & laisserent tomber leurs huniers. Notre Capitaine leur cria de mettre leur canot à la mer & de venir à bord. Le Rais qui étoit un renegat

Combat contre un vaisseau de Salé.

Prise du vaisseau.

Espagnol, demanda s'il y auroit bon
quartier. On le lui promit. Il vint
avec vingt-cinq hommes. On les reçût. Nos gens les déchargerent civi-
lement de leurs habits, & les mirent
aux fers. On penſa le Rais qui avoit
le bras gauche caſſé. On acheva de le
lui couper, & notre Capitaine lui
donna ſon lit. On renvoya le canot
qui revint encore chargé de monde. En
trois voyages il nous apporta quatre-
vingt hommes que l'on reçût, & que
l'on traita comme les premiers, &
j'allai par ordre du Capitaine prendre
poſſeſſion du bâtiment, & l'amariner:
car en qualité de premier Pilote j'é-
tois auſſi Lieutenant. J'y trouvai encore dix Maures, douze Chrétiens eſclaves, & environ trente Noirs qu'ils
avoient enlevez à la côte en allant pêcher. Le pont & les deux gaillards
étoient couverts de morts & de bleſ-
fez. Je les fis dépoüiller & jetter à la
mer pêle mêle, afin de leur épargner
la douleur des operations de nos Chi-
rurgiens. Je fis laver le pont, épiſſer
les manœuvres qui étoient coupées,
& puis j'allai tenir conſeil à notre
bord pour déterminer ce que nous ferions de notre priſe, & de nos eſclaves. Nos gens vouloient qu'on en jet-

N iij

tât une partie à la mer, parce qu'étant
en plus grand nombre que nous, ils
pourroient se revolter, rompre leurs
fers, & se rendre maîtres de notre bâtiment. On contesta long-tems, car la
chose étoit délicate; à la fin je dis que
j'avois trouvé à leur bord un bon
nombre de fers, & qu'il me paroissoit
inhumain de leur donner la mort étant
maîtres d'eux, & pouvant les empêcher de nous pouvoir nuire. Je proposai de les enchaîner deux à deux
par un pied, & par un bras, & de
leur déclarer que le premier qui feroit le moindre semblant de vouloir se
revolter, on les passeroit tous sans
misericorde au fil de l'épée. On convint de cela, ils furent tous enchaî-
nez. On en mit vingt sur la prise avec
quinze Chrétiens, & nous resolumes
de remonter aux Isles du Cap Verd,
afin d'y vendre notre prise & nos esclaves. Les douze Chrétiens esclaves
furent incorporez dans nos équipages & nous changeâmes de route, &
remontâmes à bordées pour regagner
les Isles du Cap Verd. Les vents nous
favoriserent. En quatorze jours nous
gagnâmes l'Isle de S. Jacques. C'est la
capitale des Isles du cap Verd. Elle
est située par les quinze dégrez de La-

Isle de S.
Jacques au
cap. Verd.

titude septentrionale. On lui donne
dix-sept lieuës de longueur sur six à
sept de largeur. Elle est extrêmement
montagneuse. On appelle Ribera ou la
Riviere la ville capitale. Elle est bâtie
dans un fond de mediocre étenduë
entre deux montagnes fort hautes,
au milieu desquelles passe une riviere
qui a donné le nom à la ville, qui
consiste en cinq ou six cens maisons de
pierre assez bien bâties, & assez commodes. Elle est la demeure du Gouverneur qui n'a pourtant que la qualité
de Corregidor, & de plusieurs Gen-
tilshommes Portugais & Castillans
qui ont leurs biens à la campagne
qu'ils font valoir par leurs esclaves,
sous la conduite d'un Commandeur.

On peut croire, sans que je le di-
se, que nous fûmes bien reçus. Notre
Capitaine fut regardé comme le plus
grand Officier qu'eût la Couronne de
Portugal. Le Gouverneur le traita
avec une distinction particuliere. Les
Juges de terre & de marine en firent
de même. On mit nos Saltins esclaves
dans les prisons publiques, & le Raïs
dans une maison particuliere en attendant qu'il fût en état d'être conduit à l'Inquisition, & de là au bu-
cher à moins qu'il ne se convertît,

N iiij

& ne donnât de bonnes preuves de son
repentir ; mais afin que sa mort ne
portât aucun dommage à nos interêts,
on le fit entrer dans le dixiéme que
nous étions obligez de donner au Roi
pour la prise que nous avions faite. A
l'égard des Chrétiens ils furent décla-
rez libres , & il leur fut permis de
prendre tel parti qu'ils jugeroient à
propos. Il sembloit que les Negres
qui avoient été enlevez par le Corsai-
re auroient dû être traitez comme les
Chrétiens ; mais on reflechit prudem-
ment qu'ils avoient perdu leur liberté , ayant été pris par les Maures , &
qu'étant esclaves quand ils étoient
tombez entre nos mains , ils n'avoient
point d'autre liberté à attendre que
celle que leur donneroit le Baptême
que ceux qui les acheteroient ne man-
queroient pas de leur faire recevoir.
Cela leur devoit suffire , puisque c'est
le plus grand bien qu'on leur pouvoit
procurer.

On fit l'inventaire de notre prise.
Nous trouvâmes quatre-vingt-onze
esclaves Maures , & trente-trois Negres , dont le dixiéme du Roi étant
ôté , il nous en restoit encore cent
dix-huit , outre les quatre dont on
avoit fait present au Capitaine outre

sa part. On les vendit l'un portant
l'autre soixante crusades, qui produi-
sirent six mille quatre cens quarante
crusades. Le bâtiment & ses apparaux
furent vendus deux mille huit cens
crusades, dont le Roi eût aussi son
dixiéme, les frais de l'inventaire &
la vente monterent à douze cens crusades, & ce qui resta fut partagé en
portions égales, sçavoir, un quart
pour les proprietaires du bâtiment,
dix lots pour le Capitaine, six pour
moi comme Lieutenant & premier
Pilote, trois pour le second Pilote,
deux pour le troisiéme & pour le maître des Matelots, & un pour tous les
autres. Les habits, les armes, & autres choses qui avoient appartenu aux
Maures furent regardez comme pillage & partagez également. Nous
n'eûmes dans ce combat que six blessez assez legerement, & les Maures y
perdirent cent trente hommes. Il étoit
tems qu'ils se rendissent : car le bâtiment faisoit eau de tous côtez, &
presque toutes leurs manœuvres
étoient coupées.

Nous demeurâmes trente-cinq jours
à S. Jacques. Nous fîmes de l'eau, &
nous remplaçâmes les vivres que nous
avions consommez, & les munitions

N v

de guerre du Corſaire ſervirent à
remplacer les nôtres.

Cette Iſle eſt extrêmement montagneuſe, & preſque toutes ces montagnes ſont encore couvertes d'arbres.
Les habitans ont negligé de défricher les ſommets, parce qu'ils ont reconnu que le terrein étoit pierreux,
& peu propre à être cultivé. Mais les
revers & les fonds ſont excellens, &
produiſent abondamment tout ce
qu'on leur fait porter. On peut regarder tous ces endroits comme des jardins délicieux, remplis des plus beaux
arbres fruitiers que l'on puiſſe imaginer comme orangers, citroniers, limoniers, palmiers, pommiers & poiriers d'Europe, des figuiers de toute
eſpece, & des cocotiers les plus beaux
du monde. Il y a une quantité prodigieuſe de cotoniers qui font le meilleur revenu des habitans, qui ont établi des manufactures de toiles de différentes façons, dont ils font un commerce fort avantageux avec les Maures & les Noirs de la côte d'Afrique
qui en eſt voiſine. On avoit commencé à y cultiver les cannes à ſucre,
mais ſoit qu'elles n'y vinſſent pas bien,
ſoit que leur commerce de toiles leur
rendît plus de profit, ils avoient

abandonné cette culture. Le froment
avoit eu le même sort ; & en cela ils
avoient marqué trop d'impatience ;
car si le froment venu d'Europe à peine à se naturaliser dans ce climat brûlant ; il est certain qu'il s'y fait dans la
suite , comme on l'a expérimenté dans
d'autres endroits entre les Tropiques,
& sur-tout au Mexique où il vient
très-bien ; & où l'on fait deux récoltes chaque année dans la même terre.
Il est vrai que la premiere & la seconde fois qu'on le cüeille , il rend très-
peu de grains ; mais ces grains étant
semez produisent les plus beaux épis
du monde , les plus longs ; les mieux
fournis , & qui donnent une farine
excellente.

Les cottoniers rapportent deux fois
l'année : le cotton est long, fin & d'une
blancheur à éblouir. Aussi les toiles
qu'on en fait sont très-belles & très-
bonnes , & ne le céderoient pas à celles des Indes , si on avoit dans le pays
de meilleurs ouvriers.

Outre le Corregidor qui est comme
le Gouverneur général , de qui dépendent les Corregidors des autres
Isles , les nobles & les plus notables
bourgeois s'assemblent tous les ans ,
& élisent deux Officiers ou Juges qui
N vj

doivent être pris alternativement du corps de la noblesse & de la bourgeoisie, l'un desquels est Juge de l'Amirauté, c'est-à-dire, de tout ce qui a du rapport aux choses de la marine, & l'autre est le Juge civil & criminel, & décide avec six Oydors ou Conseillers tous les differends qui arrivent entre les habitans de cette Isle & des autres qui y ont recours par appel des Sentences des autres Juges.

A proprement parler, on ne reconnoît que deux saisons dans ces Isles. Celle des pluyes qui leur tient lieu d'hiver, & celle de la secheresse qui est leur Eté. La premiere commence au mois de Juin lorsque le soleil entre dans le signe du Cancer ou de l'Ecrevisse. Les pluyes tombent alors avec violence, & presque sans discontinuation. Les Portugais l'appellent *la Luna de las Aguas*, ou la Lune des eaux. Au commencement du mois d'Août les pluyes commencent à être moins abondantes, aussi ne sont elles plus si necessaires. Les terres sont suffisamment abreuvées, & on seme le mahis bled de Turquie, ou gros mil; car ces noms sont sinonimes, & signifient la même chose. On seme en même

sems les pois , les féves , & toutes les
autres légumes & le ris. La terre ra-
fraichie par la pluye , & même en-
graiffée , reçoit avec une efpece d'a-
vidité tous ces grains differens , la
chaleur qui eft toûjours vehemente
les fait germer. Ils pouffent à merveille , & en quarante jours ou environ on fait les récoltes , c'eft-à-dire , que dans le mois de Septembre
ou au commencement d'Octobre on
cüeille & on ferre une recolte de toutes fortes de graines plus que fuffifan-
te pour toute une année.

Ceux qui font bons œconomes ne
fe contentent pas de cette recolte , &
s'ils ont eu foin de préparer leurs
terres , ils fement encore une fois à la
fin de la faifon pluvieufe , & font une
feconde recolte dans le mois de Decembre. Il eft vrai que cette feconde
recolte eft moins abondante que la
premiere , parce que la chaleur
exceffive ayant confommé promptement la plus grande partie de
l'humidité dont les pluyes avoient
imbibé la terre , elle ne fe trouve plus
en état d'en fournir fuffifamment pour
faire croître les graines & les autres
femences qu'on a répanduës dans fon
fein. Elle ne laiffe pas de produire

suffifamment pour les habitans, quand
même elle feroit feule.

Ces deux récoltes leur donnent le
moyen d'élever un nombre prodi-
gieux de volailles de toutes les efpè-
ces. Les vaiffeaux qui y paffent en
font bonne provifion ; car elles y font
à très-bon marché, & comme la nourriture qu'on leur donne eft très-bonne, elles y font excellentes.

Il y a des bœufs, mais en moindre
quantité qu'ils n'y devroient être.
C'eft là faute des habitans qui font
indolens, & qui fe repofent de tout
le travail de leurs habitations fur leurs
efclaves.

Les moutons & les chèvres y font
par milliers, & font très-bons, parce que ces animaux paiffent des herbes fines qui leur donnent un fumet
délicieux. Ceux qui font un peu en-
tendus ne fe contentent pas du fel dont
les herbes du bord de la mer font naturellement empreintes, ils donnent
à ces animaux des pièces de fel, qu'ils
lèchent, & qui aiguife leur appetit,
les fait devenir plus gras & de meilleur goût.

Le trafic de ces Peuples eft peu
confidérable avec les Maures & les
Noirs des environs, puifqu'ils n'ont

à troquer avec eux que leurs toiles
de cotton, & quelque peu de merceries qu'ils reçoivent des vaisseaux
qui passent chez eux en échange de
leurs volailles, de leurs moutons, &
de leurs chévres.

J'ai vû peu de cochons chez eux.
Il semble pourtant qu'ils en pourroient avoir quantité, vû la temperature de l'air, & la facilité qu'il y
a de les nourrir. Si je n'étois pas Portugais, je croirois que mes compatriotes les Insulaires de S. Jague ont
retenu quelque chose des observan-
ces de la Loi de Moyse ; mais je suis
obligé de leur rendre justice. J'en ai
vû qui mangeoient du cochon sans
difficulté, du lapin, de l'anguille, &
autres viandes prohibées à ceux qui
ont encore quelque attachement à
l'ancienne Loi. D'ailleurs ils ne seroient pas Juifs impunément. Il y a un
Inquisiteur à S. Jague, & quoiqu'il
ne pousse pas les choses à l'extrêmité,
il ne laisse pas de faire les procedu-
res & de les envoyer avec les coupables à Lisbonne où l'Inquisition gene-
rale acheve les procès en la maniere
accoûtumée.

Au reste on pratique dans cette Isle
les mêmes dévotions qu'en Portugal.

On fait des processions, on se flagelle à merveille, & quand ces cérémonies sont achevées, on a d'autres exercices qui ne sont pas si édifiants : tout le monde s'en mêle ; on courre les rües toute la nuit armé jusqu'aux dents, & on va chercher la bonne fortune, comme si on avoit oublié qu'on a encore les épaules écorchées par les coups de foüet qu'on vient de se donner pour les péchez passez. Cette conduite paroîtra extraordinaire à ceux qui ne sont pas accoûtumez à nos manieres ; mais ils doivent faire attention que chaque pays a les siennes, & que les Espagnols & les Italiens pensent comme nous, & sont dans les mêmes usages.

Au reste le commerce de toutes ces Isles, sans excepter même celui de S. Jague, est si peu considerable que les nobles & le peuple sont si pauvres qu'ils ne peuvent pas étaller le faste que notre nation affecte dans ses habits & dans ses meubles. Pour la table tout le monde sçait que nous faisons profession d'une très-exacte frugalité. Quoique beaucoup de ces Messieurs vinssent souvent manger à notre bord où notre Capitaine les traitoit splendidement il n'y en eût qu'un

feul qui nous invita à venir dîner
chez lui. C'étoit fans contredit le plus
apparent de la ville , & je puis affurer que je n'ai de ma vie fait un fi
mauvais repas ; car excepté le fruit
qui y étoit en abondance , un homme
feul auroit eu peine à fe raffafier de
ce qu'on nous fervit pour huit qui
étoient à table.

Nous reçûmes pourtant le paye-
ment de notre prife , partie en toiles , partie en argent , & partie en
lettres de change fur Lifbonne dont
nous nous ferions deffiez fi elles n'a-
voient pas été endoffées par un Capitaine Anglois qui étoit moüillé auprès de nous.

Le principal negoce que l'on fait
fur toute la côte Occidentale de l'A-
frique eft de Negres efclaves que l'on
tranfporte au Brefil , où ils font abfolument neceffaires pour la fabrique du fucre , du tabac , du rocon ,
de l'indigo ; pour la culture du manioc , pour fcier les bois de teinture ,
& autres marchandifes que l'on tranfporte en Europe , & fur lefquels
il y a des profits confidérables à
faire.

On tire auffi du morphil, c'eft-à-dire,
de l'ivoire ou des deffenfes d'élé-

phant des mêmes endroits, des dents
de cheval marin dont la matiere est
un ivoire bien plus blanc & plus dur
que les deffenses d'éléphant ; mais
qui sont bien moins longues. Les plus
grandes n'excedent pas dix-huit pouces de longueur.

Le commerce de la côte de Guinée
est bien plus considerable outre les
esclaves , le morphil & autres choses, on y trafique de l'or en poudre
que les Negres recüeillent dans le
sable des rivieres. On l'appelle or de
lavage , parce que c'est en lavant le
sable de ces rivieres qui passent par
des mines d'or que les pluyes & les
torrens entraînent , & que l'on recüeille à quelque distance du bord de
la mer. La côte qui en produit davantage est celle de la Mine.

Les Portugais étoient en possession
du château que les François y avoient
bâti, il y avoit bien des années. Ils en
avoient été débusquez par les Hollandois qui en étoient alors en possession , & prétendoient des droits
également honteux à notre nation, &
onereux à notre commerce.

A la fin nous mîmes à la voile , &
nous portâmes sur la grande riviere ,
autrement le Niger. C'est à ce qu'on

dit une des plus grandes rivieres du monde, tant pour la longueur de son cours, que pour sa profondeur & l'abondance de ses eaux. Mais son entrée impraticable aux bâtimens est cause que nous n'y faisons presque aucun commerce, & que celui qui s'y fait est refervé aux Fermiers qui en obtiennent le privilege privatif du Roi moyennant une somme qu'ils payent tous les ans à son trefor.

Ce fleuve est par les onze dégrez de Latitude Septentrionale. Les anciens ont cru que c'étoit une branche du Nil, quoique le cours de celui-ci foit au Nord, & celui du Niger au Couchant. La raison qui les portoit à croire une chose si éloignée de la raison, c'est qu'il fe trouvoit dans le Niger les mêmes animaux que dans le Nil: Je veux dire des crocodiles, des chevaux marins, & autres animaux. Ils difoient encore pour fortifier leur opinion, que le Niger avoit fa cruë & fes débordemens comme le Nil, & dans le même-tems. D'où ils croyoient pouvoir conclure que cette augmentation extraordinaire d'eau dans ces deux fleuves venant d'une cause inconnuë, qui augmentoit presque à l'infini la quantité d'eau

que les sources donnent ordinairement, il falloit que ces deux fleuves
n'eussent qu'une même origine, ou
que l'un fût une branche de l'autre.
Ce raisonnement tout pitoyable qu'il
est n'a pas laissé de trouver des parti-
sans & des gens assez entêtez pour
ne pas vouloir demeurer d'accord que
l'accroissement du Nil ne vient pas
de l'accroissement des eaux, dans les
sources qui le produisent mais des
pluyes qui tombent regulierement
tous les ans entre les deux Tropiques,
lorsque le soleil entre dans le signe du
Cancer ou quelques jours devant ou
après. Ce sont ces pluyes extraordinaires qui grossissent ces deux rivieres.
Il est très-inutile de chercher d'autre
raison de leurs crues & de leurs débordemens. Si les pluyes sont retar-
dées ou avancées comme cela arrive
quelquefois, la crüe des fleuves est
avancée ou retardée, & si les pluyes
durent plus ou moins qu'à l'ordinaire, on remarque la même augmentation ou la même diminution dans la
riviere : d'où il faut conclure que les
pluyes tombant également aux environs du Niger, comme elles font aux
environs du Nil , c'est à elles seules
que ces fleuves doivent leur accrois-

fement , fans qu'ils dépendent l'un de l'autre , & fans que l'un foit une branche de l'autre. Mais ces rai-fonnemens nous meneroient trop loin , & nous feroient perdre de vûë le point principal de notre voyage.

Nous reconnûmes pour la feconde fois l'Ifle de Gorée , & le lendemain nous paffâmes l'embouchure de la riviere de Gambie. Celle-ci quoique très-confiderable eft fans contredit une branche du Niger, du moins c'eft ce qu'affurent les Negres Mandignes qui font les plus grands voyageurs, & les plus ardens Négocians que l'on connoiffe parmi tous les Ne-gres. Nous n'en approchâmes pas plus près de fix lieuës, car outré que nous n'avions rien à y faire , fon en-trée eft femée de bancs dangereux qui s'étendent affez loin au large.

Nous arrivâmes enfin à la riviere de Serrelionne. Il eft aifé de la con-noître par la haute montagne qui en eft voifine qui porte le nom de Sierra-Liona ou de montagne des Lions, & a donné le nom à la riviere qui coule au pied. Nous en étions affez pro-ches , & le calme qui nous prit nous obligea de moüiller , de crainte que

Montagne & riviere de Serrelion-ne.

le courant qui étoit fort, & qui portoit au large ne nous entraînât malgré
nous. Cette manœuvre donna lieu à
quelques canots de Negres de nous
venir découvrir, & après qu'ils nous
eurent reconnus amis de venir à bord,
& de nous apporter des poules & des
moutons que nous eûmes pour des
couteaux & d'autres merceries de
peu de valeur. Ils nous demanderent
si depuis deux mois nous n'avions pas
vû un vaiſſeau de Maures. Par la pein-
ture qu'ils nous en firent, nous reconnûmes que c'étoit juſtement le Sal-
tin que nous avions pris. Nous le leur
dîmes, & ces pauvres gens en témoignerent une joye extraordinaire. Ils
nous demanderent ce que nous en
avions fait, & si nous n'avions pas
tué tous ces méchans voleurs. Nous
leur repondîmes que nous en avions
tué cent trente, & que nous avions
vendu les autres avec le vaiſſeau. Ils
auroient été plus contens si nous les
avions tous jettez à la mer. Ils nous
remercierent pourtant de ce que nous
avions fait, & un des canots étant retourné à terre revint au bout de quatre heures avec un preſent de volailles, de moutons, & de chévres que
leur Roi nous envoyoit pour nous re-

mercier de ce que nous les avions délivrez de ces pirates, qui avoient enlevé deux de leurs canots pêcheurs.

Notre Capitaine n'eût garde de se
laisser vaincre en matiere de politesse
par ce Prince Negre. Il lui envoya un
present bien plus considerable que le
sien, & ce Prince y répondit par un
autre present d'un jeune esclave fort
bien fait, qu'il le pria d'accepter
pour son service particulier. Il lui fit
dire en même-tems, que s'il vouloit
traiter des esclaves, il en avoit soixante dont il lui feroit une traite avan-
tageuse.

Nous acceptâmes le parti. Le Capitaine & moi allâmes à terre, nous
fûmes reçus à merveille, & bien ré-
gallez, & on convint du prix que
nous payâmes en toile de coton, &
merceries. Nous eûmes encore du
mahis & des pois pour les nourrir plus
de six mois, & après avoir séjourné
en cette rade pendant huit jours,
nous nous separâmes fort contens les
uns des autres.

Nous mîmes à la voile & doublâmes les bancs de Sainte Anne, après
quoi nous mîmes le cap au Sud-Est
pour ranger la côte sans nous en éloigner de plus de cinq à six lieuës. Nous

Commerce
d'esclaves
avec le Roi
de Serre-
lionne.

reconnûmes le cap Miferando , & enfuite celui des Palmes , & nous allâmes moüiller au village appellé le
grand Drouin où nous tirâmes un
coup de canon fans balle , & mîmes notre pavillon. Il y avoit plufieurs canots à la pêche qui fe retirerent tous à terre , un feul excepté qui vint nous reconnoître , &
qui après s'être bien affuré que nous
étions amis , vint à bord , & prefen-
ta quelques poiffons à notre Capitaine. Il n'y avoit dedans que trois Negres grands & forts , qui parloient
Portugais affez bien pour fe faire entendre. On les fit boire , & on leur
paya leur poiffon. Ils nous demanderent fi nous voulions traiter , & quelles marchandifes nous avions. On leur
en montra de plufieurs efpeces ; mais
l'eau-de-vie fut celle qui parut plus
de leur goût. Nous leur demandâmes
à notre tour quelles marchandifes on
trouvoit chez eux. Ils dirent qu'ils
avoient des efclaves , du morphil, de
la maniguette & de l'or ; mais en petite quantité. On leur dit d'aller avertir leurs compatriotes d'apporter
leurs marchandifes à bord. Ils en firent
quelque difficulté , parce que notre
Capitaine n'avoit pas fait le ferment
d'amitié

d'amitié. Il le fit. Ce serment consiste à se mettre quelques gouttes d'eau de la mer sur les yeux, ayant un pied sur le bord de la chaloupe, & l'autre sur la précinte du vaisseau. Cette cérémonie achevée, ils partirent fort contens, & revinrent deux heures après accompagnez de plus de vingt autres canots, dans chacun desquels il y avoit quatre ou cinq hommes, qui n'avoient pour toutes armes que leurs couteaux. Comme ce grand nombre de Negres qui monterent presque tous dans notre vaisseau pouvoit nous donner de l'ombrage, notre Capitaine fit prendre les armes, & mit vingt hommes armez, & prêts à faire feu sur chaque gaillard. Ils nous amenerent environ trente esclaves; mais on n'en acheta que dixhuit, les autres étant vieux, & on ne voulut point de femmes. On convint aisément du prix, & à mesure qu'on les payoit, on les marquoit avec une petite lame d'argent presque rouge qu'on leur appliquoit legerement sur un morceau de papier huilé sur le gros du bras gauche. Ils ne témoignoient ni douleur ni chagrin de cette operation, parce qu'elle étoit suivie d'un petit verre d'eau-de-vie, &

Traite au grand Drouin sur la côte de Guinée.

Tome V. O

on les enchaîna deux à deux entre les
ponts.

Nous traitâmes environ deux cens
deffenses d'éléphant qui pesoient depuis soixante jusqu'à cent cinquante
livres la piece. Nous eûmes presque
pour rien quelques sacs de maniguel-
le ou de poivre de Guinée qui est plus
petit, & de moindre qualité que celui
des Indes, & environ douze marcs
d'or en poudre. Il faut s'y connoître
pour n'y être pas trompé. Pour cet

Maniere de
traiter l'or
avec les
Negres.

effet on pese l'or en la présence du
vendeur, & on le met dans de l'eau
tegalle. S'il est pur, il n'y excite aucun mouvement, aucune fermentation. Si au contraire il y a du mélange, & que les Negres y ayent mêlé
de la poudre d'épingles, on voit aussi-tôt une fermentation très-grande, qui ne finit que quand l'eau a
consommé tout le cuivre, ou autre matiere étrangere qu'on y a mêlée. Alors on pese l'or qui reste, &
on le paye.

La pratique ordinaire de ceux qui
negocient sur cette côte, est de confis-
quer l'or qui s'est trouvé alteré, &
de faire esclave celui qui le leur a
presenté, l'ayant préalablement aver-
ti de ce que l'usage les a mis en droit

de faire , si l'or qu'on leur présente
n'est pas pur. Nous étions en droit de
suivre cette regle ; mais notre Capitaine eut des raisons pour ne le pas
mettre en pratique. Il déclara pourtant à ceux qui lui présenterent de
l'or ce qu'il étoit en droit de faire , &
leur dit qu'il alloit faire éprouver
leur or. Ils en demeurerent d'accord ;
mais ils eurent assez d'esprit pour lui
dire que cet or leur étant venu d'autres Negres qui le vont chercher
dans les rivieres de leur pays , ils ne
pouvoient pas être responsables des
fraudes qu'ils y pouvoient avoir faites,
ni perdre leur marchandise & leur liberté pour une faute dont ils n'étoient
pas coupables , & qu'ils avoient payez
les premiers , puisqu'ils avoient été
trompez sans pouvoir être détrom-
pez , parce qu'ils ne sçavoient pas le
secret de découvrir la tromperie qu'on
leur avoit faite ; mais qu'ils consen-
toient qu'on éprouve leur or , &
qu'on ne leur payât que ce qui se trouveroit d'or pur. Cette sage précaution les tira d'intrigue, & nous n'eûmes point de difficultés avec eux.

Un de nos gens avoit traité en secret un demi marc d'or avec un Negre , & l'avoit payé sans éprouver sa

O ij

marchandife. Il eût occafion de s'en
repentir quand il fe trouva en état de
le faire ; car au lieu de quatre onces
d'or qu'il croyoit avoir acheté, il ne
s'en trouva pas deux.

Nous eûmes encore des mêmes Negres environ dix-huit livres d'ambre
gris en petits morceaux. Un feul excepté qui pefoit deux livres. Cette
marchandife eft rare fur cette côte.
Les Negres ont été long-tems fans la
connoître. On dit que ce font les François qui la leur ont fait connoître. Ce
qu'il y a de fâcheux, c'eft qu'ils la
partagent en morceaux auffi-tôt qu'ils
l'ont trouvée, afin que tous ceux qui fe
font trouvez à la prife en emportent leur
part, au lieu de conferver les morceaux entiers ; mais ils veulent avoir
chacun leur part, parce qu'ils fe dé-
fient les uns des autres, & ils ont raifon ; car ils font tous fripons par in-
clination, & par ufage, & ils n'ont
garde de fe fier les uns aux autres, de
crainte que celui qui l'auroit en garde
ne la vendît toute à fon profit particulier.

Ce fut après avoir doublé les bancs
de Sainte Anne que nous apperçûmes
bien diftinctement les quatre grandes
étoiles qui forment la croix du Sud

Ambre gris. *(marginal note)*

La croix du Sud ou le Cruzoro. *(marginal note)*

que nous appellons le *Cruzero* ; mais nous ne vîmes pas l'étoile Polaire Antarctique. Ces quatre étoiles forment une espece de croix un peu irreguliere. Nous en avions vû la moitié quand nous étions devant la riviere de Gambie, & si le ciel avoit été plus clair, nous l'eussions vûe dès le Cap Verd, comme quelques-uns de nos Pilotes l'ont marqué dans leurs journaux. Le tems obscur & les brunes épaisses que nous eûmes nous en empêcha ; mais à mesure que nous approchions de la Ligne, nous la vîmes toute entiere.

J'oubliois de remarquer que la montagne de Serrelionne qui est très-haute & toute couverte de grands arbres, est toûjours environnée à son sommet d'un nuage épais qui empêche qu'on ne découvre sa pointe, ou plûtôt ses pointes ; car elle a plusieurs sommets separez les uns des autres par de profondes vallées, & par des ravines qui servent de repaires naturels à la quantité prodigieuse de lions & autres bêtes féroces que l'on dit y être. Ces animaux font assez souvent du ravage dans les habitations des Negres ; mais ceux-ci le leur rendent avec usure, car ils sont continuellement à les poursuivre ; soit à force

O iij

ouverte en les perçant à coups de fléches , & de saguayes , étant montez
sur des arbres où ils les attendent auprès des ruisseaux où ils viennent
boire , ou se baigner pendant la nuit ;
soit en creusant des fosses profondes
couvertes legerement de paille & de
terre , sur lesquelles ils mettent quelques pieces de viande pour les y attirer , & quand ils y sont tombez , ils
les percent à coups de fléches & de
saguayes , & quand ils sont bien assurez qu'ils sont morts , un des plus hardis y descend , & après l'avoir attaché par le col ou par un pied , ils le
tirent en haut , & en font bonne
chere.

Pour moi je ne sçai quel goût on
peut trouver dans un lion qui est toûjours maigre & toûjours malade de la
fievre. C'est dommage qu'il n'y ait
pas un troupeau de Medecins Européens chez ces Negres. Il est certain
que les lions seroient plus en repos
qu'ils ne sont ; car ils leur persuade-
roient par des beaux raisonnemens
que la chair d'un animal chaud au su-
prême dégré , colere au dernier point,
& à cause de cela toûjours travaillé
de la fievre , ne peut manquer d'être
très-mal saine , & comme les Negres ,

Chasse des lions.

Danger de manger de la chair de lion.

aussi-bien que tous les autres hommes, aiment la vie, il n'en faudroit
peut-être pas davantage pour les empêcher d'en manger.

Mais ne pourroit-on pas croire que
la chasse que les Negres font aux
lions est plûtôt une suite de leur ven-
geance, que de l'envie qu'ils ont de
se rassasier d'une si mauvaise viande?
car les Negres sont extrêmement vin-
dicatifs. Ils ont de la vermine à la tête,
& quand ils la prennent, ils la cro-
quent entre leurs dents pour se venger des morsures qu'ils en ont reçuës.
C'est donc pour se venger des ravages que les lions, les tigres, & les
loups font dans leurs troupeaux qu'ils
leur font une guerre si vive & si continuelle. C'est une perte pour eux de
ne sçavoir pas passer les peaux de ces
bêtes. Ils nous apporterent quelques
peaux de lions qui étoient très-grandes, & très-belles. Nous les achetâmes, mais les poils tomberent bientôt, & nous n'eûmes à la fin que des
cuirs.

Ils nous dirent qu'il étoit rare que
ces animaux attaquassent les hommes,
à moins qu'ils ne fussent affamez; ce
qui est rare dans un pays comme le
leur, où il y a de grands troupeaux

de toutes fortes de beftiaux. Ils nous dirent encore que quand leurs troupeaux appercevoient un lion, les vaches & les veaux fe mettoient dans le centre d'un grand cercle, dont les taureaux preffez les uns contre les autres, & prefentant leurs cornes, faifoient la circonference en mugiffant de toutes leurs forces, & que l'on voyoit affez ordinairement que le lion après avoir rodé autour de cette enceinte, & defefperant de la pouvoir forcer, fe retiroit & alloit chercher fortune ailleurs. Tel eft l'inftinct ou le raifonnement de ces animaux pour fe deffendre eux, leurs femelles, & leurs petits. Qui le leur a enfeigné ? La nature toute feule ; les hommes avec toute leur intelligence & leurs reflexions feroient-ils mieux, ou du moins feroient-ils auffi-bien.

Les tigres ne font point de cette grande efpece que l'on voit aux grandes Indes. Les plus grandes peaux que j'ai vû, marquoient que ces animaux n'étoient à peu près que comme celles de ces grands lévriers qui viennent de Dannemarc.

Les loups font à peu près de la même taille, mais plus gros,& plus four-

Inftinct des taureaux pour fe deffendre des lions.

his. 'Les Negres leur donnent vivement la chaffe, & les mangent quand ils les ont tuez, fans craindre que cette chair leur faffe aucun mal.

Ce n'eft pas qu'ils manquent d'autres viandes, & bien meilleures, eux qui ont tant de troupeaux ; mais ce font de très-grands mangeurs. Nous en avons fait l'épreuve quand nous leur donnions à manger à bord. Il eft certain qu'un feul mangeoit plus que quatre de nos plus grands mangeurs, & qu'un repas achevé, ils étoient prêts à recommencer comme s'ils euffent été à jeun, & fans que cela les incommodât le moins du monde.

Nous doublâmes le cap des Trois Pointes, & nous apperçûmes un navire qui venoit fur nous, & qui tâchoit de nous gagner le vent. Nous nous pavoifâmes, détapâmes nos canons, & fans mettre de pavillon de part ni d'autre, nous fîmes la manœuvre neceffaire pour nous conferver l'avantage du vent que nous avions. Dans cette fituation qui nous étoit avantageufe, & qui ne nous empêchoit pas de porter à route, nous fîmes la priere, nous déjeûnâmes, & nous attendîmes les armes à la main, & les mêches allumées, ce que ce vaif-

O v

feau voudroit faire. Nous nous trouvâmes en moins de trois horloges,
à demie portée d'un canon de quatre
livres.

Alors il mit pavillon Hollandois,
& l'affura d'un coup de canon fans
balle. Nous hiffâmes le nôtre, & l'af-
furâmes de même maniere. Un moment après on nous demanda avec un
porte-voix, d'où eft le navire. Nous
repondîmes, de la mer. On repliqua
où allez-vous, nous dîmes, à terre.
De quoi êtes-vous chargez, reprirent
les Hollandois, nous leur dîmes
d'hommes, de poudre, & de balles.
Ils nous dirent de venir à leur bord
montrer nos paffeports. Notre Capitaine leur dit que s'ils étoient curieux,
ils vinfent eux-mêmes les voir, &
qu'on les recevroit en amis ou en ennemis, comme ils voudroient. Les
difcours finirent là : ils nous tirerent
trois coups de canon à balle qui ne
nous firent aucun mal. Nous leur en
tirâmes cinq, un defquels coupa
leur grande vergue, & un autre leur
perroquet de fougue. Ces deux accidens les mirent de mauvaife humeur.
Ils commencerent à nous canoner
d'importance, & nous à leur répondre fur le même ton. Il y avoit près

de quatre horloges que nous nous battions, lorſqu'il parut un gros navire
portant flamme & pavillon François
qui tira deux coups de canon ſur le
bâtiment Hollandois, & vint ſe placer entre nous autres combattans. Le
feu ceſſa auſſi-tôt de part & d'autre.
Le François envoya ſon canot à notre
bord avec un Officier qui nous demanda à voir nos paſſeports. On les
lui montra auſſi-tôt. Il nous dit qu'il
avoit ordre du Roi ſon maître de
nous proteger par tout où il nous
trouveroit. Il voulut ſçavoir ſi nous
avions attaqué les Hollandois les premiers. Nous lui dîmes que non, que nous
allions à S. Thomé, & que chemin faiſ-
ſant nous avions trouvé à traiter quelques eſclaves. Il nous offrit tout ce
qui nous pouvoit faire plaiſir, & nous
dit qu'il alloit parler au Capitaine
Hollandois qui étoit un Garde-Côte,
il avoit fort envie de le battre, & de
l'enlever s'il faiſoit le mauvais, il nous
dit que ſi nous avions beſoin de ſon
eſcorte, il nous conduiroit à l'Iſle de
S. Thomé.

Ce bâtiment étoit de trente-ſix
pieces, avec un nombreux équipage.
Il étoit chargé d'eſclaves, & s'étoit
déja battu contre deux Hollandois

Ils ſont ſe-
courus par
un vaiſſeau
François.

O vj

qui vouloient l'empêcher de faire fa
traite, & ils les avoit battus à plate
couture.

Nous saluâmes cet Officier de sept
coups de canon quand il rentra dans
fa chaloupe ; il alla au vaisseau Hollandois, & y fut reçu avec honneur,
ce qui ne l'empêcha pas de dire au
Capitaine que s'il ne laissoit en repos
notre vaisseau, & qu'il l'empêchât de
faire fa traite, il auroit affaire à lui,
& le couleroit bas, & le traiteroit
comme un forban. Le Capitaine Hollandois étoit au désespoir ; il avoit eu
quatre hommes tuez, & sept ou huit
blessez, & notre canon qui étoit plus
gros que le sien, l'avoit beaucoup
maltraité. Il fut pourtant obligé de
promettre tout ce qu'on voulut, &
chacun raccommoda fon dommage.

Notre Capitaine alla au vaisseau
François, remercier le Capitaine qui
étoit venu à notre secours, & lui porta un très-beau present. Il fut reçu
avec honneur, on lui fit une grande
collation, & ils convinrent ensemble
qu'ils iroient de compagnie à S. Thomé, après qu'ils auroient mouillé à
Accara, où ils pouvoient faire quelque traite. Cela fut executé.

Nous mouillâmes à Accara, un aubre Garde - Côte de 26. canons nous vint reconnoître ; mais de loin, craignant la m.me avanture qui étoit arrivée à son camarade. Et cela seroit arrivé infailliblement ; car le vaisseau François qui étoit percé pour quarante-quatre pieces, en avoit trente-six montées , & un gros équipage. Nous fîmes notre traite en paix , & mîmes ensemble à la voile , & arrivâmes ensemble à S. Thomé.

Toute la côte de Guinée depuis la riviere de Serrelionne jusqu'au Royaume de Benin, est partagée en une quantité de petits Etats, dont les Souverains ou les Chefs prennent la qualité de Rois , & sont aussi respectez , & obéïs aussi promptement de leurs sujets que les plus grands Princes de l'Europe , sans même en excepter le Grand-Seigneur. Les sujets ne leur parlent qu'à genoux , & le visage contre terre. Quelques-uns de ces petits Roitelets ne paroissent qu'avec un rideau entre eux & leurs sujets. Il y en a qu'on ne voit jamais boire , ni manger , soit que leur prévention leur fasse croire qu'ils pourroient être empoisonnez par le regard de ceux qui assisteroient à leurs repas , soit qu'ils veulent faire croire

Quelques coûtumes des Rois de la côte de Guinée.

qu'ils subsistent sans prendre de nourriture ; ce qui est très-faux , car ils
mangent très-bien , & boivent encore
mieux. On a fait croire à ces imbeci-
les que leurs premiers Rois étoient
tombez du ciel tous chauffez & tous
vêtus ; que leur origine étoit en quelque façon divine , & que quand ils
étoient las de demeurer avec les hommes , ils s'en retournoient joüir de la
compagnie de leurs ancêtres dans le
ciel.

Ils meurent donc , & on est obligé
d'enterrer leurs corps , qui malgré
leur prétenduë origine celeste , ne laiffent pas d'infecter leurs maisons en y
pourrissant si on les y laissoit.

Voici comme se font leurs funerail-
les. On creuse une très-profonde fosse,
fort large dans le fond , & diminuant
peu à peu jusqu'à la bouche qui est
ronde , & d'environ trois pieds de
diametre , afin qu'on la puisse fermer
avec une pierre. On y descend le corps
avec respect , revêtu & paré de ses
plus beaux habits , avec ses armes , ses
bijoux , des sacs de monnoyes , & des
marchandises. Pendant que les Officiers
accommodent toutes ces choses autour du corps , ceux qui sont destinez
d'aller servir le Prince en l'autre mon-

de, ce qui eſt un honneur qui ne s'ac-
corde pas à tout le monde : il faut
être d'un merite diſtingué, avoir rendu des ſervices conſiderables au Roi
& à l'Etat. Les femmes à qui on veut
bien faire cet honneur, doivent avoir
été aimées du Prince, être encore d'un
âge à pouvoir être utiles à ſes plaiſirs ;
les vieilles & les laides en ſont excluës
de droit, elles n'oſeroient même ſe
préſenter.

Le nombre de ces victimes n'eſt pas
fixe, il dépend de la volonté du Prince, s'il la déclaré de ſon vivant. Sinon
ſon ſucceſſeur y pourvoit comme il le
juge à propos. Il n'eſt jamais moins de
cent, & il va quelquefois à trois cens.

Ces victimes de la coûtume du pays,
& de la folle imagination dont elles
ſont préoccupées, qu'elles vont être
heureuſes avec leur Roi, qu'elles auront des biens à en regorger de toutes
les eſpeces. Ces idées ſéduiſantes les
enchantent ; elles vont à la mort avec
joye ; on les conduit au ſon des inſtrumens, on leur fait des complimens,
on ſe met ſous leur protection, on les
conduit à ce funeſte ſoupirail, leurs
parens & leurs amis les embraſſent,
les felicitent, ſe recommandent à
eux. On danſe, & tous chantent &

danſent, ils ſe precipitent volontai-
rement dans la foſſe ; les uns s'y rom-
pent le col, les autres les bras ou les
jambes, & quand toute la troupe eſt
dans le gouffre, on ferme l'ouverture avec la pierre, & on continue les
danſes & les chanſons.

Au bout de vingt-quatre heures on
leve la pierre ; on demande qui ſont
ceux qui ont ſuivi le Prince en l'autre
monde. Ceux qui peuvent répondre
diſent ce qu'ils ſçavent, & on ferme
le trou. On leur fait la même demande vingt-quatre heures après, & ils
répondent. Enfin on fait la même ceremonie au bout des trois jours, &
perſonne ne répondant plus, on ſup-
poſe qu'ils ſont tous partis, & on ferme le trou à demeure. On allume un
grand feu ſur la pierre, & aux environs, on fait cuire une quantité prodigieuſe de toutes ſortes de viandes
que l'on abandonne au peuple, qui
fait bonne chere, & on celebre par des
danſes la venue du nouveau Roi qui
ſe montre ce jour-là, fait des graces,
diſtribue des titres d'honneur, & même des préſens, & ſe retire dans ſon
palais.

Ces peuples ſont très-grands man-

geurs , & encore plus grands bu-
veurs , & ne laiffent pas de vivre fort
long-tems , fans fe reffentir ni des in-
commodités de la vieilleffe , ni de
leur intempérance. ·Il n'en faut pas
davantage pour être perfuadé de la
force & de la vigueur de leur tempérament. Que répondront à cela nos
Medecins avec leurs regimes & leur
diette qu'ils n'obfervent pas eux-mêmes , comme il eft aifé de le prouver
par une infinité d'exemples qu'il feroit aifé de rapporter fi cela étoit neceffaire. Mais c'eft leur métier , il
faut le leur laiffer faire , & fecouer le
joug de leur tyrannie.

Cette Ifle doit fa découverte au
hafard en 1495. & comme ce fut le
jour de S. Thomas Apôtre qu'on en
prit poffeffion, on lui donna le nom
de cet Apôtre , auffi-bien qu'à la ville
que l'on y bâtit enfuite. Elle eft fous
l'Equateur. On prétend que la Ligne
Equinoctiale paffe directement fur l'E-
glife Cathedrale. Elle eft fituée entre
le Cap Sainte Claire & celui de Lopo
Gonzalez en Afrique , environ à cinquante lieuës du premier , & à trente-
fix du fecond.

Elle eft prefque ronde. On lui donne vingt lieuës de diamettre ou envi-

ron. Quoique fon horifon paſſe par
les deux Poles du monde , & que par
confequent on dût voir les deux
étoiles Polaires , cependant on ne les
voit pas : on n'apperçoit que les gardes de la petite ourſe que l'on voit
faire une partie de leur cercle. On ne
voit pas auſſi l'étoile Polaire Antarctique ; mais ſeulement la croix du
Sud qui en eſt aſſez éloignée pour paroître fort élevée ſur l'horifon. Les
jours y ſont toûjours égaux aux nuits ,
& ſi la chaleur eſt grande pendant le
jour , la fraîcheur n'y eſt pas moins
grande la nuit. Ce contraſte qui fait
du plaiſir la nuit rend l'air humide ,
& cette humidité le corrompt & le
rend ſi mal-ſain , que les Européens,
les plus vigoureux ont peine à en
foûtenir les mauvaiſes ſuites long-
tems. Auſſi voit-on que les plus forts
ont peine à atteindre ſoixante ans , &
qu'ils en paſſent la plus grande partie
dans des maladies & dans des lan-
gueurs plus difficiles à ſupporter que
la mort.

Il eſt vrai que leur incontinence y
donne bien lieu ; ils s'énervent par les
plaiſirs , & n'ont ſur cela aucune regle, ni aucune attention.

Les Negres eſclaves y vivent bien

plus long-tems ; ils ne font encore
qu'à la fleur de leur âge quand ils ont
foixante & dix ans , & communé-
ment , ils paffent cent ans , & vont
jufqu'à fix vingts. Voilà une marque
évidente & certaine de la bonté & de
la force de leur tempérament , quoiqu'ils ne manquent pas d'être attaquez tous les dix ou douze jours d'u-
ne fiévre violente, précedée d'un frif-
fon & d'un tremblement extraordinaire ; mais qui ne leur dure que fept
ou huit heures , après lefquelles il n'y
paroît plus , & ils font auffi forts , &
fe portent auffi-bien qu'avant cet ac-
cès.

Mais les Portugais & autres Européens qui y font établis , ou qui y
viennent pour le commerce n'en font
pas quittes à fi bon marché. Ces fiévres les tourmentent pendant vingt
ou trente jours de fuite , & les emportent fouvent le fept ou le huitiéme.

Mais la maladie qui eft la plus fre-
quente dans cette Ifle, la plus cruelle,
& la plus dangereufe , eft la Vene-
rienne. Elle vient originairement de
l'Amerique : ce font les Efpagnols qui
l'ont apportée en Europe. Les habitans Blancs de S. Thomé y font fort
fujets. Faute de femmes blanches , ils

s'adreſſent aux Noires, & celle qu'ils
contractent avec ces femmes, eſt ſi
pernicieuſe que perſonne n'en guérit.
Les Negres n'y ſont pas ſi ſujets que
les Blancs, & ils en guériſſent bien
plus aiſément.

L'Iſle de S. Thomé ne paroiſſoit,
quand on l'a découverte, que comme
une vaſte & groſſe montagne, toute
couverte de grands arbres; mais la
plûpart ſteriles, & dont la plus grande partie ne répandoient pas leurs
branches autour d'eux, comme ceux
d'Europe; mais les pouſſoient en haut
comme une gerbe. Nos compatriotes
ont déja abatus une grande partie de
ces arbres; ils ont défriché avec le
ſecours de leurs Negres eſclaves ces
forêts, & ont planté des cannes à ſucre dont ils retirent des profits conſiderables.

La ville de Pavoaſan eſt ſituée au
bord de la mer au Sud-Eſt. Elle a une
Fortereſſe compoſée de quatre baſ-
tions ſans foſſez, avec un chemin couvert, large & paliſſadé. Elle eſt ſur
une petite éminence qui domine toute la ville, & qui commande le port,
qui pour être naturel, ne laiſſe pas
d'être aſſez bon; toutes les maiſons,
excepté celles du Gouverneur, & de

quatre ou cinq autres particuliers , &
quatre Eglifes qui font de pierres ,
toutes font de bois à deux étages , &
couvertes de planches. Elle renferme
environ fix à fept cens feux , & peuplée d'environ deux mille Blancs ,
hommes , femmes , & enfans, Portugais , Efpagnols , François , & Italiens : car tout le monde y eft bien
reçu , pourvû qu'on faffe ferment de
fidelité à notre Monarque , & que
l'on vive felon les Loix du pays.

Il y a un Evêque & un Chapitre ,
dans lequel il y a des Chanoines
Blancs , Mulâtres , & Noirs. Cela
faifoit un mélange auquel il faut être
accoûtumé pour n'y pas trouver une
difformité choquante.

Les enfans qui viennent d'un Blanc
& d'une Blanche , font Blancs comme en Portugal : ceux qui viennent
d'un Blanc & d'une Noire font d'une
couleur qui tient des deux couleurs ;
on les appelle Mulâtres , & les Noirs
produifent d'autres Noirs ; marque
affurée que ce n'eft pas le climat qui
donne la couleur ; mais qu'elle eft
dans le fang , & qu'elle fe perpetue
par la generation. Mais qui a été le
premier homme noir ? c'eft une queftion bien difficile à refoudre. Bien des

gens ont cru que le figne que Dieu
mit à Caïn après fon crime, afin qu'il
fût reconnu, & qu'il ne fût pas tué
par fes neveux enfans d'Abel, & fes
autres neveux, fut de changer fa couleur blanche en la noire, qui dans un
peuple tout blanc étoit une diftinc-
tion trop marquée pour s'y mépren-
dre. Cela pouvoit fervir avant le Déluge. Mais comment faire revivre
cette couleur après le Déluge : car il
eft certain que Noé & fes trois enfans
étoient blancs, & ils étoient trop juf-
tes pour avoir époufé des femmes du
fang noir de ce premier fratricide.
Leurs enfans ont été blancs comme
eux. Comment donc cette race noire
eft-elle revenuë au monde, après que
tous les Noirs avoient été extermi-
nez par ce terrible châtiment ? Où s'é-
toit-elle cachée ? A-t'elle par préfe-
rence à tous les autres hommes évité la mort qui a enveloppé tous les
autres ? Cela ne peut être, puifque la
Foi nous enfeigne que le Déluge a été
univerfel, que tous les hommes y ont
péri, & que Dieu n'a fauvé que Noé
& fa famille, compofée feulement
de huit perfonnes qui étoient blanches.

Si on difoit que la couleur noire a

été la fuite de la malediction que Noé
prononça contre fon petit-fils Canaan
fils de Cham. Mais la malediction n'a
point changé la couleur de la peau de
Canaan, il a toûjours été blanc, auffi-bien que les Cananéens, dont il a
été le pere. Il faut donc chercher une
autre caufe de cette couleur noire,
qui eft le partage des Negres, &
laiffer ce foin aux Medecins qui ne
manqueront pas felon leur coûtume
de faire là-deffus de longues & très-
ennuyantes differtations qui auront le
fuccès ordinaire de ne conclure rien,
& de ne contenter perfonne.

Quoiqu'il en foit, il eft certain que
les Negres font d'un temperament
plus fort & plus robufte que les
Blancs, & qu'étant nez dans un climat toûjours chaud, la chaleur leur
eft moins fâcheufe, qu'à ceux qui
font nez dans un temperé ou froid.
Mais en échange le froid leur eft in-
fupportable, ils ne fçauroient s'y accoûtumer, & il leur faut du feu la
nuit, pour éviter le froid, ou plûtôt
la fraîcheur & l'humidité qui eft toûjours très-grande dans les payſ voi-
fins de la Ligne ou entre les Tropiques.

Les habitans Européens de S. Tho-

mé & de l'Amerique ne peuvent se
passer de Negres pour leurs manufactures de sucre, tabac, cotton, & autres choses ; car on ne trouve point
de gens de journées en ces pays-là,
à peine les Blancs se peuvent resoudre
à exercer quelque métier. Le travail
de la terre est tout entier pour les Negres. Il faut encore convenir qu'eux
seuls le peuvent supporter. Il est trop
rude & trop continuel pour les Blancs
qui sont d'ailleurs en trop petit nombre.

Les gens riches ont deux ou trois
cens esclaves qui travaillent cinq jours
de la semaine pour leurs maîtres, &
ont le Samedi pour eux, pendant lequel ils travaillent pour eux, & ce
travail leur doit fournir pour se nourrir & se vêtir eux, leurs femmes, &
leurs enfans. Ce dernier article est
aisé à remplir ; car ils vont nuds ou
presque nuds. Les enfans des deux
sexes sont absolument nuds jusqu'à
quinze ou seize ans. Les hommes &
les femmes n'ont qu'un morceau de
grosse toile en forme de tablier, qui
couvre ce que la pudeur nous oblige
de tenir caché. Leurs lits ne sont pas
d'une plus grande dépense ; ils ne
consistent qu'en une natte de feüilles
de

palmier étenduë à terre ou fur une planche, avec un billot de bois pour chevet, & quelque morceau de ferpilliere ou autre chofe pour les couvrir.

Ces efclaves font des jardins potagers où ils cultivent toutes fortes de pois, de feves, de mahis, & autres légumes pour leur nourriture, & pour vendre le Dimanche dans les marchez. Ils cultivent le tabac dont ils ne peuvent fe paffer; car ils ont toûjours la pipe à la bouche. Le tabac vient aifément dans cette Ifle, & y eft bon: il feroit encore meilleur s'ils y apportoient plus de foin; mais ils fe contentent de le piler, & d'en faire de groffes pelottes qu'ils hachent à mefure qu'ils veulent remplir leurs pipes. Ils élevent auffi des volailles qu'ils vendent pour avoir de l'eau-de-vie & du vin de palme. Ils aiment ces liqueurs avec paffion; la derniere eft à bon marché, parce qu'on la recüeille dans le pays; mais l'eau-de-vie, fur-tout celle qui vient d'Europe eft très-chere. Je fais cette difference, parce qu'on fait une eau-de-vie dans le pays avec les fyrops & les écumes du fucre que l'on met en certaine quantité dans de l'eau, qu'on laiſſe fermenter pendant quelques jours, & qu'on paſſe deux fois par l'alambique. Cette eau-de-vie eſt très-forte, mais d'une acreté dégoûtante, ſi on n'y eſt pas accoûtumé. Nos Portugais en uſent, & y ſont faits : il ne ſeroit pas juſte que leurs eſclaves fuſſent plus délicats qu'eux. Ainſi c'eſt de cette dernière que les eſclaves ſe ſervent.

On porte dans cette Iſle des vins d'Eſpagne & du Portugal. Ils y ſont fort chers, & ce n'eſt pas une mauvaiſe marchandiſe ; car les habitans de cette Iſle aiment à boire, & malgré la gravité ordinaire à notre nation, ils s'enyvrent à merveilles ; mais toûjours ſans ſcandale.

La terre de cette Iſle eſt rougeâtre & aſſez profonde. Les roſées qui tombent toutes les nuits font que cette terre devient comme une eſpece de craye rougeâtre qui ne refuſe aucune ſemence. Toutes ſortes de légumes, comme nous avons dit, y viennent en perfection, & en très-peu de tems. Les arbres fruitiers d'Europe & de l'Amerique s'y naturaliſent aiſément. Cette terre neuve, & comme vierge, produit ſans ceſſe d'elle-même, ſi on neglige d'y ſemer, ou d'y planter auſſi tôt qu'elle eſt défrichée , on la voit en peu de jours couverte de pourpier , qui pour être, comme oŉ dit , ſauvage, ne laiſſe pas d'être do-ré & très-bon , & elle pouſſe en mê-me-tems des arbres , mols à la verité , & qui croiſſent à vûë d'œil ; de ſorte qu'il faut abattre de nouveau , & dé-fricher , & brûler ſur le lieu les arbres qu'on a abattus , afin que les racines calcinées par le feu , ceſſent de re-pouſſer.

C'eſt principalement dans les lieux où l'on a brûlé les arbres , les arbriſ-ſeaux , & les autres plantes, que l'on plante les cannes à ſucre. Pour l'ordi-naire on les met en terre dans le mois de Janvier , & elles ſont en état d'ê-tre coupées & miſes au moulin à la fin du mois de Juillet. Ils les replan-tent en même-tems , & ils en ont de nouvelles au mois de Janvier. Les cannes ſe plantent de bouture , & viennent en ce pays-là bien plus vîte qu'à Madere , & aux Iſles Canaries , où elles ont beſoin de douze à treize mois avant d'être mûres , & en état d'être coupées.

On dit qu'on fait chaque année dans cette Iſle cent cinquante mille arrobes de ſucre : l'arrobe peſe tren-

Défaut des te-
fucres de S.
Thomé.
deux livres poids de Portugal , qui
font quatre millions huit cens mille
livres de fucre , ce qui eft une quantité bien confidérable pour un pays fi
peu peuplé , & dont il n'y a pas encore le quart de défriché. Les droits
du Roi vont au dixiéme de cette
quantité , qui font environ douze à
quatorze mille arrobes , qui revien-
nent au Prince d'une Ifle qui n'a
qu'environ foixante moulins à fucre.
Ils tournent tous par le moyen des
ruiffeaux dont on conduit l'eau par
des rigolles , & par des canots de ma-
çonnerie qui la portent fur la grande
roue , ou même qui paffe fous la
roue. Quelques-unes de ces roues ont
des godets, & d'autres ont fimplement
des palettes ou aîlerons , qui donnent le mouvement à la grande roue
qui le communique à certains gros
rouleaux couverts de lames de fer ,
entre lefquels on fait paffer les cannes
qui font écrafées , & rendent par cette violente compreffion tout le fuc
dont elles font remplies , qui eft porté par des goutieres de bois dans les
chaudieres où il eft purifié avec de
fortes leffiives , & cuit dans la confif-
tance qu'il doit avoir pour être mis
dans des formes de bois ou de terre ,

fur lefquelles on met de la terre blanche détrempée qui laiffe couler peu à
peu l'eau donc elle eft détrempée, qui
paffant par les pores du fucre, empor-
te avec elle le fyrop & les autres impuretés quil ont échappé à la force
des leffives que l'on a mifes dans le
fucre pendant qu'il étoit dans les
chaudieres où il a reçu fa cuiffon.

Avec toutes ces préparations, qui
veulent beaucoup d'attention & de
grandes peines, les fucres que l'on
fabrique à S. Thomé n'ont pû jufqu'à
prefent avoir la blancheur & la dureté de ceux qui viennent de Madere & des Canaries. Les opinions fur
ces défauts font partagées. Les uns
difent qu'elles viennent du terrein
qui eft trop gras & trop humide, &
ils efperent qu'il fe pourra corriger
à mefure que les terres deviendront
plus maigres à force de fervir & de
porter des cannes, qui feront alors
moins aquantes & plus fucrées, par-
ce-qu'alors le fuc de la canne fera plus
cuit & plus épuré par la chaleur. C'eft
ce qu'il faut attendre du tems & de
l'experience. Les autres croyent que
ces défauts ne viennent que de ce que
la moiteur & l'humidité continuelle
de l'air empêchent les fucres fortant

Sucre que l'on fabri-que à S. Thomé.

P iij

des formes de fecher, quoiqu'on les
expofe aux plus vives ardeurs du foleil, parce que le foleil, quoique très-
chaud, ne peut diffiper l'humidité de
l'air, même dans les mois de Juin,
Juillet, & Août, qui font les plus
chauds de toute l'année, & qui ne
peuvent pas cependant furmontes
l'humidité prodigieufe du climat.

On a fait venir de Madere les plus
habiles maîtres pour la fabrique des
fucres, afin de corriger les défauts de
ceux de S. Thomé. Jufqu'à prefent ils
n'ont pas fait de grands progrès,
quoiqu'ils ayent employé toute leur
adreffe pour rendre ces fucres plus
blancs & plus fermes, & qu'ils ayent
fait faire, comme à Madere, des étuves où ils mettent fecher les formes
de fucre.

Ces étuves font des bâtimens de
planches terminez en cone, où il n'y
a d'autre ouverture qu'une feule porte, même affez petite. A fix pieds
au-deffus du rez de chauffée, on fait
un plancher de petites planches prefqu'à jour, & au-deffus de celui-là, un
autre, & fouvent jufqu'à trois ou
quatre, fur lefquels on met les pains
de fucre après qu'on les a tirés des formes où ils ont été travaillez. Ils met-

tent fur l'aire de l'étuve des pieces de
bois bien fec, & après qu'ils les ont
allumées hors de l'étuve, ils les mettent dedans. Ces bois ne font ni flammes ni fumée ; mais fe confomment
peu à peu comme fi c'étoit du charbon ou de la braife. Si cela eft vrai, car
je ne l'ai pas vû, voilà un feu qui fait
mentir le proverbe, qui dit qu'il n'y
a point de feu fans fumée, ni de fumée fans feu. Cette circonftance eft
neceffaire, car s'il y avoit de la fumée elle noirciroit le fucre, & elle fe
changeroit en une humidité qui nui-
roit infiniment à la blancheur & à la
dureté quel'on recherche dans le fucre,
chofes abfolument neceffaires pour le
conferver, & empêcher qu'il ne de-
vienne en fyrop quand on le tranfporte en Europe. C'eft à caufe de
l'humidité du pays que les habitans ne
tirent leurs fucres de l'étuve que
quand ils font tous prêts à les embarquer. Pour lors ils les pilent dans de
grandes caiffes, & on les embarque,
& malgré ces fages précautions, le
fucre de S. Thomé n'eft pas d'une
bonne qualité, il eft gras, a peu de
grain, & quand on le fond en Europe pour le blanchir, & le mettre en
pains, il y a toûjours beaucoup plus

de déchet que fur les fucres de Madere & du Bresil , qui ont le grain plus gros , plus ferme , & qui font bien moins fujets à fe décuire , & à devenir en molaffe.

J'allai voir pendant le féjour que nous fîmes dans cette Ifle quelques Ingenios, c'eft ainfi qu'on appelle les moulins qui fervent à brifer les cannes à fucre , & à en exprimer le fuc. Ils reffemblent fi fort aux moulins à huile de Portugal & d'Italie , que s'il y avoit des olives ou des noix dans ces païs , on pourroit s'en fervir à faire de l'huile. Sans entrer dans le détail de ces moulins qui font très-fimples , je m'étonne qu'on leur ait donné le nom d'Ingenios , comme s'ils étoient une rare production de l'efprit humain ; car leur mécanique n'a rien que de fort fimple , de fort naturel , de fort commun.

Quoiqu'il en foit , un habitant qui a un Ingenios ou moulin à fucre, avec un nombre fuffifant d'efclaves , eft ríche , & ne fonge plus à travailler ; il paffe fa vie dans le plaifir & dans la molleffe. Il laiffe le foin de fon habitation à un œconome qui la fait valoir, & qui ne manque gueres de travailler affez bien pour lui-même , pour avoir

tne fucrerie à fon tour , & devenir
affez fouvent plus riche que fon maître. Il n'y a que les efclaves & les
équipages des moulins , & des fucre-
ries qui coutent. Les terres fe donnent *gratis.* De quelque Nation que
foit un homme qui veut s'établir à
S. Thomé , il n'a qu'à demander un
terrein au Gouverneur , en lui expofant fes facultés , & le nombre des
efclaves qu'il a , ou qu'il eft en état
d'acheter , on lui expedie fur le champ
la conceffion du terrein qu'il demande , on l'en met en poffeffion , & il travaille à le mettre en valeur ; mais
avant qu'il foit en droit de le troquer
ou de le vendre , il faut qu'il en ait
mis en valeur une certaine portion.

Ces terres font toutes couvertes de
grands arbres ; il faut les abattre , &
les brûler , afin de nettoyer le terrein
& le mettre en état de recevoir les femences qu'on y veut mettre , & faire
les cafes pour le maître & pour fes efclaves.

Celles des efclaves font aifées à con-
ftruire : ils plantent en terre , & en
cercle huit ou dix perches , de douze
à quinze pieds de hauteur , ils lient
enfemble les extrêmitées , & ils les
couvrent d'herbes ou de feüilles de
P v

palmier , & on fait defcendre cette
couverture jufqu'à terre, fans autre
ouverture qu'un trou à rez de chauffée qui leur fert de porte , & un autre à la pointe qui fert de cheminée ;
car les Negres ont toûjours du feu
dans leurs cafes. Il faut être Negre
pour foûtenir l'incommodité de la fumée , qui y eft toûjours très - épaiffe ; mais ils ne peuvent fe paffer de
feu.

   Outre le mahis & le manioc qui
font la meilleure partie de leur nourriture , ils plantent quantité d'ignames
& de patates ou batatas. Les premiers
pouffent une groffe racine comme nos
beteraves d'Europe , & les fecondes
comme nos pommes de terre ; mais
d'un meilleur goût , plus délicat , &
plus favoureux , & fort approchant
de celui de la châtaigne ; mais plus
délicat : il en a de trois efpeces, les
unes ont la chair blanche , les autres
l'ont jaune , & les troifiémes l'ont
marbrée de blanc & de jaune. Les Negres en cultivent une quantité prodigieufe , tant pour eux , que pour en
vendre aux navires qui viennent
charger des fucres , & autres pro-
ductions de l'Ifle. C'eft un fecours
confiderable pour les équipages , qui

épargnent beaucoup les vivres d'Europe. Pourvû qu'on les embarque bien
mûres , & qu'on les expose de tems
en tems au soleil sur le pont , elles
peuvent se conserver des années entieres sans se gâter. On les mange rô-
ties sous la braise , & c'est une très-
bonne nourriture , & d'une digestion
aisée , ou bien on les fait boüillir
avec de la viande ou bien de la graisse , & elles font une soupe épaisse
comme de la purée de pois , & nourrissent beaucoup. Lorsqu'elles font rô-
ties , & dépoüillées de leur peau , &
qu'on a du sucre à mettre dessus , avec
un jus d'orange ou de citron , c'est un
manger délicat , & fort bon.

Les Negres connoissent que ces
fruits font mûrs , quand le bois qu'ils
jettent , & les feüilles qui y font attachées commencent à secher & à
noircir. Alors ils foüillent la terre , &
les enlevent , les exposent au soleil
pour les secher , & ensuite ils en font
des monceaux dans leurs cases , & les
preservent de l'humidité autant qu'ils
peuvent , parce que l'humidité les
pourriroit , & leur donneroit une
odeur & un goût désagréable. Et pour
les planter ils ne font que mettre en
terre la tête du fruit , c'est-à-dire , la

P vj

partie qui le tient attaché au bois, ou
fimplement un morceau de ce même
bois, qui en trois, quatre, ou cinq
mois produit affez de racines ou de
patates pour emplir un panier, qui eft
la charge d'un homme.

Les rats & les fourmis font de
grands défordres dans cette Ifle. Les
rats y étoient inconnus quand on l'a
découverte : on croît que ce font les
navires qui les y ont apportez. C'eft
un mauvais prefent. Ces mauvais animaux y ont tellement multiplié , que
les maifons, les cannes, & toutes les
terres plantées en font pleines. On y a
apporté des chats d'Europe ; mais ces
animaux , qui par tout ailleurs font
ennemis irréconciliables , ont fait enfemble une paix inviolable, ils vivent
enfemble, ils joüent les uns avec les
autres , & chacun de fon côté ne fonge qu'à faire du mal aux hommes. Les
habitans les empoifonnent fouvent ,
& en détruifent beaucoup par cet expedient. Les efclaves leur font auffi
la guerre, afin de les manger ; c'eft
un mets délicieux pour ces fortes de
gens ; mais dangereux pour ceux
qui en ufent trop fréquemment.

Les maîtres qui font un peu au fait de
leurs affaires empêchent , autant qu'ils

peuvent, leurs esclaves d'en manger,
parce que le trop frequent usage de
cette viande les maigrit, & les fait à
la fin devenir étiques.

Il y a des fourmis dans cette Isle,
comme dans tous les pays chauds; mais
la quantité n'en est pas toûjours égale.
Il arrive cependant des tems où il y
en a une si prodigieuse quantité,
qu'elles couvrent la terre de plus d'un
pouce d'épaisseur. Cette espece de
fourmi est très-petite, & très-noire:
elles rongent tout, rien n'est exempt,
les étoffes, les toiles, les chapeaux,
les cuirs, tout leur est bon; mais elles
s'attachent particulierement aux cannes à sucre & aux pains de sucre, &
comme le milieu des pains est toûjours
plus tendre que le dehors, il arrive
assez souvent qu'on trouve des pains
entierement vuides, quoique leur
superficie paroisse toute entiere. Jufqu'à present on n'a point trouvé de
remede à ce mal; il faut l'attendre de
la Providence. Ce qui les détruit,
c'est la pluye. Dès que la saison des
pluyes commence, elles disparoissent
alors entierement, soit que l'eau les
fasse mourir; ou qu'elles se retirent
sous terre ou dans d'autres lieux à
couvert de l'eau: on n'en voit aucu-

ne. Auſſi le moyen de mettre à couvert de leurs atteintes les choſes que l'on veut conſerver, eſt de les mettre ſur une table dont les pieds ſoient poſez dans des vaiſſeaux remplis d'eau : elles n'ont garde d'en approcher, & s'en retirent.

Il y a encore une autre incommodité dans cette Iſle : c'eſt une quantité incroyable de couſins ou de mouſtiques. Dês que le ſoleil ſe couche, ces inſectes rempliſſent l'air, & ſe fourent par tout, il n'y a point de lieu ſi bien fermé qu'on ſe le puiſſe imaginer où ils ne penetrent. Ils piquent comme ſi leurs petits aiguillons étoient des pointes d'aiguilles embraſées, qui cauſent des douleurs très vives, & une tumeur douloureuſe, avec une démangeaiſon ſi étrange, ſur-tout à ceux qui n'y ſont pas accoûtumez, qu'elle les excite à ſe grater, & à augmenter encore la douleur & la tumeur.

Il eſt vrai qu'il y a moins de couſins dans la ville de Pavoaſan, parce que les environs ſont plus défrichez, & que rien n'empêche le vent de les emporter, il y en a cependant encore aſſez pour deſeſperer les nouveaux venus. Auſſi aimions-nous mieux aller

coucher à bord de notre vaisseau,
que de demeurer dans la maison que
nous avions loüée pour mettre nos
marchandises & nos esclaves, pendant que nous fûmes occupez à calfa-
ter notre vaisseau, & à lui donner un
couroi.

Le centre de l'Isle est occupé par
une montagne à qui on donne jusqu'à
trois milles de hauteur : c'est beaucoup ; mais j'ai mieux aimé en croire
mes compatriotes sur leur parole,
que de l'aller mesurer. Elle est toute
couverte de grands arbres toujours
verds, si serrez les uns contre les autres, qu'il est très-difficile de monter
au sommet, parce qu'on ne peut s'ouvrir de sentiers. Cette montagne,
quoique située sous la Ligne, ou à
très-peu de choses près, ne laisse pas
d'être toûjours couverte d'un nuage
épais comme une nuée blanche, &
souvent même d'une broüine épaisse
comme de la neige, qui se liquefiant
& se changeant en eau, tombe peu à
peu sur les feüilles & les branches des
arbres, & forme une infinité de petits ruisseaux d'une eau très-pure,
très-claire, & si legere qu'on l'estime
très-bonne pour les malades. C'est le
sentiment des Medecins, qui disent

que sans ces ruisseaux l'Isle seroit in-
habitable. Il faut les en croire sur leur
parole, sans exiger de preuves ; ils
seroient trop embarassez s'ils en falloit donner. Une partie de ces petits
ruisseaux s'unissent ensemble à quelques milles de la ville, & font une
riviere, médiocre à la vérité ; mais
qui fournit à la ville toutes les com-
moditées dont elle a besoin : c'est dans
un climat aussi brûlant que celui-là un
avantage qu'on ne peut assez esti-
mer.

Les arbres dont cette Isle est encore
presque couverte, sont presque tous
steriles, & ne portent aucune sorte de
fruit. Les arbres fruitiers qu'on y a
portez d'Europe ont eu des peines infinies à s'y naturaliser : il y en a pourtant, & les fruits en sont excellens.

Ceux du pays qui y sont les plus
communs, & en plus grand nombre,
sont les cocos : on les appelle en Europe noix d'Inde, tout le monde a raison. C'est une espece de palmier qui
pousse tous les mois une grappe longue de trois à quatre pieds, toute
chargée de fleurs blanches, dont le
pistille se change en un fruit qui est
à la fin, c'est-à-dire, quand il est
mûr, de la grosseur de la tête d'un

homme. Il s'en faut bien que toutes les fleurs se changent en fruits. La queuë qui les doit porter, devroit avoir plus de huit ou dix pieds de longueur, & être grosse comme la jambe d'un homme ; car ces fruits sont très-pesants. Ils sont revêtus d'une écorce mince, lissée, & assez forte, qui renferme une quantité de grosses fibres comme de grosse filasse, qui couvre une seconde écorce ligneuse, très-dure, & très-forte, dont le dedans est tapissé d'une matiere blanche qui a très-peu d'épaisseur au commencement, & qui n'a pas plus de consistance que du lait caillé, & le reste du vuide est rempli d'une eau blanchâtre sucrée, fraîche & rafraîchissante, qui est très-agréable à boire. Quand on mange ce fruit avant qu'il ait atteint sa parfaite maturité, on prend cette matiere blanche avec une cuilliere, on y mêle du sucre, & un peu d'eau-rose ; c'est un mets délicat. Mais à mesure que le fruit mûrit cette matiere s'épaissit, augmente en volume, & devient de la consistance d'un maron, qui a le goût de l'amande, & même plus relevé & plus délicat.

Ces fruits se conservent des années

entieres ; mais il ne s'y trouve plus
d'eau , mais feulement cette matiere
blanche. Il y a une quantité prodigieufe de ces arbres , dont les fruits
par confequent font à très-bon marché. Il eft pourtant dangereux de faire débauche de cette eau. On a vû des
Européens qui en avoient fait excès ,
qui font demeurez engourdis comme
s'ils étoient paralytiques de tout le
corps , à caufe que le froid exceffif de
cette eau avoit glacé leurs efprits , &
en avoit ôté tout le mouvement , qu'on
ne put leur rendre qu'à force de fri-
xions & de cordiaux , & autres drogues chaudes.

Outre les cocos qui font une efpece de palmier , il y en a de deux ou
trois autres efpeces.

Celle dont nous allons parler ne
rapporte point de fruit , non qu'elle
foit fterile par elle-même ; mais parce qu'on la deftine à donner du vin ,
qui n'eft autre chofe qu'un écoule-
ment forcé de fa féve , qui fe feroit
changé en fruit , fi on avoit laiffé agir
la nature felon fon ordinaire. Les Negres montent à la cime de ces arbres
avec une échelle ; mais plus ordinairement avec une large ceinture d'écorce d'arbre , dont ils fe lient avec l'ar-

bre , de maniere qu'en grimpant, en
embraſſant l'arbre avec leurs bras , ils
pouſſent la ceinture qui les tient au
défaut des cuiſſes , & quand ils ſont
arrivez au haut , la ceinture les tient ,
& leur laiſſe la liberté de travailler de
leurs mains. Ils coupent une branche
ou une feüille de l'arbre ; car c'eſt la
même choſe , & font entrer le bout
dans le trou d'une calebaſſe qu'ils attachent à une autre branche , & la féve diſtille dans la calebaſſe pendant la
nuit. Ils viennent la retirer le lendemain matin , & ſelon la force de l'arbre ou l'abondance de la féve , ils en
trouvent plus ou moins dans leur calebaſſe. Un arbre jeune & vigoureux
en donne dans une nuit juſqu'à deux
pintes. Cette liqueur eſt blanche comme du lait ; mais elle n'eſt pas ſi épaiſſe. Elle eſt douce, & comme ſucrée ,
avec une petite pointe d'aigreur très-
agréable : on lui a donné le nom de
vin de palme. Quoiqu'il paroiſſe ra-
fraîchiſſant en le bûvant, il a cependant bien de la force ; il monte à la
tête & enyvre comme le meilleur vin.
On dit que cette yvreſſe eſt dangereuſe , & que l'uſage immoderé de cette liqueur , eſt très-nuiſible à la ſanté.
Cependant tout le monde en boit ,

les fages en ufent moderement, les in-
temperans en boivent beaucoup, &
fur-tout les Matelots, & il eft rare
qu'ils n'en contractent dés cours de
ventre & des diffenteries, qui font
très-difficiles à guérir dans le pays.

Souvent au lieu d'aller couper les
feüilles qui font à la cime, on fend
l'écorce à cinq ou fix pieds de hauteur; on fait entrer le bout d'une écorce, dont l'extrêmité donne dans la
calebaffe attachée à l'arbre; & on reçoit ainfi la liqueur qui fort de l'arbre. Il eft certain qu'on en tire davantage par ce moyen; mais les bons
gourmets difent que ce vin n'eft pas
fi bon que celui que l'on tire de la cime, parce que la chaleur a eu moins
de tems pour le cuire & le dépurer.
D'ailleurs les arbres à qui on feroit
fouvent de ces fortes d'incifions péri-
roient bien-tôt, parce qu'on leur dé-
roberoit la féve deftinée à leur nourriture, & leur accroiffement; au lieu
que celle qu'on tire des branches a
fuffifamment fourni de nourriture à
l'arbre en filtrant par fes pores, & ne
peut porter préjudice qu'aux fruits
qu'il porteroit, fi on lui avoit laiffé
toute fa féve.

Les palmiers qui portent des fruits,

que l'on appelle dattes, font fouvent
appellez Dattiers. Ils pouffent à leur
fommet une, deux ou trois branches,
qu'on appelle regime, qui fe chargent d'un bout à l'autre de petites
fleurs blanchâtres, dont le piftille fe
change en ces fruits excellens qui
font une bonne partie de la nourriture de plufieurs grands peuples. Ces
arbres aiment les terreins fecs, &
même les plus fabloneux. Ils ne portent qu'une fois chaque année; chaque regime ou grappe contient deux
cens cinquante ou trois cens dattes,
qui font à peu près la charge d'un
homme. Il eft rare qu'on laiffe ces
fruits mûrir entierement fur l'arbre,
on les cüeille quelques jours auparavant, & on les laiffe mûrir à la maifon; ils font infiniment meilleurs que
quand ils font fecs. Leur couleur eft
alors d'un jaune doré, leur chair eft
tendre, & remplie d'un fuc délicieux.
On prétend qu'ils font excellens pour
la poitrine, & par conféquent très-
bons pour.ceux qui craignent quelques maladies de cette partie-là.

Les dattes feches fe tranfportent
par tout, & fe confervent fort long-
tems, pourvû qu'on les préferve de
l'humidité qui les fait moifir, & leur

donne un goût désagréable. Je ne
crois pas qu'il y ait un fruit au monde qui ait le noyau auſſi dur. Les Da-
mes Portugaiſes les mettent avec des
noyaux de pêche dans leurs braſiers
quand la ſaiſon les oblige de ſe chauffer, ce qui eſt aſſez rare.

On peut encore donner le nom de
palmier ou de palmiſte à certains arbres qui viennent dans les bois, &
qui ſont abſolument ſteriles ; mais
ſans être pour cela inutiles. Ils reſſem-
blent beaucoup aux palmiers de la ſe-
conde eſpece, dont nous venons de
parler ; leurs feüilles ſortent du tronc
comme une gerbe, & le corps de l'arbre qui eſt droit comme une fléche
ſert à beaucoup d'uſages. Quand on a
abattu cet arbre, on coupe ſa tête à
trois pieds ou environ ſous les feüilles ; on ôte l'écorce, & on trouve ces
feüilles naiſſantes roulées les unes ſur
les autres, blanches comme la neige,
compactes & preſſées, qui dans cet
état ſont employées dans la ſoupe, &
lui donnent un auſſi bon goût que les
meilleurs cardons d'Eſpagne. On les
mange avec une ſauce blanche, on
les fait frire, ou on les effile, & on
les mange en ſalade ou à la poivrade
comme les jeunes artichaux. L'arbre

abattu ne repouſſe plus ; mais ſes racines ne meurent pas , & pouſſent des rejettons qui deviennent avec le rems des arbres qui en multiplient l'eſpece.

Les ſaiſons qui partagent l'année dans cette Iſle ſont tout autres que celles que nous avons en Europe. C'eſt le paſſage du ſoleil perpendiculairement ſur l'Iſle qui les forme , & comme cela arrive deux fois l'année , ſçavoir au mois de Mars , & à celui de Septembre , ce paſſage produit deux ſaiſons , que l'on regarde comme deux hyvers , quoiqu'ils ſoient auſſi chauds que nos Etez en Portugal. Quand le ſoleil eſt dans cette poſition , il attire puiſſamment des vapeurs de la mer, qui rendent l'air épais , & plein de nuages , & qui ſe reſolvent en des pluyes très-abondantes , & preſque continuelles , accompagnées de vents impetueux. On appelle ces ſaiſons , les ſaiſons des vents & des pluyes , & ces ſaiſons renferment les mois de Mai, de Juin, de Juillet , & une partie de celui d'Août. Le ſoleil ſe trouvant alors dans les Signes ſeptentrionaux , pour lors les vents viennent de l'Oüeſt ou du Nord , ou du Nord-Oüeſt , qui balayant, pour ainſi dire l'Isle ; au lieu que les vents oppofez font rompus par les terres de l'Afrique qui en font voifines. Ces premiers font froids & fecs, & par confequent peu propres aux efclaves, qui étant nuds, & d'un temperamment fec, leur font entierement contraires, parce qu'ils ne peuvent fupporter le moindre froid : c'eft dans ce tems-là qu'ils tombent malades, & que plufieurs en meurent, malgré la force de leur temperament ; au lieu que c'eft alors que les Européens établis dans l'Isle fe portent le mieux.

Mais les Negres ont leur revanche dans les mois de Decembre, Janvier, Février, & une partie du mois de Mars. On appelle ces mois, les mois de la chaleur, & on a raifon, parce que les vents venant alors de la bande de l'Eft, du Sud, & du Sud-Eft, & étant rompus par les hautes terres de l'Afrique, ils laiffent l'air qui environne l'Isle en repos, & prefque fans mouvement, & le foleil ne trouvant alors rien qui s'oppofe à fon ardeur, il fait de cette Isle une fournaife ardente, fans rien diminuer de l'humidité ordinaire qui fait que l'on eft comme dans une étuve où la chaleur excite la fueur, & débilite tellement les hommes,

hommes, qu'ils ont peine à se soûtenir;
ils perdent l'appetit, ils sont incapa-
bles de quelque sorte de travail, quelque leger qu'il puisse être, & même
de la plus legere application. Pour
lors ils se retirent dans des lieux sou-
terrains, quand ils en ont dans leurs
maisons, ou dans des grotes naturelles
dans les pieds des montagnes, ou dans
des ravines, où ils passent les jours
entiers en attendant que la nuit amene un peu de fraîcheur qui leur donne moyen de reposer. Cette incommodité, toute intolérable qu'elle soit,
n'est pas la plus grande ; cette chaleur après avoir affoibli les corps,
leur donne des fiévres aiguës, & des
dissenteries qui sont souvent suivies
de la mort ; ou d'une convalescence si
longue & si ennuyante, qu'on aime-
roit presque autant être mort, que
de demeurer si long-tems dans un état
si désagréable. Le remede le plus ordinaire, le meilleur, & le plus specifi-
que est la saignée que l'on réitere si
souvent, qu'il est assez ordinaire de
saigner cinq ou six fois dans le même
jour, & à chaque fois on ne tire pas
moins d'une pinte de sang, chose in-
concevable, & qui paroîtra incroyable si elle n'étoit pas attestée par tout

Tome V.   Q

ce qu'il y a de gens dans l'Isle. Pendant le tems de la maladie, on ne donne au malade pour toute nourriture
qu'une soupe de pain cuit dans l'eau
avec un peu de sel & d'huile d'olives.
Si le malade tient bon pendant sept
jours, on a quelque esperance de le
tirer d'affaire, mais il est encore en
danger; mais s'il arrive jusqu'au qua-
torziéme on compte plus surement
sur le retour de sa santé, à moins
qu'il n'arrive quelque nouvel accident : quand il n'en arrive point, on
commence à le mieux nourrir, on
lui donne du boüillon de poulet, &
même un peu de cette chair legere,
& à la fin on lui donne de la chair de
porc rôtie, comme la plus succulente
& la plus facile à digerer. On s'éton-
nera sans doute de ce que je dis de la
chair de porc, qui dans toute l'Europe passe pour la plus indigeste; mais
qui est réellement la plus legere, & la
plus facile à digerer dans l'Afrique,
l'Amerique, & l'Asie où ces animaux
ne vivent que de racines & de fruits,
& de serpens, quand ils en peuvent
attraper, sans jamais toucher à aucune ordure. Ces nourritures sont excellentes, & communiquent à leur
chair une très-bonne qualité.

Les remedes que l'on employe pour les Negres, quand le froid & les pluyes leur ont donné la fiévre, c'est de leur appliquer des vantoufes fur le front, fur les tempes, fur les épaules, & d'en faire fortir le fang par le fecours du rafoir. On leur fait encore de copieufes faignées au bras, & on leur fait obferver une diette très-incommode à ces fortes de gens, qui ont toûjours un appetit dévorant, & très-peu de chofes pour le remplir. On ne leur donne dans cet état qu'un peu de farine de manioc ou de mil, avec de l'huile d'olive, & de l'eau à boire, & on les empêche de boire du vin de palme, & de l'eau-de-vie. Voilà une pratique bien fimple, une medecine aifée & de peu de dépenfe. Nos Apotiquaires mourroient de faim dans un tel pays, où ils n'auroient affurément point de débit de leurs drogues : les Negres ne laiffent pas de guérir en très-peu de jours, & d'arriver malgré leurs travaux à une extrême vieilleffe, fans en reffentir comme nous les fâcheufes incommoditées.

J'ai vû à S. Jague une des Ifles du Cap Verd, un Negre qui étoit de la première bande qu'on y avoit amené d'Afrique. Il étoit homme fait quand

il y avoit été vendu comme esclave.
Après avoir servi son maître plus de
soixante ans ; ce bon maître venant à
mourir sans enfans donna la liberté à
son esclave, & à toute sa famille qui
étoit nombreuse, & ces nouveaux libres se mirent à travailler pour leur
compte. Ils eurent tant de bonheur
qu'ils devinrent fort riches pour le
pays, sans oublier de faire bien des
enfans. Ce bon homme, quand je le
vis, passoit pour avoir cent quarante
ans, il avoit les cheveux tout blancs,
aussi-bien que la barbe, ce qui dans
les Negres est la marque assurée d'une
extrême vieillesse, ce qui ne l'empêchoit pas d'avoir encore les dents
belles, d'être droit, d'avoir la dé-
marche assurée, de la force pour travailler, & d'aimer le travail. Il voyoit
alors les enfans de ses arriere-petits-
fils, & pouvoit compter plus de cent
soixante enfans dont il étoit la tige.

L'Isle de S. Thomé est une source
inépuisable de crabes terrestres, qu'il
ne faut pas confondre avec celles de
mer, ni avec les écrevisses de rivieres. Ces crabes vivent dans les bois,
& dans les cannes. Ce sont d'excellens gibiers, ou plûtôt une manne
pour les esclaves. Ils vont les cher-

cher la nuit avec des torches de cannes qui ont paſſé au moulin, ou avec
des flambeaux de certains bois reſi-
neux dont il y a une infinité dans l'Iſle;
& c'eſt pour eux un très - bon mets
qui vaut mieux que le poiſſon ſalé
qu'on leur donne quelquefois. On prétend que celles que l'on trouve dans
les montagnes ſont meilleures que celles qui ſont dans les plaines, & ſur
les bords de la mer. Il ne faut pas diſ-
puter des goûts; mais ce qu'il y a de
certain, c'eſt qu'il y a des crabes de
pluſieurs eſpeces qui ne ſe mêlent
point les unes avec les autres. Celles
du bord de la mer, des marécages &
autres lieux aquatiques ſont blanchâtres, elles ſont auſſi les plus grandes :
elles ont des mordants ſi grands
qu'elles pourroient embraſſer la jan-
be d'un homme ; mais il eſt certain
que leur chair eſt plus dure, plus coriace, & qu'elles ſont ſujettes à manger de mauvais fruits, qui les empoiſonnent ſans les faire mourir, & qu'elles empoiſonnent ceux qui les mangent.

Celles des montagnes ne ſont pas ſi
grandes ni ſi groſſes ; leur écaille eſt
rougeâtre avec une tache noire au
milieu, leurs mordans qui ſont iné-

gaux en groſſeur, ſont aſſez petits,
& ne pincent pas moins fort. Leur
chair eſt tendre, & délicate, leurs
œufs ſont excellens, & la graiſſe
qu'on trouve dans leur ventre eſt un
morceau très-délicat. Ces animaux
quittent la montagne au commencement de la ſaiſon pluvieuſe, & viennent ſe baigner à la mer, & dépoüiller leur vieille écaille; c'eſt alors le
tems qu'on en prend une quantité
prodigieuſe. C'eſt un très-bon manger. Les Blancs les recherchent comme les Negres, & comme ils les accommodent avec plus de ſoin, ils en
font de très-bons ragoûts; cependant
quelque bons qu'ils paroiſſent au goût,
il eſt certain que cette viande eſt toûjours indigeſte & peſante. On remarque même qu'elle eſt aſſoupiſſante, &
qu'on ſe ſent peſant & accablé de ſom-
meil quand on en a mangé. Du reſte
c'eſt une bonne nourriture.

Après ces animaux terreſtres, il
faut dire quelque choſe de ceux de
l'air. On trouve des pigeons ſauvages
ou ramiers en toutes les ſaiſons de
l'année, tantôt plus, tantôt moins;
car quoiqu'on diſe dans le pays, c'eſt
un oyſeau de paſſage; mais il en reſte toûjours aſſez dans l'Iſle pour que

les chasseurs en trouvent toûjours assez. Ces oyseaux prennent le goût des
graines dont ils se nourrissent. Si ces
graines sont ameres leur chair con-
tracte l'amertume, à moins que le
chasseur n'ait l'attention de leur arra-
cher le croupion avec tous les intestins ; c'est dans ces endroits que l'a-
mertume est renfermée, & qu'elle se
communique au reste de la chair quand
l'oyseau est mort ; mais quand ces oyseaux se nourrissent de graines odoriferantes, ils contractent une odeur char-
mante, & sont si gras qu'ils se fendent
en tombant à terre ; c'est un des
meilleurs oyseaux que l'on puisse manger. Les chasseurs disent que quand
ces oyseaux sont maigres, comme il
arrive après qu'ils ont fait leurs petits,
ils portent un coup aussi fort qu'il en
faudroit pour un liévre, au lieu que
quand ils sont gras la moindre dragée
les fait tomber. Cela vient, selon
eux, de ce que dans l'état de mai-
greur leurs plumes sont comme col-
lées sur eux, & comme elles sont fortes & en assez grande quantité, le
plomb glisse dessus, à moins qu'on ne
les prenne par derriere ; mais quand
ils sont gras le volume de leur chair
étant considérablement augmenté,

leurs plumes font plus éloignées les unes des autres, & n'empêchent point le plomb de les percer. Ils volent alors avec peine, ils font pareſſeux, & quand un arbre eſt chargé de graines, il eſt ſans faute chargé d'oyſeaux, qui voyent ſans s'ébranler tomber leurs camarades, & attendent tranquillement le coup de la mort.

Il y a un grand nombre d'oyſeaux à qui on a donné le nom de perdrix. Celles-ci ont quelque rapport avec les nôtres; mais elles ne font pas ſi groſſes, elles volent bien mieux; elles perchent ſur les arbres; mais elles font leurs nids à terre. C'eſt une très-bonne viande ſelon les graines qu'elles mangent.

Il y a des tourdes ou grives, des étournaux, des merles, & certains moineaux preſque verds, qui ne font pourtant pas des perroquets; quoiqu'ils en ayent la couleur; mais non pas la groſſeur.

Il y a une infinité de très-petits oyſeaux à qui on a donné le nom de cardinaux, parce que toutes leurs plumes font rouges; mais on a pu avoir encore une autre raiſon, c'eſt qu'à chaque fois qu'ils müent ils changent de couleur; de rouges ils deviennent

Jaunes ou violets , & même quelquefois tout blancs ; & comme les Cardinaux changent la couleur de leurs
habits dans de certains tems , de même ces oyseaux changent aussi la leur.
On en porte en Portugal où ils sont
estimez ; mais leur transport est difficile ; car ils sont d'une délicatesse in-
finie , & ne peuvent en aucune façon
souffrir le moindre froid.

Mais les oyseaux qui sont en plus
grand nombre sont les perroquets. Il
y en a de plusieurs especes. Quelques-
uns sont tout verds , d'autres sont
verds , avec la tête , les aîles , & la
queuë rouges : ce sont à mon avis les
plus beaux. Il y en a qui ont des plumes jaunes aux aîles , à la queuë , &
sur la tête. D'autres sont de couleur
de cendre avec quelques plumes rouges. Tous ces oyseaux mâles & femelles sont babillards outre mesure ,
& quand ils sont sur un arbre , si les
feüilles qui sont de leur couleur , les
dérobent à la vûë des chasseurs , leur
babil les découvre : car on les chasse ,
parce que leur chair est très-bonne ,
& quoique noire, elle est pleine de sub-
stance & de suc. On en fait des sou-
pes excellentes , ou des daubes quand
ils sont vieux , & on les met sur le gril
Q v

ou à la broche quand ils font jeunes.

Le poiſſon fourmille autour de cette Iſle. Grands & petits il s'en trouve de toutes les eſpeces, depuis les plus petits juſqu'aux plus grands, c'eſt-à-dire, des baleines. On en voit de très-grandes, quoique ſelon l'opinion du vulgaire il n'y en ait de la taille gigantesque que dans le Nord.

Voilà à peu près ce que j'ai remarqué pendant un mois & demi que nous avons demeuré moüillez à cette Iſle, ſans y faire preſque aucun commerce, parce que les navires qui étoient arrivez avant nous, avoient enlevé ou retenu tous les ſucres, deſorte que nous euſſions été obligez d'attendre la recolte prochaine, ce qui nous auroit obligé à un ſéjour de près de ſix mois, & nous auroit cauſé de grandes dépenſes, bien des maladies dans notre équipage & dans nos eſclaves, & peut-être une grande mortalité. De ſorte qu'après avoir conſulté le Correſpondant de nos Bourgeois à qui nous étions adreſſez, nous reſolûmes de porter nos Negres à la Baye de Tous les Saints capitale du Breſil, où nous étions aſſurez de les vendre plus avantageuſement, d'autant plus que les Negres de la côte de

Guinée font bien plus estimez que tous
les autres de la côte Occidentale d'A-
frique, comme sont ceux d'Angolle,
de Congo, & autres pays des environs, & que nous étions assurez de
trouver des sucres & autres marchandises qui nous auroient été d'un profit
bien plus considérable que ce que
nous eussions chargé à S. Thomé.

Le vaisseau François se trouvant
dans le même cas que nous, prit le
même parti après que nous lui eûmes
procuré un passeport, & des lettres
de recommandation du Gouverneur
de S. Thomé pour le Viceroi du Brefil, dans lesquelles il étoit fait men-
tion du service qu'il nous avoit rendu
de si bonne grace, sans quoi il n'auroit pû esperer d'être reçu à trafiquer
à la Baye.

Mais avant d'entreprendre ce voyage, nous resolûmes d'aller faire de
l'eau, du bois, & des vivres à la petite Isle du Prince, parce que toutes
ces choses y sont en plus grande abondance, meilleures, & à meilleur marché qu'à S. Thomé.

Nous mîmes à la voile de compagnie, & nous portâmes sur cette Isle
qui est au Nord-Est de S. Thomé. Elle
en est éloignée d'environ trente lieües.

Q vj

On prétend qu'elle est à un dégré
quarante-trois minutes de Latitude
septentrionale. Nous y arrivâmes en
dix - huit heures ; nous moüillâmes
dans le port , & nous saluâmes la forteresse qui nous fit l'honneur de ne pas
s'en appercevoir.

Le port a été formé par la nature ;
il est médiocre , mais de bonne tenuë,
bien à couvert , & toutes sortes de
bâtimens y peuvent entrer. Il est dé-
fendu à la gauche par un petit Fort
posté sur une éminence, il est formé
par quatre bastions de terre & de fascines , & assez bien palissadé , avec
quelques pieces de canon , & une garnison qui n'est pas considérable, &
composée de gens dont la peine de
mort à laquelle ils ont été condamnez
en Portugal , a été changée en cet exil
ou plûtôt en cet esclavage.

On a donné le nom d'Isle du Prince à cette petite Isle , parce que le Roi
en a donné les revenus au Prince he-
ritier présomptif de la Couronne.

La ville n'est composée que d'environ deux cens maisons bâties de bois
& de terre ; la plûpart à deux étages
comme à S. Thomé. Elle est environnée d'un parapet de terre & de fascines , avec des palissades , & quelques

pieces de canon. Il n'y avoit dans cette ville qu'environ soixante Blancs
Portugais, & d'autres nations, avec
six fois autant de Mulâtres & de Negres libres, avec un assez grand nombre d'esclaves Negres.

On dit qu'il y a quelques villages
dans l'Isle, & dix ou douze Ingenios
ou moulins à sucre.

Le principal negoce de ces habitans
n'est pas le sucre, qui est encore moins
estimé que celui de S. Thomé; mais
ils élevent quantité de bestiaux de
toutes les especes; ils cultivent le ris,
le mil, le mahis, le manioc. On trouve toûjours chez eux une quantité
prodigieuse de ces denrées, & de toutes sortes de légumes; des herbages
en abondance, du vin de palme, des
noix de coco, des patates, des ignames, des figues, des bananes ou plan-
tains, des oranges, des citrons, &
autres fruits, avec des poules, des
pigeons, des oyes & des coqs d'Inde, le tout en si grande quantité, que
quand il y viendroit vingt navires
tout à la fois, ils trouveroient des vivres & des rafraîchissemens plus qu'ils
n'en auroient besoin, pour quelque
voyage qu'ils voulussent entreprendre.

Ce commerce, quoique de peu de
confequence en apparence, ne laiffe
pas d'être très confidérable en effet,
& de produire aux habitans de cette
Ifle, outre l'argent comptant, toutes
fortes de marchandifes d'Europe,
d'Afie, & d'Amerique, & de fup-
pléer par ce moyen au peu de fucre
qu'ils font.

On ceffera de s'étonner que je dis
qu'ils ont des marchandifes de trois
parties du monde, quand on fçaura
que tous les vaiffeaux qui manquent
de vivres, ou qui craignent d'en
manquer ne manquent pas d'en venir
faire en ce lieu, quand ils peuvent y
aborder, parce qu'ils font affurez d'en
trouver en abondance.

L'eau de cette Ifle eft très bonne,
& fe fait aifément.

Pour le bois, on en trouve toûjours
de tout coupé, que les efclaves apportent fur le bord de la mer. Quoique cette dépenfe foit très-petite, il
y a des Capitaines œconomes qui font
faire leur bois par leurs gens, & pour
cet effet, ils achetent des proprietaires une quantité d'arbres qu'ils font
abattre, couper & porter par leurs
gens. C'eft à mon avis une œconomie
mal entenduë.

Il est vrai que les maladies sont rares, dans cette Isle. L'air y est très-bon, les eaux excellentes & de garde ; aussi y voit-on des vieillards sains & robustes, pendant que les habitans de -S. Thomé paroissent plûtôt des déterrez que des hommes vivans.

Il y a au centre de l'Isle une montagne très-haute, à qui on a donné le nom de Pic, comme à Teneriffe , quoiqu'elle paroisse pointuë, elle ne se termine pourtant pas en pointe. Son sommet est plat & uni , avec un assez grand lac, toûjours rempli d'une très-bonne eau qui en sort par une infinité de rigolles qui forment de petits ruisseaux qui descendent dans la plaine , & qui portent de tous côtez la fécondité & l'abondance ; quoique la surface de l'eau du lac demeure toûjours au même état.

Cette Isle n'a que seize à dix-huit lieuës de circonference ; & elle a cet avantage que sa côte est saine, & qu'on peut moüiller de tous côtez. Mais si c'est un avantage pour les vaisseaux qui y abordent, c'est un desavantage pour les habitans , qui peuvent être insultez par leurs ennemis , qui peuvent faire leur descente en tel lieu qu'ils jugent à propos , après avoir

bien fatigué les habitans par des mar-
ches & des contre-marches , en feignant de defcendre tantôt dans un endroit , tantôt dans un autre , la font
dans celui qui leur convient davantage. Mais il n'y a pas d'apparence que
l'on faffe un armement en Europe pour
venir s'emparer d'un pofte d'aufli peu
de conféquence.

L'Eglife principale de la Ville eft
dédiée à notre compatriote S. Antoine , que l'on ne nomme S. Antoine
de Padouë que parce qu'il y eft mort.
Nous ne tombons point dans ce défaut : nous l'appellons S. Antoine le
Portugais ou de Portugal , pour le
diftinguer de S. Antoine Hermite.
Cette Paroiffe eft deffervie par des
Prêtres Blancs , Mulâtres & Negres ;
& outre cette Eglife , il y a une Eglife
dédiée à S. François , avec un couvent de Cordeliers , qui auffi bien
que les Prêtres de la Paroiffe font de
trois couleurs : car nous n'y regardons
pas de fi près , & la couleur telle
qu'elle puiffe être n'empêche point
d'être promûs aux Ordres Sacrez ,
quand ils en ont le mérite.

Nous ne demeurâmes dans le port
que dix jours que nous employâmes
à faire de l'eau , après que nous eû-

mes fait écouler celle qui nous reſtoit,
& avoir bien lavé nos futailles. Nous
fîmes du bois: nous ſalâmes 25 cochons,
& nous en embarquâmes douze en vie
avec quatre bœufs ou vaches. Ces
animaux ſont plus petits qu'en Europe ; mais ramaſſez & charnus. Pour
ce qui eſt des poulets & des volailles
d'Inde , nous en prîmes autant que
nous en pûmes mettre dans nos ca-
ges , avec des pois , des feves , du
ris , du mil , du mahis , de la farine
de manioc & de l'huile de Palme ,
autant & plus que nous jugeâmes en
pouvoir conſommer en trois mois pour
notre équipage & pour quatre cent
trente Negres , dont nous étions chargez.

A la fin nous mîmes à la voile avec
le vaiſſeau François , & nous prîmes
la route du Breſil.

Nous avions lieu de craindre les
calmes qui font ordinairement ſous la
ligne & aux environs. Nous eûmes
le bonheur d'en trouver très-peu, &
ce peu fut employé à la pêche des
Requiens ou Chiens de mer , qui
nous ſervirent bien à augmenter la
portion de nos eſclaves ; mais nous
obſervâmes de ne leur en point donner qui n'eût été dans le ſel pendant

vingt-quatre heures , & qui ne fuſ-
fent bien cuits ; autrement cette viande leur auroit pû cauſer des cours de
ventre & des diſſenteries , qui ſont
très dangereuſes & même contagieu-
ſes.

Comme nos eſclaves furent toûjours très-bien nourris , qu'ils avoient
l'eau preſqu'à diſcretion , & qu'on
avoit ſoin de les faire laver tous les
jours ſur le pont où ils paſſoient toute la journée : que l'entre-pont où ils
couchoient étoit lavé & parfumé tous
les jours , & qu'on les laiſſoit ſauter
& danſer tant qu'ils vouloient , nous
n'en perdîmes que deux dans toute
notre traverſée par un malheur. Comme ils étoient attachez deux à deux
par un pied avec un anneau double ,
un qui étoit aſſis ſur le bord tomba
à la renverſe dans la mer, & entraîna
ſon camarade ; & par malheur pour
eux & pour nous , le vent qui étoit
frais ne nous donna pas le tems de
mettre le canot à la mer pour les reprendre. Leurs camarades ne s'en at-
triſterent point : ils diſoient qu'ils ſeroient bien-tôt en leur pays , & ſou-
haitoient fort d'être en leur place.
Pour éviter les ſaillies de cette folle
imagination , on ne leur permit plus

de s'asseoir sur le bord, ou d'aller à l'avant comme les Matelots pour satisfaire aux nécessitez de la nature. On y pourvut d'une autre maniere, & il ne nous arriva plus d'accident.

Nous nous trouvâmes à l'embouchure de la riviere des Amazones le quinziéme jour après notre départ de l'Isle du Prince. Assurément nous n'avions pas lieu de nous plaindre de la mer ni des vents. Nous étions environ à cinq lieuës de la terre, & dans cette distance nous puisâmes de l'eau de la mer : elle étoit potable ; cependant nos Negres ne parurent pas s'en soucier, parce qu'ils en avoient, comme je l'ai dit, presqu'à discretion de celle de l'Isle du Prince. Il est vrai qu'elle n'est pas tout-à-fait salée ; mais elle a un point d'amertume à laquelle on ne prendroit pas garde si on étoit fort alteré ; mais que l'on remarque aisément quand on est accoûtumé à en boire de meilleure. Cela me fit connoître combien se sont trompez les Navigateurs, ou combien ils ont voulu tromper les autres quand ils ont avancé qu'à vingt cinq ou trente lieuës au large on reconnoissoit l'embouchure de ce fleuve par la douceur des eaux : car, quoiqu'ils puissent dire,

il eſt conſtant que le courant de ce
fleuve, quelque rapide qu'on le ſup-
poſe, ne peut pas empêcher que la ſa-
leure des eaux de la mer ne s'y mêle,
& ne gâte la douceur de celles du fleuve. J'avouë que dans un beſoin on
pourroit s'en contenter, parce que le
beſoin fait trouver tout bon. Nous
n'étions point dans ce cas. On donne
trente lieuës de largeur à cette embouchure : c'eſt beaucoup; car je doute qu'on l'ait meſuré bien exactement.
Quoiqu'il en ſoit, nous la dépaſſâmes
avec un vent de terre largue qui nous
faiſoit faire trois lieuës par heure.

Nous vîmes un vaiſſeau d'environ
quarante canons. Il mit pavillon Anglois, & l'aſſura avec un coup de
canon ſous le vent. Nous mîmes nos
pavillons, & les aſſurâmes de même.
Comme nous nous apperçûmes qu'il
tâchoit de nous gagner le vent, nous
nous approchâmes l'un de l'autre, &
nous baſtingâmes. Nous détapâmes
nos canons, & les boute-feu à la main
nous l'acoſtâmes à la portée de la voïx.
Il nous cria d'envoyer à bord nos paſ-
feports, & nous lui répondîmes par
cinq coups de canon chacun. Il nous
lâcha ſa bordée, & nous lui envoyâ-
mes chacun la nôtre, & nous conti-

nuâmes à le chauffer si vivement pendant près de deux horloges, qu'à la fin il nous cria que nous étions en paix. Nous lui dîmes que cela nous étoit indifférent ; & que s'il avoit quelque chose à nous demander, qu'il vînt à bord. Il mit son canot dehors, & alla au vaisseau François : il vint ensuite au nôtre. Il nous dit qu'il nous avoit pris pour des Forbans : nous en crûmes ce que nous voulûmes, & nous nous régalâmes réciproquement, parce que le calme nous prit, & dura près de deux fois vingt-quatre heures. Le vaisseau François eut quatre b'essez : nous n'en eûmes aucun ; mais l'Anglois que nous] avions chauffé en amis, avoit eu deux hommes tuez, & douze blessez, entre lesquels étoit le Capitaine, qui avoit eu le bras emporté, ce qui avoit fait finir le combat plûtôt qu'il n'auroit fait. Ils nous dirent qu'ils venoient du Cap de bonne Espérance ; & qu'ayant sçu qu'il y avoit deux Forbans dans ces mers, il avoit crû que nous étions ceux dont il avoit entendu parler. Nous eûmes raison de croire qu'ils l'étoient eux-mêmes, & il nous auroit été aisé de les prendre ; mais nous avions de meilleures affaires ; ainsi nous nous

féparâmes, & chacun fit fa route. Nous
apprîmes depuis étant à la Baye que
c'étoit réellement un Forban qui avoit
fait quelques prifes ; & après avoir
pillé les Bâtimens, il avoit jetté les
gens à la mer, & brûlé les Bâtimens.

Deux jours après nous vîmes deux
Bâtimens : nous nous en approchâmes à la portée de la voix : ils avoient
arboré pavillon Portugais, & nous
les nôtres. Nous nous faluâmes, &
nous leur dîmes notre avanture, afin
qu'ils priffent garde à eux.

Depuis cette rencontre les vents
nous contrarierent de forte que nous
ne pûmes arriver devant la Baye que
le trente-cinquiéme jour depuis notre
départ de l'Ifle du Prince. Cette tra-
verfée ne fut pas longue. Il eft affez
ordinaire d'y employer deux mois,
& fouvent davantage ; & quand cela
arrive, il faut compter de perdre beaucoup d'éfclaves.

Quand nous fûmes par le travers
de l'entrée, nous mîmes notre canot
à la mer, & je fûs au fort Sainte
Marie porter nos paffeports, & demander des Pilotes pour nous entrer
dans la Baye ; car l'entrée eft difficile
& pas un de nous n'y avoit entré.

Le Commandant nous dit que nous étions les bien-venus, & que le vaisseau François seroit bien reçu, & feroit son commerce avec avantage, aussi-bien que nous.

J'offris de demeurer en ôtage pour les Pilotes. Le Commandant ne le voulut pas permettre : il nous en donna quatre, avec une grosse chaloupe pour prendre nos ancres, & nous faire mouiller comme il falloit, & pendant que nous allions à nos bords, le Commandant envoya un exprès à S. Salvador donner avis de notre arrivée & de notre chargement au Gouverneur général, à qui on donne la qualité de Viceroi.

Nos bâtimens nous voyant revenir, mirent le bord à terre : ils en étoient environ à trois lieuës. Nous prîmes chacun deux Pilotes, que nous mîmes en possession de nos bâtimens, & sous leur conduite nous nous trouvâmes bientôt à l'entrée de la baye. Elle est Nord & Sud par les douze degrez & demi de latitude méridionalle, & par les trois cent quarante-six degrez vingt-cinq minutes de longitude ; supposé qu'on s'en soit bien assuré par les moyens dont on s'est servi pour le connoître, ce qui n'est

pas une petite difficulté ; mais qu'il
ne convient pas d'examiner ici. Ce
que l'experience m'a appris est d'être
sur mes gardes aux atterages , & de
me fier aussi peu aux nouvelles Cartes
que l'on prétend être faites sur des
observations astronomiques , qu'aux
anciennes qui ont été faites seulement
sur l'estime.

La Baye de tous les Saints est un
grand enfoncement dans la terre ferme du Bresil dans l'Amerique meri-
dionalle , qui est couvert par l'Isle
Taporica.

Entre cette Isle & la pointe de la
terre ferme, qui est à l'Est , & qu'on
appelle la pointe de S. Antoine , il
peut y avoir à la vûë deux lieuës &
demie de distance : c'est ce qui fait
l'entrée de la baye & du port ; mais
cette entrée est resserrée par deux
bancs de roches, sur lesquels il y a
depuis trois jusqu'à cinq brasses d'eau,
ce qui n'empêche pas la mer d'y briser
beaucoup , & de causer un tangage
qui mettroit les bâtimens qui s'y ris-
queroient en danger de se perdre.

Celui de l'Est , qui tient à la terre
ferme , & que l'on appelle le banc de
S. Antoine , parce qu'il est attaché
au Cap qui porte ce nom , peut avoir
une

une lieuë de longueur Nord & Sud,
& près d'une demie lieuë de largeur
Eſt & Oüeſt de la même pointe.

Celui qui tient à l'Iſle Taporica eſt
plus long & plus large. Ils ſont ſe-
mez l'un & l'autre de beaucoup de
briſans, de ſorte qu'il eſt très-dange-
reux de s'engager deſſus, même pour
les petits bâtimens.

L'eſpace qu'ils aiſſent entre eux eſt
d'environ une demie lieuë, net & ſain,
où l'on trouve juſqu'à vingt-huit braſſes d'eau.

Il y a une batterie fermée comme
une eſ ece de pâté ou de fer à cheval
pour défendre la paſſe du côté de l'Iſle
Taporica.

Le côté de la terre ferme eſt défen-
du par le Fort Sainte Marie. On parloit d'en faire un troiſiéme ſur la même pointe.

Il faut être Nord & Sud du milieu
de la poiſſe pour entrer ſurement, &
ce fut la route que nos Pilotes nus firent prendre, & nous menerent moüiller preſque par le milieu de la ville
baſſe.

Nous trouvâmes dix-huit vaiſſeaux
moüillez; entre leſquels il y avoit un
vaiſſeau de guerre de ſoixante canons
qui portoit le pavillon quarré au grand

Tome V.   R

mât : nous le saluâmes chacun de sept
coups, & il nous en rendit à chacun
trois, dont nous le remerciâmes d'un,
Nos Capitaines allerent saluer l'Amiral, qui les reçût fort honnêtement,
& sans perdre sa gravité.

Nous étions moüillez par huit &
neuf brasses fond de sable net & de
bonne tenuë.

J'accompagnai notre Capitaine quand
il alla rendre ses respects au Viceroi.
Le Capitaine François accompagné
de deux Officiers y vint quelque tems
après nous, & fut fort bien reçu. Il
presenta au Viceroi deux jeunes esclaves. Il fut reçu avec plus de distinction
comme étranger, & le Viceroi lui
permit de vendre ses esclaves, & de
charger telles marchandises qu'il voudroit selon les ordres du Roi, & les
coûtumes du pays, il lui fit presenter
le chocolat, & à nous par concomi-
tance ; car il ne nous auroit pas fait
cet honneur, si nous eussions été seuls.
Il remercia en termes fort polis le
Capitaine François du secours qu'il
nous avoit donné, & lui dit qu'il en
instruiroit la Cour, afin qu'on y eut
égard dans l'occasion.

Nous louâmes des magasins dans la
basse ville, & après avoir fait raser

nos Negres & les avoir fait frotter
d'huile de palme , nous étions prêts
de les defcendre à terre , lorfqu'un
Officier de l'Inquifition nous vint demander s'ils étoient baptifez , nous
lui dîmes que non , fur quoi il nous fit
défendre de les mettre à terre avant
qu'ils euffent reçu ce Sacrement , &
fur ce que nous lui reprefentâmes
qu'iis n'étoient pas inftruits , il nous
dit qu'il falloit laiffer ce foin à ceux
qui les acheteroient. Comme nous
n'avions pas de chapelain dans notre
navire, ce fut celui du vaiffeau François qui fit cette fonction en préfence
d'un Prêtre du faint Office. Ce bap-
têine fe fit fans ceremonie. On fe contenta de demander aux efclaves s'ils
ne vouloient pas être baptifez comme
les Blancs , afin de joüir comme eux
des délices du ciel. Ils répondirent
oüi , & fur cela on les fit mettre à genoux , & on les baptifa par afperfion ,
remettant les autres cérémonies , &
les onctions à un autre tems.

A près cela on les fit defcendre à terre,
de l'aveu de tout le monde , on n'a-
voit jamais vû de plus beaux efclaves,
la plûpart ne paffoient pas vingt-cinq
ans , & les plus jeunes dix-fept. Ils
étoient en parfaite fanté , gras & bien

R ij

difpos. Il étoit venu quantité de gens
les voir à bord, & ils en avoient paru
fort contens. Il fe fit une Compagnie
dont je crois que le Viceroi étoit, qui
nous les achera tous, avec promeffe
de nous les payer comptant en fucre,
en tabac, bois de teinture & cotton
autant que nous en pourrions charger, & le furplus en argent comptant
du coin d'Efpagne, ou en or, ou lettres de change fur Lifbonne, Cadix ou
Seville à notre choix.

Nous profitâmes en gens d'efprit de
nos avantages. Nous vendîmes nos efclaves & le refte de nos marchandifes
très-cher, & nous nous preffâmes de
donner un fuif à nos bâtimens, parce
que nos Marchands nous preffoient
de recevoir nos payemens. Nous fîmes nettoyer nos bâtimens, rebattre
nos futailles, accommoder nos voiles,
faire du bifcuit des farines que nous
avions dans des quarts, & embarquer
les bois de teintures, qui étant fort
péfans nous fervirent en partie de left
& de quoi faire nos arrimages, &
nous chargeâmes nos fucres, & enfuite nos tabacs qui étoient en rouleaux
de deux cens livres piece, entourez
d'un cuir de bœuf verd. Nous gardâ-
mes nos cottons pour mettre dans no-

tre entrepont, & pour nous faire des garde-corps en cas de besoin.

Nous nous défîmes avantageusement de nos plumes d'autruches. Nous les offrîmes d'abord aux Jesuites qui s'excuserent de les acheter sur ce qu'elles étoient trop cheres pour eux. Ils offrirent pourtant, & bien poliment de les recevoir si nous voulions en faire présent à l'Eglise. Nous leur dîmes que si nous en voulions faire présent à une Eglise, ce seroit à celle de notre Compatriote S. Antoine. Le lendemain il revint un honnête homme que nous reconnûmes depuis pour le Sacristain de ces Reverends Peres qui vint voir nos plumes, les acheta, & les paya en bon argent d'Espagne.

Ces Peres portent le nom d'Apôtres au Brésil & en bien d'autres lieux des Domaines de Portugal, & on a raison; car ils ont rendu & rendent encore tous les jours de grands services à la Religion; mais ils ne sont pas si pauvres que ceux dont ils portent le nom, ils sont très-riches; ce qu'il ne faut pas entendre des particuliers, car assurément ce sont bien les plus pauvres de tous les Religieux de l'Eglise; mais du Corps & des Couvens, dont les grands biens sont envie à tous les

autres Religieux. Je ne fçai fi je ne me
trompe point en me fervant du mot
de Couvent ; car quoiqu'ils foient Religieux , & à ce qu'on dit aggrégez
aux Ordres Mendians , ils ne veulent
pas que leurs demeures foient quali-
fiées du nom de Couvent , & ils ont
raifon , cela fentiroit trop la bé-
face.

Leur Eglife & leur Maifon font
voir qu'ils ont de grandes richeffes ,
ou que les dévots qui ont fait faire
ces fuperbes édifices avoient bien de
l'argent de refte ; car on ne voit de
tous côtés que des marbres choifis ,
des dorures , des bronzes , des tableaux des meilleurs Maîtres , des
lambris , & des armoires ornées de
fculptures , où l'on a employé les
bois les plus précieux , & les meilleurs
ouvriers pour les mettre en œuvre.
Mais les chambres des Apôtres ne répondent point du tout à la magnificence des autres lieux. J'ai eu occafion
d'en voir quelques-unes , & j'ai été
également furpris & édifié de les voir
fi fimples & fi pauvres. Celle du Pro-
phete Elifée ne l'étoit pas davantage.
Je n'ai pas vû leur cuifine , on dit que
c'eft un lieu inacceffible ; mais tout le
monde fçait qu'elle n'eft pas fort

échauffée , & que les Apôtres font les plus mal nourris de tous les Religieux, fans en excepter même les Carmes.

On trouve des Religieux de toutes les efpeces dans la ville. Leurs Eglifes & leurs Couvens font grands , magnifiques & très-riches.

Les Benedictins comme par tout ailleurs font puiffamment riches , leur régularité eft très-édifiante. On dit qu'ils ont été les premiers qui font venus planter l'Etendart de la Croix dans ces vaftes pays , ils y ont d'abord travaillé avec un très-grand zele & de grandes fatigues , qu'ils continue-roient peut-être encore aujourd'hui , fi des effains d'autres Religieux n'é-toient venus à leur fecours. Alors ils ont cru pouvoir fe repofer , & c'eft ce qu'ils font , & pendant que les autres font dans la mêlée , ils levent leurs mains au Seigneur pour leur obtenir la victoire.

Les Dominiquains & les Francif-cains font ceux qui ont fuivi de plus près les premiers conquerans du pays , que le hafard découvrit à Alvarez Cabral , & qui en prit poffeffion au nom du Roi de Portugal en 1501. On le nomma d'abord la Province de Sainte Croix , & enfuite le Bréfil , à caufe

d'un bois rouge , fort dur & fort pé-
fant que l'on y trouve en quantité, &
dont on fe fert pour la teinture. C'eft
une conteftation entre les Sçavans , fi
c'eft le bois qui a donné le nom au
pays , ou le pays qui a donné le fien
au bois. Jufqu'à prefent la queftion eft
demeurée indécife , & je n'ai pas envie
de travailler à l'éclaircir , j'ai de meilleures chofes à dire.

Les Dominiquains ont dans leur
Coüvent le Tribunal redoutable &
les prifons de l'Inquifition. Ils en font
les principaux Officiers. Il n'en faut
pas davantage pour les faire craindre
& refpecter. Ils font riches , & comment ne le feroient-ils pas ? tous les
biens des condamnez font en leur dif-
pofition , & l'on dit dans le pays que
c'eft une conviction du crime dont on
eft accufé , que d'être riche. Je crois
cependant que ces bons Peres ne font
que fuivre les regles de leur Tribunal,
tant pis pour les malheureux , fi elles
ne leur font pas plus favorables. Au
refte cette juftice fevere eft neceffaire
dans le pays , & fans elle la Religion
feroit en grand danger de fe perdre ;
c'eft la rigueur feule que ce Tribunal
exerce pour la conferver , à qui on en
eft redevable de fa confervation. On

ne peut être reçu dans cet Ordre sans
faire des preuves comme dans celui de
Malte, non pas de nobleſſe ; mais d'ê-
tre d'une race d'anciens Chrétiens,
& non pas de ceux qu'on appelle Chriſ-
tians nuevos, c'eſt-à-dire, chez leſquels
il y a eu quelque mêlange de Judaïſme
ou de race de Maures.

Les Franciſquains ſont bien plus riches que la Regle de leur Patriarche
ne ſemble leur permettre. Ils ſont en
très-grand nombre, & vivent avec
toutes les commodités qu'ils peuvent
ſouhaiter pour aller au Ciel aiſément.

A leur place les Capucins, autre
branche de ſaint François, obſervent
à la lettre la Regle de ce grand Patriarche. Ils ont un Couvent fort reſ-
ſerré, fort pauvre, ils y vivent pau-
vrement d'aumônes journalieres ſans
rien reſerver pour le lendemain. Ils
travaillent infatigablement à faire des
Miſſions dans les campagnes, & ſou-
lagent infiniment tout le Clergé Seculier & Regulier du pays, auquel ils
ſervent d'exemple, auſſi-bien qu'à
tous les peuples.

On me voudra bien permettre de ne
rien dire des autres Religieux. Leur
catalogue ſeroit auſſi long qu'il eſt inutile ici.

R v

Après ce que je viens de dire du Clergé Regulier, on peut croire que le Seculier est bien riche. Il l'est en effet, & comme il n'a pas besoin de travailler de ses mains comme les anciens Apôtres pour vivre, tous se tiennent en repos, & vivent joyeusement des péchez du peuple.

La Sée ou Seo est une fort belle & fort grande Eglise; c'est ainsi qu'on appelle les Eglises Episcopales en Portugal & en Espagne, comme on les appelle Dome en Italie, & Cathédrales en France. La Sée ou Seo veut dire le siege de l'Evêque *sedes Episcopali*. La Sée est presque au bout Septentrional de la ville dans l'endroit le plus élevé; elle est dédiée à saint Sauveur, ce qui a donné le nom à la ville. L'Evêque & son Chapitre sont très-riches.

La ville est grande & bien percée; mais les ruës sont très-incommodes, parce qu'étant située sur une hauteur d'assez peu de largeur, & coupée en beaucoup d'endroits comme des ravines droites & profondes qui font des pentes roides, & presque comme des précipices Cela est cause qu'on ne s'y peut servir de carosses ni de litieres; mais seulement de chevaux & de hamacs, qui sont portez sur les épaules des esclaves.

Cette voiture eſt des plus commode. Tout le monde ſçait que c'eſt une piece de toile de cotton ou de ſoye, travaillé quelquefois à plein, & quelquefois à jour comme un raiſeau, avec un grand nombre de longs cordons à chaque bout qui s'uniſſent & s'attachent à un gros lévier de douze pieds de longueur, auquel eſt attaché une imperiale legere avec des rideaux de taffetas que l'on tire du côté que vient le ſoleil, de ſorte que le maître couché dans ſon hamac à couvert du ſoleil, & porté par deux forts eſclaves avec d'autres pour ſe relayer de tems en tems quand le voyage eſt un peu long, fait toutes ſes affaires & ſes voyages plus commodément qu'il ne les feroit ſur un cheval. Les deux porteurs ſont nuds à l'exception d'un grand morceau de toille qui eſt attaché ſur leurs reins & leur tombe juſqu'aux genoux. Ils ont à la main une fourchette, ſur laquelle ils poſent les bouts des bâtons quand le maître veut s'arrêter ou deſcendre : outre les porteurs le hamac eſt ſuivi d'un eſclave ou de pluſieurs, qui portent le paraſol & l'épée de leur maître, afin qu'en cas de beſoin il ſoit armé.

On trouve de ces porteurs & de ces

R vj

hamacs à loüer. Car il y a de ces efclaves qui travaillent pour eux, en
payant à leur maître une certaine
fomme par femaine. C'eft à quoi il ne
faut pas qu'ils manquent ; car nos
Compatriotes ne font pas fort traita-
bles fur ce point, & châtient leurs efclaves avec une rigueur qui porte
fouvent ces miférables au defefpoir.

Les maifons des particuliers font
toutes à deux étages, il y en a peu
qui en ayent trois. Elles font commodes, & meublées affez magnifique-
ment pour le pays, c'eft à-dire, qu'il
y a des tableaux, des fauteüils de cuir
doré, des cabinets de la Chine, & autres meubles, c'eft ce que j'ai pû appercevoir dans les premieres pieces
où l'on peut pénetrer ; car les appar-
temens interieurs, & fur-tout ceux
des femmes font auffi impénétrables
que le Serail du Grand Seigneur. Mais
avant de parler des femmes, il faut
finir la defcription de la ville.

Elle n'avoit aucune enceinte de murailles lorfque les Hollandois la fur-
prirent en 1623. Ils y firent d'abord une
efpece de rempart de terre & de fafci-
nes avec quelques batteries ; mais la
bravoure de mes Compatriotes ne leur
donna pas le loifir d'achever de s'y for-

tifier davantage. Ils les attaquerent si
vivement dès que leurs vaiſſeaux
chargez de butin ſe furent retirez
qu'ils l'emporterent, & ils ont commencé à s'y fortifier d'une maniere à
ne plus craindre les inſultes de leurs
ennemis. Il eſt vrai qu'ils ne l'ont pas
environné d'une enceinte, en profitant
comme ils auroient dû faire de l'avantage de ſa ſituation, qui eſt telle qu'on
en auroit pû faire une très-bonne
place; mais en faiſant de petites fortereſſes ſéparées les unes des autres,
ſe perſuadant mal-à-propos que les
ennemis s'arrêteroient à prendre toutes ces fortereſſes qui ſont au nombre
de ſept, les unes après les autres, ce
qui leur conſommeroit beaucoup de
tems & de troupes avant d'être maîtres du corps de la place.

En cela ils ſe ſont trompez lourdement; car il ſuffit de s'emparer d'une
ou de deux de ces fortereſſes pour
être maîtres de la ville. Après quoi on
peut à loiſir ſe rendre maîtres des autres.

D'ailleurs ces petites fortereſſes demandent bien des gens pour les garder, & laiſſent par conſèquent la ville
dépourvûë, parce que le Roi n'entretient que ſix cens hommes de trou-

pes reglées, qui étant partagés en tant
d'endroits ne peuvent jamais faire une
résistance vigoureuse ; car de compter
sur les habitans, c'est se tromper à plaisir.
Ils aiment trop la vie & le plaisir pour
s'exposer à la perdre ou à la peine de se
priver de leurs commodités. De compter sur les Naturels du pays , c'est à-
dire , sur les Indiens , c'est encore pis ,
ces gens sont las de l'esclavage où l'on
les tient , & ne demandent autre chose que de changer de maîtres , toûjours dans l'esperance d'être mieux.
Les Negres sont sur le même pied ,
heureux encore s'ils ne prenoient
pas les armes contre leurs maîtres , de
sorte qu'on ne peut compter que sur
ces six cens soldats bons ou mauvais.

Le côté de la ville qui regarde l'Est
est borné au pied de la hauteur par un
grand lac ou marais profond , qui est
formé par quantité de ruisseaux qui
tombent des montagnes voisines , &
qui forment une petite riviere à la
pointe de Monserat au Nord où les
vaisseaux vont faire leur eau. Cette
eau est très-bonne.

La pente de la montagne où est la
ville est si roide du côté du port ,
qu'on ne peut monter les marchandises qu'à l'aide de certains traînaux

d'affemblage, enchaffez dans une couliffe fortement attachée fur la pente du rocher, au haut de laquelle il y a deux rouës jointes par le même aiffieu, auquel eft attaché un cable qui a toute la longueur de la couliffe. Il eft attaché au traîneau fur lequel les marchandifes font attachées. Ces rouës faites à tambours font affez larges pour y mettre des efclaves qui en marchant dedans font tourner l'aiffieu, & le cable fe ployant fur le treüil tire après lui le traîneau & les marchandifes dont il eft chargé. On voit affez que ce travail eft très-rude, & plus convenable à des chevaux ou à des mulets, qu'à des hommes; mais nos Compatriotes ne font pas gens à ménager leurs efclaves, & comme ils en ont tant qu'ils veulent, ils fe foucient peu de leur confervation, les furchargent de travaux, & les maltraitent outre mefure.

Il y a quatre de ces machines, dont l'une appartient aux Jefuites, & les autres à d'autres particuliers qui en tirent un très-gros profit. Les Ingenieurs du pays qui ont méfuré la haureur de la ville au-deffus du niveau de la mer, difent qu'il y a quatre-vingt-dix toifes. Pour moi qui ai pris la pei-

ne d'y monter à côté d'une de ces machines dont je viens de parler, j'ai
jugé qu'il y avoit environ cent cinquante toises.

On ne voit pour l'ordinaire les femmes qu'à l'Eglise, encore faut-il y aller de bon matin, & seulement les
Dimanches & les grandes Fêtes ; elles
sont enfermées chez elles tout le reste
du tems, & gardées d'autant plus exacte-
tement & severement qu'elles sont belles, & on a raison ; car elles ont toutes un penchant furieux à la galante-
rie, & même au libertinage, & c'est
ce qui justifie en partie la mauvaise
humeur des maris, qui ne sont point
du tout susceptibles de pitié ou de raison sur cet article, & qui se croyant
deshonorez se font un point d'honneur de laver & d'effacer leur honte
dans le sang de celles qui en ont été
cause; ils les égorgent cruellement pour
des soupçons souvent très-legers, &
très-mal fondez.

La Justice même semble autoriser
ces procédures violentes, parce que
ceux qui l'administrent ont les mêmes
passions.

D'ailleurs c'est un moyen court &
facile de changer de femme, quand
on est las de celle que l'on a, & qui

fçait si cette derniere raison n'est pas
souvent la meilleure, & celle qui décide du sort de ces malheureuses victimes.

Quand elles vont à l'Eglise, elles
sont couvertes ou plûtôt enveloppées
depuis la tête jusqu'aux pieds d'une
grande mante d'étoffe de laine fort fi-
ne ; elles s'en couvrent entierement le
visage, à la réserve d'un œil dont elles
ont besoin pour se conduire, & pour
autres choses que l'on sçait assez sans
que je m'explique davantage : cet œil
découvert vaut bien une douzaine de
langues. J'ai dit que cette mante est
de laine, & non pas de soye comme
en Europe ; c'est une pragmatique du
Roi pour faire consommer les étoffes
de laine de son Etat. Sous cette mante est une juppe de même étoffe & de
même couleur très-large, & si longue
qu'elle doit cacher entierement les
pieds. Il n'est jamais permis de la lever, quand même on devroit se charger d'un pied d'ordures, parce que
c'est une indécence affreuse à une femme de laisser voir ses pieds. Les Prêtres & les Moines sont dans le même
usage, & pour les mêmes raisons. Il
me semble que les uns & les autres feroient mieux de garder cette délica-

teffe à ne pas donner dans une paffion ,
qui pour être très-vive dans les deux
fexes n'en eft pas moins criminelle.

Il faut conjecturer que cette mante
& cette juppe couvrent de riches habits ; car on fçait que le fexe eff le
même par toute la terre , & qu'il aime
la parure & les ajuftemens. En effet
ceux qui ont eu l'occafion de voir des
femmes chez elles . [chofe rare &
très-difficile ,] difent qu'elles font
très-bien mifes , & très-richement.
Leurs habits ne font pas tout-à-fait à
la Portugaife , ni à l'Efpagnole , ni à la
Françoife ; mais un bizare compofé de
ces trois modes , avec beaucoup de
pierreries , des dentelles & des fran-
ges d'or & de foye , des rubans , &
autres ajuftemens , & du rouge en
quantité. Elles font pour l'ordinaire
d'une taille au-deffous de la médiocre ,
& très-bien prife. Elles ont le teint affez beau , quoiqu'il foit difficile d'en
juger. Elles ont les cheveux noirs,
auffi-bien que les yeux , qui font
grands & pleins de feu , la bouche petite , les dents admirables , de l'efprit
plus qu'on ne peut fe l'imaginer , accompagné d'une vivacité , & d'un en-
jouement infini, qu'elles pouffent quelquefois jufqu'à l'extravagance.

Voilà à peu près le portrait des femmes de la Baye de Tous les Saints , & tout ce que je puis dire de cette ville , & des pays des environs que je n'ai pas eu le tems de voir , puisqu'outre les devoirs de ma charge qui m'occupoient les jours presque entiers pour faire charger notre vaisseau , & faire de l'eau , le bois & les rafraîchissemens qui nous étoient necessaires pour notre retour en Europe.

Enfin le trente-cinquiéme jour de notre arrivée à la Baye , nous nous trouvâmes prêts à mettre à la voile , après avoir donné caution que nous irions porter nos sucres & autres marchandises à Lisbonne , sauf au vaisseau François à obtenir les permissions necessaires pour porter ses effets autre part.

Nous avions fait une chasse partie avec ce vaisseau , pour ne nous point quitter que nous ne fussions dans la riviere de Lisbonne , nous défendre réciproquement , & si l'occasion s'en présente , attaquer d'un commun consentement les bâtimens ennemis.

Nous mîmes donc à la voile le 15. Décembre de la même année. Les Pilotes Côtiers nous conduisirent jusqu'à une lieuë au-delà des bancs de

l'entrée de la Baye. Nous avions falué
un vaiffeau de guerre qui portoit le
pavillon d'Amiral de fept coups, il
nous en avoit rendu trois. Nous faluâmes en paffant le Fort S. Antoine,
qui ne nous répondit rien.

Nous portâmes à route avec un vent
frais de Sud-Oüeft. Nous nous trouvâmes le 25. fous la Ligne par le travers de la riviere des Amazones. Nous
vîmes un vaiffeau fous le vent, qui
fembloit vouloir nous reconnoître ;
mais nous fuivîmes notre route en gar-
dant toûjours l'avantage du vent.
Nous le connûmes ennemi, c'eft-à-dire, Hollandois. Le jour fuivant fur le
foir, nous vîmes deux petits bâtimens.
Nous fîmes un bord fur eux. Nous les
reconnûmes Portugais. Ils venoient de
la Côte de Guinée, & éto ent chargez de Negres. Nous leur donnâmes
avis du vaiffeau que nous avions vû :
ils nous dirent qu'ils en avoient vû depuis trois jours un qui leur avoit donné chaffe, & qu'ils avoient évité en
faifant fauffe route : nous nous fou-
haitâmes bon voyage, & chacun fit fa
route.

Nous ne vîmes plus rien jufque fous
le Tropique que nous apperçûmes
deux bâtimens, un defquels étoit dé-

mâté de fon grand mât, nous ne nous
en approchâmes pas affez pour les reconnoître. Mais le calme nous ayant
pris pendant qu'ils avoient encore un
peu de vent, nous nous trouvâmes à
deux lieuës ou environ les uns des autres. Le Capitaine François vint à notre bord, & propofa de les aller reconnoître dès que le vent revendroit ;
ne doutant pas, vû l'état où l'un d'eux
fe trouvoit, de nous en rendre maîtres s'ils étoient ennemis : on en convint de part & d'autre ; car nos gens
étoient en goût de fe battre, & de
prendre. En effet le vent étant revenu, nous portâmes fur eux, & les joi-
gnîmes bientôt. Nous mîmes pavillon François, & eux Portugais. Ils
s'étoient battus contre un Hollandois
qui les avoit maltraitez, & les auroit
en evez, s'ils n'avoient eû le bonheur
de couper fon beaupré, qui avoit en-
traîné fes deux grands mâts. Cet accident les convioit à l'aborder ; mais
ils étoient foibles & trop chargez d'efclaves : ils venoient auffi de la Côte
de Guinée. Nous leur donnâmes un
hunier dont ils fe fervirent, & nous
nous féparâmes.

Nous nous trouvâmes le trente Janvier à quatre lieuës de Madere. Nous

réfolûmes d'y moüiller, plûtôt pour y
apprendre des nouvelles d'Europe,
que pour aucun befoin que nous euffions, excepté d'eau qui auroit peut-
être pû manquer fi le refte de notre
voyage eût été traverfé par quelque
long calme.

Nous y moüillâmes, nous fîmes de
l'eau, & du bois, des volailles &
quelques rafraîchiffemens, & nous remîmes à la voile le quatre Février,
avec cinq Paffagers qui vouloient aller à Lifbonne.

Nous eûmes d'abord un vent affez
favorable, après quoi nous eûmes un
calme de quatre jours entiers, & des
courants fi oppofez, que nous nous
trouvâmes efflotez l'un de l'autre de
près de quatre lieuës. Nous nous fer-
vîmes de quelques rifées pour nous rejoindre. Nous eûmes enfuite un gros
vent qui fe changea en une tempête
effroyable qui dura deux jours, & qui
fit beaucoup fouffrir nos équipages, &
nos bâtimens. Nous perdîmes tous
deux nos peroquets de fougue, &
nous penfâmes démâter. Le vent ceffa
à la fin ; mais la mer étoit fi courrou-
cée que nos bâtimens fautoient comme des coques d'œuf.

A la fin la mer & le vent fe mirent

à la raison , & nous rajuſtâmes nos
dommages , & portâmes à route.

Le ſixiéme Mars nous découvrîmes
la terre , & en même-tems un vaiſſeau
aſſez gros qui portoit ſur nous. Nous
ne doutâmes point que ce ne fut un
Barbareſque. Nous nous approchâmes,
& nous diſpoſâmes à nous bien battre.
Nous fûmes à la portée du canon en
moins de deux horloges. Il mit pavillon d'Alger , & nous tira cinq coups
de canon. Il paroiſſoit avoir quarante
canons , & être fort chargé de monde.
Nous mîmes pavillon François ſans tirer. Il nous lâcha ſa bordée. Nous lui
répondîmes vivement , & nous ma-
nœuvrâmes ſi bien qu'il ne pût nous
gagner le vent , qui nous portant à
route étoit un double avantage pour
nous , parce que nous avancions toûjours vers l'embouchure du Tage , &
que nous ne pouvions être abordez
malgré nous. Il y avoit ſix horloges
que nous nous battions , lorſque nous
vîmes ſortir de la riviere un gros bâtiment avec flâme & pavillon Portugais. Il porta ſur l'Algerien , & en paſ-
ſant auprès de nous il s'informa qui
nous étions , & nous dit d'entrer dans
la riviere , & ſe mit à donner chaſſe à
l'Algerien , qui fit ſervir toutes ſes

voiles pour s'éloigner ; mais il fut
joint & enlevé par le vaisseau de guerre, qui l'amena le lendemain à Lisbonne où nous étions arrivés après une
heureuse traversée de quatre-vingt-
deux jours.

F I N.

TABLE

TABLE
DES MATIERES
Contenuës dans ce V. Volume.

A

Tome V. S

TABLE

C

D

TABLE

E

F

TABLE

I

DES MATIERES.

L

M

O

P

R

TABLE

TABLE

T

Z

Privilege du Roy.

LOUIS par la grace de Dieu Roy de France & de Navarre. A nos amez & feaux Conseillers les Gens tenans nos Cours de Parlement, Maîtres des Requétes ordinaires de notre Hôtel, grand Conseil, Baillifs, Sénéchaux, leurs Lieutenans Civils, & autres nos Justiciers qu'il appartiendra, Salut. Notre bien aimé le P. JEAN BAPTISTE LABAT de l'Ordre des Freres Précheurs, Nous ayant fait remontrer qu'il souhaiteroit faire imprimer & donner au public un Ouvrage qui a pour titre *Relations Historiques de l'Ethiopie Occidintale du* P. JEAN ANTOINE CAVAZZI *Capucin, traduite de l'Italien, & augmentée de plusieurs Relations Portugaies, aues des notes, des cartes & des figures*, s'il nous plaisoit lui accorder nos Lettres de Privilege sur ce necessaires, offrant pour cet effet de faire imprimer en bon papier, beaux caracteres suivant la feüille imprimée & attachée pour modele sous le contre-scel des Presentes. A CES CAUSES Voulant traiter favorablement ledit Exposant, & reconnoître son zele : Nous lui avons permis & permettons par ces Presentes de faire imprimer ledit Ouvrage ci-dessus specifié en un ou plusieurs volumes, conjointement ou séparement, & autant de fois que bon lui semblera, sur papier, & caracteres conformes à ladite feüille imprimée & attachée sous notredit contre-scel, & de le faire vendre, & débiter par tout notre Royaume pendant le tems de huit ANNE'ES consécutis

ves, à compter du jour de la datte des Presentes, Faisons deffenses à toutes sortes de personnes de quelque qualité & condition qu'elles
soient d'introduire d'impreffion étrangere dans
aucun lieu de notre obéïffance, comme auffi à
tous Imprimeurs, Libraires & autres d'imprimer, faire imprimer, vendre, faire vendre,
debiter ni contrefaire ledit ouvrage ci deffus
expofés, en tout ni en partie, ni d'en faire
aucuns extraits fous quelque pretexte que ce
foit, d'augmentation, correction, changement de titre ou autrement, fans la permiffion expreffe, & par écrit dudit Expofant ou
de ceux qui auront droit de lui à peine de con-
fifcation des Exemplaires contrefaits, de trois
mille livres d'amende contre chacun des con-
trevenans, dont un tiers à Nous, un tiers à
l'Hôtel Dieu de Paris, l'autre audit Expofant,
& de tous dépens, dommages & intérêts, à la
charge que ces Préfentes feront enrégiftrées
tout au long fur le Regiftre de la Commu-
nau des Imprimeurs & Libraires de Paris, &
ce dans trois mois de la datte d'icelles, que
l'impreffion de cet Ouvrage fera faite dans
notre Royaume & non ailleurs, & que l'Im-
pétrant fe conformera en tout aux Réglemens
de la Librairie, & notamment à celui du dix
Avril 1725. & qu'avant que de les expofer en
vente le manufcrit ou l'imprimé qui aura fervi de copie à l'impreffion dudit Ouvrage, fera
remis dans le même état où l'approbation y
aura été donnée en mains de notre très-cher &
féal Chevalier Garde des Sceaux de France le
Sieur Chauvelin & qu'il en fera mis deux
Exemplaires dans notre Bibliotheque publi-
que, un dans celle notre Château du Lou-

vre, & un dans celle de notre très-cher & féal
Chevalier Garde des Sçeaux de France le sieur
Chauvelin, le tout à peine de nullité des Préfentes : Du contenu defquelles Vous mandons
& enjoignons de faire joüir l'Expofant ou fes
ayans caufe pleinement & paifiblement, fans
fouffrir qu'il lui foit fait aucun trouble ou empêchement. Voulons que la copie defdites
Préfentes qui fera imprimée tout au long au
commencement ou à la fin dudit Ouvrage,
foit tenuë pour dûement fignifiée, & qu'aux
copies collationnées par l'un de nos amez &
féaux Confeillers Sécrétaires, foi foit ajoû-
tée comme à l'Original: Commandons au premier notre Huiffier ou Sergent de faire pour
l'exécution d'icelle, tous Actes requis & né-
ceffaires, fans demander autre permiffion, &
nonobftant Clameur de Haro, Chartre Nor-
mande, & autres Lettres à ce contraires :
Car tel eft notre plaifir. DONNE' à Paris le
23. jour du moi de Juin, l'an de grace 1730.
& de notre Regne le quinziéme. Par le Roy
en fon Confeil, Signé, NOBLET. Et fcellé.

*Regiftré fur le Regiftre 7. de la Commu-
nauté des Libraires & Imprimeurs de Paris,
page 147. conformément aux Réglemens, &
notamment à l'Arreft du Confeil du 13. Aouft,
1703. A Paris ce 4. Avril 1731. Signé, P. A.
LE MERCIER. Sindic.*

J'ai cedé le prefent Privilege à M. CHAR-
LES-JEAN-BAPTISTE DELESPINE pour en
joüir à toûjours, fuivant le traité conclu entre-
nous, ce 15. Février 1731. F. JEAN-BA-
PTISTE LABAT de l'Ordre des Freres Prêcheurs.

Printed in the USA
CPSIA information can be obtained
at www.ICGtesting.com
LVHW021111281223
767380LV00077B/99